国家社会科学基金（教育学）重大项目（VDA200004）阶段性研究成果
北京外国语大学"双一流"建设标志性项目（BW202018）阶段性研究成果

"一带一路"国家文化教育大系　　　　总主编　王定华

印度尼西亚
文化教育研究

Indonesia
Budaya dan Pendidikan

王名扬
[印尼] 汉迪·尤尼亚多（Hendy Yuniarto）　　著

外语教学与研究出版社
FOREIGN LANGUAGE TEACHING AND RESEARCH PRESS
北京 BEIJING

图书在版编目（CIP）数据

印度尼西亚文化教育研究 / 王名扬，（印尼）汉迪·尤尼亚多（Hendy Yuniarto）
著. -- 北京：外语教学与研究出版社，2023.8
（"一带一路"国家文化教育大系 / 王定华总主编）
ISBN 978-7-5213-4757-9

I. ①印… II. ①王… ②汉… III. ①教育研究－印度尼西亚 IV. ①G534.2

中国国家版本馆 CIP 数据核字 (2023) 第 147935 号

出 版 人　王　芳
项目负责　孙凤兰　巢小倩
责任编辑　赵　雪
责任校对　白小羽
封面设计　李　高　锋尚设计
版式设计　李　高
出版发行　外语教学与研究出版社
社　　址　北京市西三环北路 19 号（100089）
网　　址　https://www.fltrp.com
印　　刷　北京盛通印刷股份有限公司
开　　本　787×1092　1/16
印　　张　22.25　彩插 1 印张
版　　次　2023 年 8 月第 1 版　2023 年 8 月第 1 次印刷
书　　号　ISBN 978-7-5213-4757-9
定　　价　188.00 元

如有图书采购需求，图书内容或印刷装订等问题，侵权、盗版书籍等线索，请拨打以下电话或关注官方服务号：
客服电话：400 898 7008
官方服务号：微信搜索并关注公众号"外研社官方服务号"
外研社购书网址：https://fltrp.tmall.com

物料号：347570001

东爪哇布罗莫火山

南苏拉威西海岸

中爪哇婆罗浮屠佛教寺庙

南苏拉威西托拉查村庄

印尼缩影公园加查·马达（约1290—约1364）塑像

万隆会议大楼及纪念碑

印尼渔村

麝香猫咖啡

日惹马里奥波罗大街集市

巴迪布印花纺织品

幼儿园学习活动

小学学习活动

高中课堂教学

印度尼西亚大学课堂教学

印度尼西亚大学教学楼

加查马达大学校园

印尼华人舞狮表演

2019年中央音乐学院印度尼西亚艺术教师教育培训与文化交流项目

首届中国高校印尼语口语大赛暨2019中印尼青年高端论坛

本书撰写团队部分师生与北京外国语大学印度尼西亚留学生交流研讨

出版说明

2013 年 9 月 7 日，国家主席习近平提出共建"丝绸之路经济带"重大倡议。2013 年 10 月 3 日，习近平主席提出共建"21 世纪海上丝绸之路"重大倡议。两者合称"一带一路"倡议。以 2013 年金秋为起点，"一带一路"倡议作为构建人类命运共同体的伟大设想，在开拓和平、繁荣、开放、绿色、创新、文明之路的非凡征程中，孕育生机和活力，汇聚信心和期待，在世界范围内广受欢迎和响应。

文化交流、文明互鉴是构建人类命运共同体的人文基础。文化发展，教育先行。作为"共和国外交官的摇篮"、文化教育的主动践行者、"一带一路"倡议的踊跃响应者和构建人类命运共同体的积极参与者，北京外国语大学在党委书记王定华教授的带领下，放眼世界，找准坐标，勇于担当，主动作为，深耕文化教育相关领域，研究、策划并组织编写了"一带一路"国家文化教育大系（以下简称大系）。国内相关高校和研究机构的众多专家学者献计献策，踊跃参加，形成了一个范围广泛、交流互动、共同进步的"一带一路"国家文化教育学术研究共同体。大系旨在填补国内相关研究领域的学术空白，实现"一带一路"国家教育研究全覆盖，为中国教育"走出去"和相关国家先进教育理念"请进来"提供科学理论和实践指导，具有重要的学术价值。同时，大系服务国家重大战略，通过分期分批出版，形成规模和品牌，向中国共产党建党一百周年和"一带一路"倡议提出十周年献礼，具有深远的意义。

作为国家社会科学基金（教育学）重大项目"新时代提升中国参与全球教育治理的能力及策略研究"、北京外国语大学"双一流"建设标志性项目"'一带一路'国家文化教育研究"的课题研究成果和北京外国语大学党委的"奋进之举"，大系秉承学术性与可读性兼顾的原则，对"一带一路"国家文化教育理论与实践问题展开深入研究，从国情概览、文化传统、教育历史、学前教育、基础教育、高等教育、职业教育、成人教育、教师教育、教育政策、教育行政、教育交流等方面，全景擘画"一带一路"国家的教育风貌，帮助读者了解"一带一路"国家教育的历史与现状、经验与特点，为我国教育的发展和对外交流合作提供有益的借鉴、思考与启迪。

肆虐全球的新冠肺炎疫情严重影响了各国人民的生产生活，带来了二战以来人类面临的最严重的全球性危机，同时也再次阐述了人类命运共同体深刻内涵的世界性意义。在疫情防控常态化背景下，大系所有专家学者不畏困难，齐心协力，直面挑战，守望相助，化危为机，切实履行了响应和支持"一带一路"倡议的承诺。在此，特别感谢大系总策划、总主编王定华教授，以及所有顾问、编委和作者的心血倾注、智慧贡献和努力付出。

外语教学与研究出版社对大系的编写和出版工作给予了高度重视。自2019年项目启动以来，外研社抽调精锐力量成立大系工作组，多次组织相关部门和人员召开选题论证会，商建编委会，召开全体作者大会，制订周密、科学的出版计划，以保证项目的顺利开展和图书的优质出版。目前，大系的出版工作已取得阶段性成果，预计在2023年"一带一路"倡议提出十周年前后，将分期分批推出数量和规模可观的、具有相当科研价值和学术价值的系列专著。期望大系的编写和出版能为"一带一路"建设、中外教育交流及我国文化教育发展发挥基础性、服务性、广远性的作用。

外语教学与研究出版社
2021 年 4 月

总　序

王定华

　　改革开放以来，中国各项事业取得了巨大成就。中国经济和世界经济高度关联，中国一以贯之地坚持对外开放的基本国策，构建全方位开放新格局，深度融入世界经济体系。2013 年 9 月和 10 月，习近平主席在出访中亚和东南亚国家期间，先后提出共建"丝绸之路经济带"和"21 世纪海上丝绸之路"的重大倡议（以下简称"一带一路"倡议），得到国际社会的高度关注。其中，"丝绸之路经济带"东边牵着亚太经济圈，西边系着发达的欧洲经济圈，是世界上最长、最具发展潜力的经济大走廊；"21 世纪海上丝绸之路"串起连通东盟、南亚、西亚、北非、欧洲等各大经济板块的市场链，发展面向南海、太平洋和印度洋的战略合作经济带，以亚欧非经济贸易一体化为发展的长期目标。

一、精准把握"一带一路"倡议的时代意蕴

　　"经济带"概念是对地区经济合作模式的创新。其中经济走廊涵盖中蒙

俄经济走廊、新亚欧大陆桥、中国-中亚-西亚经济走廊、孟中印缅经济走廊、中国-中南半岛经济走廊等，以经济增长极辐射周边，超越了传统发展经济学理论。"丝绸之路经济带"概念不同于历史上所出现的各类"经济区"与"经济联盟"，同后两者相比，经济带具有灵活性高、适用性广以及可操作性强的特点，各国都是平等的参与者，本着自愿参与、协同推进的原则，发扬古丝绸之路兼容并包的精神。

"一带一路"倡议是我国在新时代推进全方位对外开放的重要举措，为当今世界提供了一个充满东方智慧、实现共同发展的中国方案，也是对历史文化传统的高度尊重，凝聚了世界各国利益的最大公约数。丝绸之路是起始于古代中国，连接亚洲、非洲和欧洲的古代陆上商业贸易路线，最初的作用是运输古代中国出产的丝绸、瓷器等商品，后来成为东方与西方之间在经济、政治、文化等方面进行交流的主要通道。1877年，德国地质、地理学家李希霍芬（F. P. W. Richthofen）在其著作《中国》一书中，把公元前114年至公元127年，中国与中亚、中国与印度间以丝绸贸易为媒介的这条西域交通道路命名为"丝绸之路"，这一名词很快为学术界和大众所接受，并正式运用。其后，德国历史学家赫尔曼（A. Herrmann）在20世纪初出版的《中国与叙利亚之间的古代丝绸之路》一书中，根据新发现的文物考古资料，进一步把丝绸之路延伸到地中海西岸和小亚细亚，并确定了丝绸之路的基本内涵，即它是中国古代与中亚、南亚、西亚以及欧洲、北非的陆上贸易交往通道。进入21世纪，海上丝绸之路也被纳入丝绸之路的涵盖范围，即从中国沿海港口过南海到印度洋并延伸至欧洲，从中国沿海港口过南海到南太平洋。随着时代的发展，"丝绸之路"成为古代中国与西方所有政治经济文化往来通道的统称。

推进"一带一路"建设既是中国扩大和深化对外开放的需要，也是加强和世界各国互利合作的需要，中国愿意承担更多责任和义务，为人类和平发展做出更大的贡献。文明交流互鉴是构建人类命运共同体的重要途径，是推动人类文明共同进步、实现世界和平发展的重要动力。共建"一带一路"要顺应世界多极化、经济全球化、文化多样化、社会信息化的潮流，秉持开放的区域合作精神，致力于推动"一带一路"各国实现经济政策协调，开展更大范围、更高水平、更深层次的区域合作，共同打造开放、包容、均衡、普惠的区域经济合作架构，维护全球自由贸易体系和开放型世界经济格局。

"一带一路"贯穿亚欧非大陆，一头是活跃的东亚经济圈，一头是发达的欧洲经济圈，中间广大腹地国家经济发展潜力巨大。根据"一带一路"走向，陆上依托国际大通道，以中心城市为支撑，以重点经贸产业园区为合作平台，共同打造新亚欧大陆桥以及中蒙俄、中国-中亚-西亚、中国-中南半岛等国际经济合作走廊；海上以重点港口为基点，共同建设通畅安全高效的运输大通道。

"一带一路"建设是有关国家开放合作的宏大经济愿景，需要各国携手努力，朝着互利互惠、共同安全的目标相向而行：努力实现区域基础设施更加完善，安全高效的陆海空通道网络基本形成，互联互通达到新水平；投资贸易便利化水平进一步提升，高标准自由贸易区网络基本形成，经济联系更加紧密，政治互信更加深入；人文交流更加广泛深入，不同文明互鉴共荣，各国人民相知相交、和平友好。

"一带一路"倡议是具有开放性和包容性的友好建议。当今世界是一个开放的世界，开放带来进步，封闭导致落后。中国认为，只有开放才能发现机遇、抓住并用好机遇、主动创造机遇，才能实现国家的奋斗目标。"一带一路"倡议就是要把世界的机遇转变为中国的机遇，把中国的机遇转变为世界的机遇。正是基于这种认知与愿景，"一带一路"倡议以开放为导向，冀望通过加强交通、能源和网络等基础设施的互联互通建设，促进经济要素有序自由流动、资源高效配置和市场深度融合，开展更大范围、更高水平、更深层次的区域合作，打造开放、包容、均衡、普惠的区域经济合作架构，以此来解决经济增长和平衡问题。"一带一路"倡议的开放包容性是区别于其他区域性经济倡议的一个突出特点。

"一带一路"倡议是超越地缘政治的务实合作的广阔平台。"和平合作、开放包容、互学互鉴、互利共赢"的丝路精神是人类共有的历史财富，"一带一路"倡议就是秉承这一精神与原则提出的新时代重要倡议，通过加强相关国家间的全方位多层面交流合作，充分发掘与发挥各国的发展潜力与比较优势，形成互利共赢的区域利益共同体、命运共同体和责任共同体。在这一机制中，各国是平等的参与者、贡献者、受益者。因此，"一带一路"倡议从一开始就具有平等性、和平性特征。平等是中国坚持的重要国际准则，也是"一带一路"建设的关键基础。只有建立在平等基础上的合作才能是持久的合作，也才会是互利的合作。"一带一路"倡议平等包容的合作特征为其推进减轻了阻力，提升了共建效率，有助于国际合作真正"落地生根"。同时，"一带一路"建设离不开和平安宁的国际环境和地区环境，和平是"一带一路"建设的本质属性，也是保障其顺利推进所不可或缺的重要因素。这些就决定了"一带一路"倡议不应该也不可能沦为大国政治较量的工具，更不会重复地缘博弈的老路。

"一带一路"倡议是政府、企业、团体共同发力的项目载体。"一带一路"建设是在双边或多边联动基础上通过具体项目加以推进的，是在进行充分政策沟通、战略对接以及市场运作后形成的发展倡议与规划。2017年5月发布的《"一带一路"国际合作高峰论坛圆桌峰会联合公报》强调了建设"一带一路"的合作原则，其中就包括市场运作原则，即充分认识市场作用和企业主体地位，确保政府发挥适当作用，政府采购程序应开放、透明、非歧视。可见，"一带一路"建设的核心主体与支撑力量并不是政府，而是企业，根本方法是遵循市场规律，并通过市场化运作模式来实现参与各方的利益诉求，政府在其中发挥构建平台、创立机制、政策引导等指向性、服务性功能。

"一带一路"倡议是与现有相关机制对接互补的有益渠道。参与"一带一路"建设的国家要素禀赋各异，比较优势差异明显，互补性很强。有的国家能源资源富集但开发力度不够，有的国家劳动力充裕但就业岗位不足，有的国家市场空间广阔但产业基础薄弱，有的国家基础设施建设需求旺盛但资金紧缺。我国目前经济总量居全球第二，外汇储备居全球第一，优势产业越来越多，基础设施建设经验丰富，装备制造能力强、质量好、性价比高，具备资金、技术、人才、管理等综合优势。这就为我国与其他"一带一路"建设参与方实现产业对接与优势互补提供了现实可能与重大机遇。因而，"一带一路"倡议的核心内容就是要加强基础设施建设和促进互联互通，对接各国政策和发展战略，以便深化务实合作，促进协调联动发展，实现共同繁荣。由此可见，"一带一路"倡议不是对现有地区合作机制的替代，而是与现有机制互为助力、相互补充。实际上，"一带一路"建设已经与俄罗斯主导的欧亚经济联盟、印尼全球海洋支点发展规划、哈萨克斯坦光明之路经济发展战略、蒙古国草原之路倡议、欧盟欧洲投资计划、埃及苏伊士运河走廊开发计划等实现了对接与合作，并形成了一批标志性项目，如中哈（连云港）物流合作基地。作为新亚欧大陆桥经济走廊建设成果之一，中哈（连云港）物流合作基地初步实现了深水大港、远洋干线、中欧班列、物流场站的无缝对接。该项目与哈萨克斯坦光明之路经济发展战略高度契合。

　　"一带一路"倡议是促进人文交流的沟通桥梁。"一带一路"倡议跨越不同区域、不同文化、不同宗教信仰，但它带来的不是文明冲突，而是各文明间的交流互鉴。"一带一路"倡议在推进基础设施建设、加强产能合作与发展战略对接的同时，也将"民心相通"作为工作重心之一。民心相通是"一带一路"建设的社会根基。民心相通就是要传承和弘扬丝绸之路友好合作精神，广泛进行文化交流、学术交流、人才交流往来、媒体合作、青年和妇女交往、志愿者服务等，为深化双边和多边合作奠定坚实的民意基础。一是扩大相互间留学生规模，开展合作办学；国家间互办文化年、艺术节、电影节、电视周和图书展等活动，深化国家间人才交流合作。二是加强旅游合作，扩大旅游规模，联合打造具有丝绸之路特色的国际精品旅游线路和旅游产品。三是强化与周边国家在传染病疫情信息沟通、防治技术交流、专业人才培养等方面的合作，提高合作处理突发公共卫生事件的能力。四是加强科技合作，共建联合实验室（研究中心）、国际技术转移中心、海上合作中心，促进科技人员交流，合作开展重大科技攻关，共同提升科技创新能力。五是整合现有资源，开拓和推进参与国家在青年就业、创业培训、职业技能开发、社会保障管理服务、公共行政管理等共同关心领域的务实合作。六是充分发挥政党、议会交往的桥梁作用，加强国家之间立法机构、主要党派和政治组织的友好往来，互结友好城市。七是加强各国民间组织的交流合作，重点面向基层民众，广泛开展教育、医疗、减贫开发、生物多样性和生态环保等主题的各类公益慈善活动，改善贫困地区生产生活条件；加强文化传媒领域的国际交流合作，积极利用网络平台，运用新媒体工具，塑造和谐友好的文化生态和舆论环境；通过强化民心相通，弘扬丝绸之路精神，开展智力丝绸之路、健康丝绸之路等建设，在科学、教育、文化、卫生、民间交往等领域广泛合作，使"一带一路"建设的民意基础更为坚实，社会根基更加牢固。"一带一路"建设就是要以文明交流超越文明隔阂，以文明互鉴超越文明冲突，以文明共存超越文明优越，为相关国家人民加强交流、增进理解搭起新的桥梁，为不同文化和文明加强对话、交流互鉴织就新的纽带，推动各国相互理解、相互尊重、相互信任。

"一带一路"是促进共同发展、实现共同繁荣的友谊之路。共建"一带一路"旨在促进各国发展战略的对接和耦合，有利于发掘区域市场的潜力，推动经济要素有序自由流动、资源高效配置和市场深度融合，促进投资和消费，创造需求和就业，增进各国人民的人文交流与文明互鉴，从而让各国人民相逢相知、互信互敬，共享和谐、安宁、富裕的生活。共建"一带一路"符合国际社会的根本利益，彰显了人类社会的共同理想和美好追求，是国际合作及全球治理新模式的积极探索，将为世界和平发展增添新的正能量。中国政府倡议秉持和平合作、开放包容、互学互鉴、互利共赢的理念，全方位推进务实合作，打造政治互信、经济融合、文化包容的利益共同体、命运共同体和责任共同体。

"一带一路"倡议已经得到世界上众多国家和地区的积极响应，成为维护全球自由贸易体系和开放型世界经济的重要支撑。截至 2021 年 1 月 30 日，中国已经同 171 个国家和国际组织签署 205 份共建"一带一路"合作文件。[1] 特别是 2017 年 5 月第一届"一带一路"国际合作高峰论坛、2019 年 4 月第二届"一带一路"国际合作高峰论坛和 2019 年 5 月亚洲文明对话大会的成功举办，充分彰显了我国开放、包容的大国外交风范。在此背景下，我们一方面应致力于向世界介绍中国，推动中国文化"走出去"，讲好中国故事；另一方面也应加强对"一带一路"国家的历史、文化、语言、教育、艺术等方面的介绍和研究，让中国人民更多地了解"一带一路"国家的具体国情，特别是文化传统和教育体系。

"一带一路"倡议合作范围不断扩大，合作领域愈加广阔。它不仅给参与各方带来了实实在在的合作红利，也为世界贡献了应对挑战、创造机遇、强化信心的智慧与力量。

当今世界，新冠肺炎疫情带来诸多挑战，局部战争风险依然存在，经济增长动能不足，"逆全球化"思潮涌动，地区动荡持续，恐怖主义蔓延。和平赤字、发展赤字、治理赤字带来的严峻问题，已摆在全人类面前。这充分说明现有的全球治理体系面临结构性问题，亟须找到新的破解之策与应对方略。作为一个新兴大国，中国有能力、有意愿同时也有责任为完善全球治理体系贡献智慧与力量。面对新挑战、新问题、新情况，中国给出

---

[1] 中国一带一路网. 我国已签署共建"一带一路"合作文件 205 份 [EB/OL].（2021-01-30）[2021-02-23]. https://www.yidaiyilu.gov.cn/xwzx/gnxw/163241.htm.

的全球治理方案是：构建人类命运共同体，实现共赢共享。"一带一路"倡议正是朝着这个目标努力的具体实践。"一带一路"倡议强调各国的平等参与、包容普惠，主张携手应对世界经济面临的挑战，开创发展新机遇，谋求发展新动力，拓展发展新空间，共同朝着人类命运共同体方向迈进。正是本着这样的原则与理念，"一带一路"倡议针对各国发展的现实问题和治理体系的短板，创立了亚洲基础设施投资银行、丝路基金等新型国际机制，构建了多形式、多渠道的交流合作平台。这既能缓解当今全球治理机制代表性、有效性、及时性难以适应现实需求的困境，在一定程度上扭转公共产品供应不足的局面，提振国际社会参与全球治理的士气与信心，又能满足发展中国家尤其是新兴市场国家变革全球治理机制的现实要求，大大增强了新兴国家和发展中国家的话语权，是推进全球治理体系朝着更加公正合理方向发展的重大突破。

"一带一路"倡议涵盖了发展中国家与发达国家，实现了"南南合作"与"南北合作"的统一，有助于推动全球均衡可持续发展。"一带一路"建设以基础设施建设为着眼点，促进经济要素有序自由流动，推动中国与相关国家的宏观政策的对接与协调。对于参与"一带一路"建设的发展中国家来说，这是一次搭中国经济发展"快车""便车"，实现自身工业化、现代化的历史性机遇，有利于推动"南南合作"的广泛展开，同时也有助于增进"南北对话"，促进"南北合作"的深度发展。不仅如此，"一带一路"倡议的理念和方向同联合国《2030年可持续发展议程》也高度契合，完全能够加强对接，实现相互促进。联合国秘书长古特雷斯表示，"一带一路"倡议与《2030年可持续发展议程》都以可持续发展为目标，都试图提供机会、全球公共产品和双赢合作，都致力于深化国家和区域间的联系。

二、深入推动"一带一路"国家的教育交流

2020年6月印发的《教育部等八部门关于加快和扩大新时代教育对外开放的意见》指出，教育对外开放是教育现代化的鲜明特征和重要推动力，要以习近平新时代中国特色社会主义思想为指导，坚持教育对外开放不动摇，主动加强同世界各国的互鉴、互容、互通，形成更全方位、更宽领域、更多层次、更加主动的教育对外开放局面。

教育为国家富强、民族繁荣、人民幸福之本，在共建"一带一路"中具有基础性和先导性作用。教育交流为各国民心相通架设桥梁，人才培养为各国政策沟通、设施联通、贸易畅通、资金融通提供支撑。各国间教育交流源远流长，教育合作前景广阔，大家携手发展教育，合力共建"一带一路"，是造福各国人民的伟大事业。推进"一带一路"国家教育共同繁荣，既是加强与各国教育互利合作的需要，也是推进中国教育改革发展的需要，中国愿意在力所能及的范围内承担更多责任和义务，为区域教育大发展做出更大的贡献。

（一）教育合作的原则

"一带一路"国家教育合作应遵循四个重要原则。

一是育人为本，人文先行。加强合作育人，提高区域人口素质，为共建"一带一路"提供人才支撑。坚持人文交流先行，建立区域人文交流机制，搭建民心相通桥梁。

二是政府引导，民间主体。政府加强沟通协调，整合多种资源，引导教育融合发展。发挥学校、企业及其他社会力量的主体作用，活跃教育合作局面，丰富教育交流内涵。

三是共商共建，开放合作。坚持共商、共建、共享，推进各国教育发

展规划相互衔接，实现各国教育融通发展、互动发展。

四是和谐包容，互利共赢。加强不同文明之间的对话，寻求教育发展最佳契合点和教育合作最大公约数，促进各国在教育领域互利互惠。

（二）教育合作的重点

"一带一路"各国教育特色鲜明、资源丰富、互补性强、合作空间巨大。中国将以基础性、支撑性、引领性三方面举措为建议框架，开展三方面重点合作，对接各国意愿，互鉴先进教育经验，共享优质教育资源，全面推动各国教育提速发展。

1．开展教育互联互通合作

一是加强教育政策沟通。开展"一带一路"国家教育法律、政策协同研究，构建各国教育政策信息交流通报机制，为各国政府推进教育政策互通提供决策建议，为各国学校和社会力量开展教育合作交流提供政策咨询。积极签署双边、多边和次区域教育合作框架协议，制定各国教育合作交流国际公约，逐步疏通教育合作交流政策性瓶颈，实现学分互认、学位互授联授，协力推进教育共同体建设。

二是助力教育合作渠道畅通。推进"一带一路"国家间签证便利化，扩大教育领域合作交流，形成往来频繁、合作众多、交流活跃、关系密切的携手发展局面。鼓励有合作基础、相同研究课题和发展目标的学校缔结姊妹关系，逐步深化和拓展教育合作交流。举办校长论坛，推进学校间开展多层次、多领域的务实合作。支持高等学校依托优势学科和专业，建立"产学研用"相结合的国际合作联合实验室（研究中心）、国际技术转移中心，共同应对各国在经济发展、资源利用、生态保护等方面面临的重大挑战与机遇。打造"一带一路"国家学术交流平台，吸引各国专家学者、青年学生开展研究和学术交流。推进"一带一路"国家优质教育资源共享。

三是促进语言互通。研究构建语言互通协调机制，共同开发语言互通开放课程，逐步将国家语言课程纳入各国的学校教育课程体系。拓展政府间语言学习交换项目，联合培养、相互培养高层次语言人才。发挥外国语院校人才培养优势，推进基础教育多语种师资队伍建设和外语教育教学工作。扩大语言学习国家公派留学人员规模，倡导各国与中国院校合作在华开办本国语言专业。支持更多社会力量助力孔子学院和孔子课堂建设，加强汉语教师和汉语教学志愿者队伍建设，全力满足不同国家的汉语学习需求。

四是推进民心相通。鼓励学者开展或合作开展中国课题研究，增进各国对中国发展模式、国家政策、教育文化等各方面的理解。建设国别和区域研究基地，与对象国合作开展经济、政治、教育、文化等领域研究。逐步将理解教育课程、丝路文化遗产保护纳入各国中小学教育课程体系，加强青少年对不同国家文化的理解。加强"丝绸之路"青少年交流，注重通过志愿服务、文化体验、体育竞赛、创新创业活动和新媒体社交等途径，增进不同国家青少年对其他国家文化的理解。

五是推动学历学位认证标准联通。推动落实联合国教科文组织《亚太地区承认高等教育资历公约》，支持联合国教科文组织建立世界范围学历互认机制，实现区域内双边、多边学历学位关联互认。呼吁各国完善教育质量保障体系和认证机制，加快推进本国教育资历框架开发，助力各国学习者在不同种类和不同阶段教育之间进行转换，促进终身学习社会的建设。共商、共建区域性职业教育资历框架，逐步实现就业市场的从业标准一体化。探索建立各国教师专业发展标准，促进教师流动。

2．开展人才培养培训合作

一是实施"丝绸之路"留学推进计划。设立"丝绸之路"中国政府奖学金，为各国专项培养行业领军人才和优秀技能人才。全面提升来华留学人才培养质量，把中国打造成为深受各国学子欢迎的留学目的地。以国家公派留学为引领，推动更多中国学生到"一带一路"其他国家留学。坚持"出国留学和来华留学并重、公费留学和自费留学并重、扩大规模和提高质量并重、依法管理和完善服务并重、人才培养和发挥作用并重"，完善全链条的留学人员管理服务体系，保障平安留学、健康留学、成功留学。

二是实施"丝绸之路"合作办学推进计划。有条件的中国高等学校开展境外办学要集中优势学科，选好合作契合点，做好前期论证工作，构建科学的人才培养模式、运行管理模式、服务当地模式、公共关系模式，使学校顺利落地生根、开花结果。发挥政府引领、行业主导作用，促进高等学校、职业院校与行业企业深度产教融合。鼓励中国优质职业教育配合高铁、电信运营等行业企业"走出去"，探索开展多种形式的境外合作办学，合作设立职业院校、培训中心，合作开发教学资源和项目，开展多层次职业教育和培训，培养当地急需的各类"一带一路"建设者。整合资源，积极推进与各国在青年就业培训等共同关心领域的务实合作。倡议国家之间开展高水平合作办学。

三是实施"丝绸之路"师资培训推进计划。开展"丝绸之路"教师培训，加强先进教育经验交流，提升区域教育质量。加强"丝绸之路"教师交流，推动各国校长交流访问、教师及管理人员交流研修，推进优质教育模式在各国的互学互鉴。大力推进各国优质教学仪器设备、教材课件和整体教学解决方案的输出，跟进教师培训工作，促进各国教育资源和教学水平均衡发展。

四是实施"丝绸之路"人才联合培养推进计划。推进国家间的研修访学活动。鼓励各国高等院校在语言、交通运输、建筑、医学、能源、环境工程、水利工程、生物科学、海洋科学、生态保护、文化遗产保护等国家发展急需的专业领域联合培养学生，推动联盟内或校际教育资源共享。

3．共建丝路合作机制

一是加强"丝绸之路"人文交流高层磋商。开展国家间的双边、多边人文交流高层磋商，商定"一带一路"教育合作交流总体布局，协调推动各国建立教育双边和多边合作机制、教育质量保障协作机制和跨境教育市场监管协作机制，统筹推进"一带一路"教育共同行动。

二是充分发挥国际合作平台作用。发挥上海合作组织、东亚峰会、亚太经合组织、亚欧会议、亚洲相互协作与信任措施会议、中阿合作论坛、东南亚教育部长组织、中非合作论坛、中巴经济走廊、孟中印缅经济走廊、中蒙俄经济走廊等现有双边、多边合作机制的作用，增加教育合作的新内涵。借助联合国教科文组织等国际组织力量，推动各国围绕实现世界教育发展目标形成协作机制。充分利用中国-东盟教育交流周、中日韩大学交流合作促进委员会、中阿大学校长论坛、中非高校20+20合作计划、中日大学校长论坛、中韩大学校长论坛、中俄综合性大学联盟等已有平台，开展务实的教育合作交流。支持在共同区域、有合作基础、具备相同专业背景的学校组建联盟，不断延展教育务实合作平台。

三是实施"丝绸之路"教育援助计划。发挥教育援助在"一带一路"教育共同行动中的重要作用，逐步加大教育援助力度，重点投资于人、援助于人、惠及于人。发挥教育援助在"南南合作"中的重要作用，加大对相关国家尤其是最不发达国家的支持力度。统筹利用国家、教育系统和民间资源，为相关国家培养培训教师、学者和各类技能人才。积极开展优质教学仪器设备、整体教学方案、配套师资培训一体化援助。加强中国教育培训中心和教育援外基地建设。倡议各国建立政府引导、社会参与的多元化经费筹措机制，通过国家资助、社会融资、民间捐赠等渠道，拓宽教育经费来源，做大教育援助格局，实现教育共同发展。

三、精心组织"一带一路"国家文化教育大系的编著出版

在编写"一带一路"国家文化教育大系过程中，应当全面了解国内外对"一带一路"倡议的响应情况，关注进展，总结做法；应当在新冠肺炎疫情得到控制后到对象国去走一走，看一看，实地感受其教育情况和发展变化；应当广泛收集对象国一手资料，认真阅读，消化分析，吐故纳新；应当多方检索专家学者已经开展的相关研究，虚心参阅已有的研究成果。肆虐全球的新冠肺炎疫情，给人类身体健康和生命安全带来了巨大威胁，对世界格局和世界治理体系产生了重大影响，给全球各行各业带来了巨大挑战。教育置身其间，影响十分明显。因而，对"一带一路"国家文化教育进行研究时，必须观察分析疫情对相关国家文化教育和全球教育治理的深刻影响。

"一带一路"倡议提出后，中外已形成多个"一带一路"多边大学联盟。2015 年 5 月 22 日，由西安交通大学发起的新丝绸之路大学联盟成立，迄今已吸引 38 个国家和地区的 150 余所大学加盟。该联盟是海内外大学结成的非政府、非营利性的开放性、国际化高等教育合作平台，以"共建教育合作平台，推进区域开放发展"为主题，推动"新丝绸之路经济带"国家和地区大学之间在校际交流、人才培养、科研合作、文化沟通、政策研究、医疗服务等方面的交流与合作，增进青少年之间的了解和友谊，培养具有国际视野的高素质、复合型人才，服务"新丝绸之路经济带"及欧亚地区的发展建设。

2015 年 10 月 17 日，丝绸之路（敦煌）国际文化博览会筹委会文化传承创新高端学术研讨会在敦煌举行。中国的复旦大学、北京师范大学、兰州大

学和俄罗斯乌拉尔国立经济大学、韩国釜庆大学等 46 所中外高校在甘肃敦煌成立了"一带一路"高校战略联盟，以探索跨国培养与跨境流动的人才培养新机制，培养具有国际视野的高素质人才。46 所高校当日达成《敦煌共识》，联合建设"一带一路"高校国际联盟智库。联盟将共同打造"一带一路"高等教育共同体，推动"一带一路"国家和地区大学之间在教育、科技、文化等领域的全面交流与合作，服务"一带一路"国家和地区的经济社会发展。

2016 年 9 月，中国、中亚及丝绸之路经济带沿线 7 个国家的 51 所高校共同发起成立了中国-中亚国家大学联盟，旨在打造开放性、国际化互动平台，深化"一带一路"科教合作。

此外，高等教育合作研讨会也日渐增多，既有官方推动形成的研讨会，也有民间自发举办的研讨会。比如，中外大学校长论坛、新加坡-中国-印度高等教育论坛、"一带一路"教育对话论坛，以及北京师范大学举办的"一带一路"国家教育交流与合作高端研讨会，北京外国语大学举办的"一带一路"与行业国际化人才培养高峰论坛，北京理工大学主办的"一带一路"高等教育研究国际会议，浙江大学举办的"一带一路"背景下的工程科技人才培养国际研讨会等。这些多边研讨会的召开，不仅吸引了大量"一带一路"沿线国家的教育研究者与实践者参会，推动了研究与实践合作，而且创新了教育合作模式，促进了国际化高端人才培养，为"一带一路"建设奠定了民意基础。

"一带一路"倡议提出之后，中国学术界迅速开展了关于"一带一路"的研究活动，有关"一带一路"主题的图书主要有以下五类。第一类是倡议解读类图书，一般是梳理"一带一路"倡议的提出、发展及其理论内涵与外延。第二类是经济贸易类图书，专业性较强，主要为理论研究型图书。第三类是国情文史类图书，多为介绍"一带一路"国家国情概览、历史情况、发展概况的工具书，语言平实，部分图书学术性较强。第四类是丝路历史类图书，一般回顾古代丝绸之路的形成与发展、丝绸之路上的人物和大事记等，追古溯源，以便更好地开启"一带一路"新篇章。第五类是法律税收类图书，多为法律指引、税务规范手册等。

可以看出，国内对"一带一路"国家的研究已有一定基础，但是囿于语言翻译的障碍，已经出版的"一带一路"图书，大多是政策解读、数据报告、概况介绍等，对对象国的研究广度和深度还很不够，尤其是针对"一带一路"国家文化教育的系统研究还比较少。

在"一带一路"国家中，遴选具有代表性的对象，对其文化、教育进行系统性的研究，并在此基础上编写"一带一路"国家文化教育大系，分期分批出版，对于帮助中国普通读者和研究人员了解"一带一路"国家的文化教育情况，以及对于拓展我国比较教育研究领域、丰富比较教育研究文献，乃至对于促进中外文明互通、更好地参与推进"一带一路"建设，都具有重要意义。基于对选题背景与意义、相关出版产品调研和北京外国语大学比较优势的分析，"一带一路"国家文化教育大系坚持学术性、可读性兼顾原则，分批次推出，不断积累，以形成规模和品牌。

大系在内容上，一方面呈现"一带一路"国家的文化概貌，展示"一带一路"国家教育发展的文化背景和社会依托。大系采用专题形式，力求用简洁平实的语言生动活泼地介绍"一带一路"国家的自然地理、人文景观、历史发展、风土人情、文化遗产等内容，重点呈现对象国独有的文化现象和独特风貌，集中揭示其民族文化内涵、民族精神、人文意蕴。另一方面，大系重点研究、评价、介绍"一带一路"国家教育的基本情况、发展历史、发展战略、政策法规、现存体系、治理模式与师资队伍等，这方面内容占较大篇幅，是全书的重点和主要内容。

"一带一路"倡议正在成为我国参与全球开放合作、改善全球治理体系、促进全球共同发展繁荣、推动构建人类命运共同体的中国方案。作为国家社会科学基金（教育学）重大项目"新时代提升中国参与全球教育治理的能力及策略研究"的部分研究成果和北京外国语大学"双一流"建设重大标志性成果，"一带一路"国家文化教育大系计划在 2021 年中国共产党建党 100 周年和北京外国语大学建校 80 周年之际，推出首批图书。2023 年"一带一路"倡议提出 10 周年时，推出该项目二期成果。同时积极参与党和国家相关主题纪念活动，以及国家重大图书项目的申报评选工作。

北京外国语大学以外语见长，国际交往活跃，被誉为"共和国外交官的摇篮"，先后培养了 400 多位大使、2 000 多位参赞，以及更多的外交外事外贸工作者。凡是有五星红旗飘扬的地方，都能看到北外人的身影。北外不仅承担着培养各类国际化人才的任务，更担负着向中国介绍世界、向世界介绍中国的历史使命。迄今为止，北外已获批开设 101 种外国语言，成立了 37 个区域与国别研究中心，丰富的涉外资源正在助力"一带一路"国家的研究。

大系由外研社具体组织实施。外研社隶属北外，多年来致力于"一带一路"国家的合作交流，服务讲好"中国故事"，在中华思想文化传播、打造中外出版联盟、推动中外学术互译等方面积累了丰富经验，对于协助研究、编著、出版"一带一路"国家文化教育大系具有良好的工作基础。这也是北外及外研社的使命和担当之所在。

大系编著者以北外教师为主。服务国家重大战略，北外人责无旁贷。同时，国内有研究专长和研究意愿的专家学者也踊跃参与，他们或独自撰著一书，或与北外同仁合作。大系还邀请了驻外使领馆的同志和对象国的学者参加撰写或审稿，他们运用一手资料，开展实地调研，力图提升大系的准确性。

四、结语

"一带一路"倡议植根历史，更面向未来；源于中国，更属于世界。"一带一路"作为文明互鉴的桥梁，从亚欧大陆延伸到非洲、美洲、大洋洲，与世界各国发展战略及众多国际和地区组织的发展实现对接联通，在通路、通航的基础上更好地通商，进而开展文化教育交流与沟通，加强商品、资金、技术、文化、教育流通，达成互学互鉴的文明愿景。"一带一路"倡议的目标是中国与"一带一路"国家在互联互通基础上分享优质产能，共商项目投资，共建基础设施，共享合作成果，内容包括政策沟通、设施联通、贸易畅通、资金融通、民心相通"五通"。"一带一路"倡议肩负重大使命，它要探寻经济增长之道，将中国自身的产能优势、技术与资金优势、经验与模式优势转化为市场与合作优势，实行全方位开放，共享中国改革发展红利；它要实现全球化再平衡，鼓励向西开放，带动西部开发以及中亚、蒙古等内陆国家和地区的开发，在国际社会推行全球化的包容性发展理念，主动向西推广中国优质产能和比较优势产业，惠及沿途、沿岸国家，避免西方国家所开创的全球化造成的贫富差距和地区发展不平衡情况，推动建立持久和平、普遍安全、共同繁荣的和谐世界；它要开创地区新型合作，强调共商、共建、共享原则，超越了马歇尔计划和传统的对外援助活动，给 21 世纪的国际合作带来了新的理念。所以，新时代中国的教育学者应当将"一带一路"国家文化教育研究作为比较教育新的增长点，全面深入开展研究，以自己的聪明才智丰富学术，为国出力，服务国家重大发展战略；在加强与"一带一路"国家的交流合作中，推动"一带一路"建设高质量发展，努力建设高质量的中国教育体系，并积极参与后疫情时代全球教育治理体系改革，加快构建以国内大循环为主体、国内国际双循环相互促进的新发展格局。

2023 年春
于北京外国语大学

（王定华，北京外国语大学党委书记、博士、教授、博士生导师，国家督学。历任河南大学教师、中国驻纽约总领事馆教育领事、教育部基础教育一司司长、教育部教师工作司司长等。）

本书前言

印度尼西亚是一个复杂而又迷人的国度，宛如"众神遗落的珍珠"缠绕在赤道两旁。它坐落于亚洲东南部，由一万七千多座星罗棋布的岛屿构成，横跨三个时区，自然资源、文化资源极为丰富，拥有"千岛之国""赤道上的翡翠"等美誉。它是世界上最大的群岛国家、世界上穆斯林人口最多的国家、世界第四人口大国、东盟最大的经济体。尽管印尼语作为官方语言，但千余个部族的繁衍生息使得绝大部分人以几千种方言中的一种作为母语。千余个部族孕育了多姿多彩的文化，食物、音乐、习俗皆不相同，并采取彼此迥异的方式引领古老传统融入现代社会。现代印尼在历经了欧洲商贸冲突、殖民活动、剥削统治及独立战争后，于1945年建国。作为二战后独立新兴国家，它经历了一段极不稳定的集体身份认同过程，教育在其中发挥了不可或缺的作用。

本书共分为十二章。第一章和第二章从自然地理、国家制度、社会生活、历史沿革、风土人情、文化名人等维度较为全面地介绍印尼的国情和文化传统。第三章概述印尼教育的发展历程，梳理不同历史时期印尼教育的主要特征及影响因素，介绍对印尼教育事业做出重要贡献、产生深远影响的教育名家，简述其主要事迹及教育成就。第四章至第九章分别论述印尼学前教育、基础教育、高等教育、职业教育、成人教育、教师教育的发展和现状、特点和经验、挑战和对策，对印尼各学段、各类型的教育情况进行全景式的介绍和较为深入的剖析。第十章介绍印尼现行并对未来具有战略统领作用的教育政策，揭示其实施过程中遇到的挑战、经验与启示。第十一章介绍中央和地方教育行政的发展与现状，分析印尼教育行政的组织结构、运行机制及主要职责。第十二章梳理自古至今中印尼教育交流的历史、模式与原则，分析典型案例，总结成功经验，思考在新时代推进教育交流合作所面临的挑战，对未来双方在"一带一路"倡议下进一步加强教育交流与合作提供建议。

能够有机会承担国家社会科学基金（教育学）重大项目和北京外国语大学"双一流"建设标志性项目——"一带一路"国家文化教育大系之印度尼西亚卷，我们感到荣幸之至。本书也是中央高校基本科研业务费专项资金"'中等强国'战略下印度尼西亚高等教育数字化转型研究"（2023ZX018）的阶段性研究成果。本书在撰写过程中，参考和借鉴了国内外印度尼西亚文化教育相关领域学者的研究成果和观点，对此表示诚挚感谢。由衷感谢北京外国语大学党委书记、中国教育学会副会长兼国际教育分会理事长、"一带一路"国家文化教育大系总主编王定华教授和北京外国语大学国际教育学院院长秦惠民教授的鼓励与指导，感谢外语教学与研究出版社常务副社长刘捷编审、孙凤兰编审、巢小倩副编审和杜晓沫副编审的专业支持。特别感谢本书责任编辑赵雪老师，她的专业高效、认真负责、耐心细致是本书能够顺利出版的重要保障。

本书是集体智慧的结晶，更是中印尼青年学者共同体在文化教育领域学习切磋、深度交流的成果，参与者包括来自北京外国语大学、北京大学、北京语言大学、天津外国语大学、中国社会科学院大学、国防科技大学、云南财经大学等高校印尼语和教育学专业的师生。本书由我和汉迪·尤尼亚多（Hendy Yuniarto）合著，我负责整体规划与统稿、参与各章撰写、通篇修订完善，汉迪·尤尼亚多负责提供全书一手数据资料、组织讨论与校对内容、撰写结语。各章参与资料收集与翻译整理的师生有：万泽玮（第一章），张艳、尹楷珺（第二章），刘洋、马奕（第三章），曾莹（第四章），李慧丽、温馨（第五章），林楚含（第六章），李昊朗（第七章），林晓晓、宋文君（第八章），高志（第九章），尹楷珺（第十章），万泽玮、夏提古丽·夏克尔（第十一章），刘子奇（第十二章）。书中图片由汉迪·尤尼亚多和尹楷珺在印尼拍摄。感谢大家的精诚合作与辛勤付出！

信任是合作的基础，而信任往往来源于彼此间的认识与理解。值此"一带一路"倡议提出十周年之际，希望本书的出版能够引起更多中国人对印尼教育的兴趣，深化对印尼教育深层次的理解与思考，更希望本书能够成为促进双方民心相通的一部分，为构建更加创新、包容、可持续的中印尼教育共同体贡献一份微薄之力。

囿于时间与学识，书中难免存在谬误与疏漏，恳请各位专家和读者批评指正。

王名扬
2023 年 8 月于北京外国语大学国际教育学院

目　录

第一章　国情概览 ··· 1

　　第一节　自然地理 ····································· 1

　　　　一、地理位置 ·· 1

　　　　二、地形地貌 ·· 2

　　　　三、气候水文 ·· 3

　　第二节　国家制度 ····································· 4

　　　　一、国家标识 ·· 4

　　　　二、行政区划 ·· 6

　　　　三、基本制度 ·· 8

　　第三节　社会生活 ···································· 14

　　　　一、社会文化 ······································· 14

　　　　二、经济生活 ······································· 17

第二章　文化传统 ·· 27

　　第一节　历史沿革 ···································· 27

　　　　一、民族解放运动时期 ······························ 27

　　　　二、独立战争时期 ·································· 29

　　　　三、苏加诺执政时期 ································ 30

　　　　四、新秩序时期 ···································· 31

　　　　五、民主改革时期 ·································· 32

　　第二节　风土人情 ···································· 33

　　　　一、饮食 ·· 33

　　　　二、服饰 ·· 36

　　　　三、民居 ·· 38

四、重大节日 ·· 39

第三节 文化名人 ·· 41

一、加查·马达 ··· 41

二、苏丹·达迪尔·阿里夏巴纳 ····················· 42

三、普拉姆迪亚·阿南达·杜尔 ····················· 42

四、阿卜杜勒拉赫曼·瓦希德 ························· 43

第三章 教育历史 ···44

第一节 历史沿革 ··44

一、独立战争时期 ··· 44

二、苏加诺执政时期 ······································ 47

三、新秩序时期 ··· 51

四、民主改革时期 ··· 56

五、民主巩固时期 ··· 58

第二节 教育名家 ··63

一、威廉·伊斯坎德 ······································ 63

二、卡尔蒂尼 ··· 64

三、戴维·莎蒂加 ··· 65

四、罗哈娜·姑杜丝 ······································ 65

五、基·哈加尔·德宛塔拉 ···························· 66

六、穆罕默德·夏菲 ······································ 68

第四章 学前教育 ···71

第一节 学前教育的发展和现状 ···················71

一、学前教育的发展 ······································ 71

二、学前教育的现状 ······································ 74

第二节 学前教育的特点和经验 ⋯⋯⋯⋯⋯⋯⋯85
　　一、学前教育的特点 ⋯⋯⋯⋯⋯⋯85
　　二、学前教育的经验 ⋯⋯⋯⋯⋯⋯90
第三节 学前教育的挑战和对策 ⋯⋯⋯⋯⋯⋯91
　　一、学前教育的挑战 ⋯⋯⋯⋯⋯⋯91
　　二、学前教育的对策 ⋯⋯⋯⋯⋯⋯94

第五章 基础教育 ⋯⋯⋯⋯⋯⋯⋯⋯⋯⋯⋯⋯98
第一节 基础教育的发展和现状 ⋯⋯⋯⋯⋯⋯99
　　一、基础教育的发展 ⋯⋯⋯⋯⋯⋯99
　　二、基础教育的现状 ⋯⋯⋯⋯⋯106
第二节 基础教育的特点和经验 ⋯⋯⋯⋯⋯115
　　一、基础教育的特点 ⋯⋯⋯⋯⋯115
　　二、基础教育的经验 ⋯⋯⋯⋯⋯117
第三节 基础教育的挑战和对策 ⋯⋯⋯⋯⋯119
　　一、基础教育的挑战 ⋯⋯⋯⋯⋯119
　　二、基础教育的对策 ⋯⋯⋯⋯⋯122

第六章 高等教育 ⋯⋯⋯⋯⋯⋯⋯⋯⋯⋯⋯125
第一节 高等教育的发展和现状 ⋯⋯⋯⋯⋯125
　　一、高等教育的发展 ⋯⋯⋯⋯⋯125
　　二、高等教育的现状 ⋯⋯⋯⋯⋯136
第二节 高等教育的特点和经验 ⋯⋯⋯⋯⋯154
　　一、高等教育的特点 ⋯⋯⋯⋯⋯154
　　二、高等教育的经验 ⋯⋯⋯⋯⋯157

第三节 高等教育的挑战和对策 ……………………159

一、高等教育的挑战 ……………………… 160

二、高等教育的对策 ……………………… 161

第七章 职业教育 ……………………164

第一节 职业教育的发展和现状 ……………………164

一、职业教育的发展 ……………………… 164

二、职业教育的现状 ……………………… 170

第二节 职业教育的特点和经验 ……………………179

一、职业教育的特点 ……………………… 179

二、职业教育的经验 ……………………… 182

第三节 职业教育的挑战和对策 ……………………185

一、职业教育的挑战 ……………………… 185

二、职业教育的对策 ……………………… 189

第八章 成人教育 ……………………197

第一节 成人教育的发展和现状 ……………………197

一、成人教育的发展 ……………………… 197

二、成人教育的现状 ……………………… 208

第二节 成人教育的特点和经验 ……………………215

一、成人教育的特点 ……………………… 216

二、成人教育的经验 ……………………… 218

第三节 成人教育的挑战和对策 ……………………221

一、成人教育的挑战 ……………………… 221

二、成人教育的对策 ……………………… 222

第九章 教师教育 ·······224

第一节 教师教育的发展和现状 ·······225
一、教师教育的发展 ·······225
二、教师教育的现状 ·······229

第二节 教师教育的特点和经验 ·······239
一、教师教育的特点 ·······239
二、教师教育的经验 ·······241

第三节 教师教育的挑战和对策 ·······243
一、教师教育的挑战 ·······243
二、教师教育的对策 ·······245

第十章 教育政策 ·······249

第一节 政策与规划 ·······249
一、《印度尼西亚教育发展路线图
（2020—2035 年）》 ·······249
二、《印度尼西亚 2045 年愿景：独立、进步、
公正、繁荣》中的教育规划 ·······258

第二节 实施与挑战 ·······261
一、教育政策的实施现状 ·······261
二、教育政策面临的挑战 ·······263

第三节 经验与启示 ·······266
一、教育政策的经验 ·······266
二、教育政策的启示 ·······268

第十一章 教育行政 ·······270

第一节 中央教育行政 ·······270

一、中央教育行政的发展 ································· 270

二、中央教育行政的现状 ································· 273

第二节 地方教育行政 ································· 277

一、省级教育行政 ································· 277

二、县市级教育行政 ································· 278

第十二章 中印尼教育交流 ································· 280

第一节 教育交流历史 ································· 280

一、教育交流的社会文化基础 ················· 280

二、教育交流的历史沿革 ····················· 283

三、教育交流的主要领域 ····················· 289

第二节 教育交流模式与原则 ················· 292

一、教育交流的动力机制 ····················· 292

二、教育交流的模式 ························· 295

三、教育交流的原则 ························· 310

第三节 教育交流案例与思考 ················· 311

一、教育交流的案例分析 ····················· 311

二、教育交流的思考 ························· 313

结　语 ································· 317

参考文献 ································· 320

第一章 国情概览

印度尼西亚共和国，简称印尼，首都为雅加达。全国主要由苏门答腊岛、爪哇岛、苏拉威西岛、加里曼丹岛（中部和南部）、新几内亚岛五大岛屿及众多小岛屿组成，是全世界最大的群岛国家。

第一节 自然地理

一、地理位置

印度尼西亚位于东南亚地区，位于北纬 6°8′ 至南纬 11°15′，东经 94°45′ 至东经 141°5′，南北距离 1 760 千米，东西距离 5 120 千米，[1] 横跨赤道，被誉为"赤道上的翡翠"，国土面积 1 913 578.68 平方千米，[2] 是东南亚地区最大的国家和世界最大的群岛国家，已经命名的岛屿达 16 056 个，其中约 6 000 个有人居住。扼守海上交通要道马六甲海峡、巽他海峡、龙目海峡，连接

---

[1] 许利平，薛松，刘畅. 印度尼西亚 [M]. 北京：社会科学文献出版社，2019：1.

[2] 中华人民共和国外交部. 印度尼西亚国家概况 [EB/OL].（2021-08-01）[2021-09-25]. https://www.fmprc.gov.cn/web/gjhdq_676201/gj_676203/yz_676205/1206_677244/1206x0_677246/.

印度洋和太平洋。北接马来西亚、东北邻菲律宾，东与巴布亚新几内亚共分巴布亚岛，东南与东帝汶共有帝汶岛，南隔阿拉弗拉海与澳大利亚相望，战略位置十分重要。

全国横跨 3 个时区，西部苏门答腊岛、爪哇岛各城市（包括首都雅加达在内）属于西部时间，比北京时间晚 1 个小时；加里曼丹岛、苏拉威西岛、努沙登加拉群岛（包括巴厘岛、帝汶岛等）使用中部时间，与北京时间相同；其余地区使用东部时间，比北京时间早 1 个小时。

二、地形地貌

印度尼西亚以山地和丘陵为主，海岸线附近有狭长的平原。主要岛屿苏门答腊岛、爪哇岛、加里曼丹岛、巴厘岛等均位于巽他大陆架上，属于亚洲大陆的延伸。苏门答腊岛、爪哇岛、苏拉威西岛和加里曼丹岛及它们的附属岛屿合称大巽他群岛，小巽他群岛由巴厘岛到帝汶岛的两支岛弧构成。苏门答腊岛位于印尼最西部，呈西北—东南走向，西部有绵延 1 700 余千米的巴里桑山脉，东部则为沿海沼泽地，巴里桑山脉以西也有少量的狭窄沿海平原。苏门答腊岛多地震、火山。爪哇岛位于赤道以南，位于火山地震带上，土地肥沃，适于农耕；北部海岸坡度低，南部则较为陡峭。爪哇岛北部以平原为主，南部则多为高原，因此河流多由南向北流动。苏拉威西岛位于亚欧板块、太平洋板块和大洋洲板块交会点，岛上多山、多地震。加里曼丹岛横跨赤道，中部为山区，许多河流发源于此，包括印尼最长的卡普阿斯河。努沙登加拉群岛受火山和地震影响较大，偏海洋性气候。马鲁古群岛历史上被称为"香料群岛"，位于苏拉威西岛和巴布亚岛之间，雨水充沛，适合种植木材和香料。巴布亚岛位于印尼最东部，西部和南部以平原为主，中部则以山区为主。

印尼山脉较多，主要山脉有两条：一是从美洲延伸来的环太平洋山脉，印尼境内海拔最高点查亚峰属于该山脉的一部分；二是从北非、南欧延伸来的地中海山脉，该山脉上火山活动频繁。印尼处在环太平洋火山地震带上，火山众多，全国有火山400多座，其中150余座是活火山，[1] 占全球近1/6。

三、气候水文

印度尼西亚地处赤道地区，无四季之别，高温、多雨、微风和潮湿是其气候的四大特征。加里曼丹岛是典型的热带雨林气候，与亚马逊雨林并称为地球的"左右两肺"。赤道南北的热带地区深受热带季风的影响，出现明显的旱季与雨季。一般来说，旱季从每年4月到10月，特点是少雨、少风、炎热；雨季从11月到次年3月，特点是多雨。由西向东旱季时间也逐渐增加。印尼的年降雨量均值达2 868毫米，降雨量地区差异性大，西部多于东部。印尼是世界上雷雨最多的国家，每年平均有220个雷雨日，西爪哇茂物市年均雷雨日达332天，被誉为"雷都"。印尼全国平均气温约25—27℃，滨海平原平均气温约28℃，内陆和山地约26℃，高山地区仅23℃。[2]

印尼河流众多，多为小河，长度超过500千米的河流有9条，分别是爪哇岛的梭罗河，苏门答腊岛的巴当哈里河、穆西河和因德拉吉里河，加里曼丹岛的巴里托河、卡普阿斯河和马哈卡姆河，巴布亚岛的曼伯拉莫河和迪古尔河。印尼湖泊众多，多为火山湖。最大的湖泊是苏门答腊岛的多巴湖，它是世界上最大的火山湖和东南亚最大的淡水湖，是著名的旅游胜地。[3]

---

[1] 资料来源于全球火山项目官网。

[2] 许利平，薛松，刘畅. 印度尼西亚 [M]. 北京：社会科学文献出版社，2019：4-5.

[3] 许利平，薛松，刘畅. 印度尼西亚 [M]. 北京：社会科学文献出版社，2019：6.

第二节 国家制度

印度尼西亚的国家格言是"殊途同归"。这句格言来自 14 世纪的古爪哇叙事诗，寓意当时占统治地位的印度教与佛教信徒之间和谐共处。现代印尼的宗教、部族分布均极为多元，这句格言象征着印尼维护国家统一的价值指向。印尼以"潘查希拉"为国家哲学。1945 年 6 月，在讨论即将独立的印尼采用何种原则作为建国基础时，印尼独立运动的领导人苏加诺提出以民族主义、国际主义、协商一致、共同繁荣、信仰神道作为建国的基础，这五条原则被称为"潘查希拉"。此后，"潘查希拉"的内容多次调整变化。1978 年，苏哈托总统公布了正式版本的"潘查希拉"，包括信仰神道、人道主义、民族主义、民主主义和社会公正，一直沿用至今。

一、国家标识

（一）国旗

印度尼西亚的国旗被称为"荣耀红白"，是一面由两个平行等宽的红色和白色长条组成的旗帜。旗帜长宽比为 3∶2。[1]1922 年，印尼在荷兰的留学生社团将这面旗帜作为该组织的标志，1928 年，印尼民族党首次在爪哇将这面旗帜作为党旗。1945 年 8 月 17 日，印尼民族主义领导人苏加诺和哈达宣布印度尼西亚共和国诞生，这面旗帜正式成为国旗。对印尼国旗的象征意义有不同的解释。苏加诺认为，红色象征勇气，白色象征纯洁，这正是 600 年前满者伯夷开国君主传递至今的印尼精神。[2] 也有人认为，红色象

---

[1] 资料来源于全球旗帜网站。

[2] 资料来源于印尼《独立报》网站。

征人的物质生活，白色象征人的精神生活，两者结合成为完整的人。[1]

（二）国徽

印度尼西亚国徽主体为金翅鸟[2]，这是一种印度教中的神鸟，是毗湿奴[3]的坐骑，象征着正义、勇敢、秩序与守护。[4]金翅鸟双翼各有 17 根羽毛，尾羽有 8 根羽毛，象征着 8 月 17 日印度尼西亚共和国获得独立。国徽正中盾牌上分为 5 个区域，分别象征作为国家指导思想的"潘查希拉"：盾牌正中的黑底金星象征着对神的信仰，左上方的红底雄牛象征着人民民主，右上方的榕树象征着国家统一，左下角的麦穗和棉枝象征着社会正义与平等，右下角的金色链条象征着人道的社会。在国徽的最下方，金翅鸟双爪握着一条写有印尼国家格言"殊途同归"的横幅。

（三）国歌

印度尼西亚国歌是《大印度尼西亚》。这首歌由音乐家威吉·鲁多尔夫·苏普拉特曼于 1924 年创作，1945 年被确定为国歌。歌词大意[5]如下。

　　印度尼西亚，我的祖国
　　一腔热血为你抛洒

---

[1] 资料来源于全球旗帜网站。

[2] 金翅鸟（Garuda），中文可译作"加鲁达"，从印度教文献中翻译时多译作"迦楼罗"，也被称为潘查希拉金翅鸟（Garuda Pancasila）。

[3] 毗湿奴是印度教三大主神之一，被印度教认为是世界的维护者。

[4] 许利平，薛松，刘畅. 印度尼西亚 [M]. 北京：社会科学文献出版社，2019：27.

[5] 笔者自译。

我的祖国啊，我生长的地方

印度尼西亚是我的民族

让我们一起，把她的团结维护

活过来吧，我的土地

活过来吧，我的国家

我的民族，我的人民，所有的人啊

锻炼好身体和心灵

为了伟大的印度尼西亚

大印度尼西亚

自由吧，自由吧

我爱的这个祖国啊

大印度尼西亚

自由吧，自由吧，

活过来吧，印度尼西亚

二、行政区划

2013 年以来，印度尼西亚的一级行政区（省级）共有 34 个，包括 31 个省、1 个首都特区（雅加达）和 2 个地方特区（日惹、亚齐）。二级行政区（县 / 市级）共 514 个，包括省下设 98 个市和 416 个县。2022 年 11 月以后，根据印尼内政部官方发布的最新数据，印尼的一级行政区（省级）增加至 38 个，新增的 4 个省份分别是：西南巴布亚省、南巴布亚、山地巴布亚省和中巴布亚省。[1]

---

[1] 资料来源于印尼政府秘书处官网。

除日惹外，其他各省省长均由民众每五年选举一次，日惹的省长由哈蒙库布沃诺王朝的苏丹世袭担任。

印尼的主要城市包括雅加达、泗水、棉兰、万隆和日惹。

雅加达位于爪哇岛西北部，北临爪哇海，是印尼首都，文化、经济、金融和政治中心。2020 年总人口 1 056 万，[1] 是世界人口第二密集的大都会区。雅加达长期以来是国家的经济中心，主要工业有造船、纺织、汽车装配、建筑材料、化工和食品加工等。

泗水位于爪哇岛东部，是东爪哇省省会，1293 年建城。2020 年人口为 316 万，[2] 是印尼第二大城市。泗水是东爪哇大港，是一个现代化的工业城市，又是爪哇岛东部和马都拉岛农产品的集散地，主要工业有造船、石油提炼、机械制造等。印尼进口商品大多都由泗水进入国内，而蔗糖、咖啡、烟草、柚木、木薯、橡胶、香料、植物油和石油等出口产品也是通过该港口输出。

棉兰位于苏门答腊岛东北部，是北苏门答腊省省会和经济中心，2020年人口 243.5 万。[3] 这里原为小村庄，19 世纪末，因其位于前往亚齐的交通要道，附近种植园兴起后，便逐渐发展为城市，一时成为烟草、橡胶、椰子、茶、油棕等农产品集散地和加工中心。

万隆位于爪哇岛西部山区，是西爪哇省省会，2020 年人口 244.4 万，[4] 气候凉爽宜人，旅游胜地众多。万隆文化教育事业发达，万隆工学院是印尼著名的高等院校。著名的万隆会议在此举行，会议通过的《亚非会议最后公报》提出了以"和平共处五项原则"为基础的"万隆十项原则"成为国与国之间和平共处、友好合作的准则。会议所反映的亚非人民团结反帝、

---

[1] 资料来源于印尼国家统计局官网。

[2] 资料来源于 2020 年泗水市人口普查。

[3] 资料来源于 2020 年棉兰市人口普查。

[4] 资料来源于 2020 年万隆市人口普查。

反殖，争取和维护民族独立，增强各国人民之间友谊的精神，被人们称之为"万隆精神"，万隆也因此驰名于世。[1]

日惹位于爪哇岛中南部，南面临海，2020 年人口 37.3 万，[2] 是马塔兰苏丹国和其后继者日惹苏丹国的古都，至今仍由日惹苏丹统治。日惹文教事业发达，有印尼最著名的加查马达大学和日惹国立大学等。

三、基本制度

（一）宪法

印度尼西亚现行宪法为《"四五"宪法》。该宪法于 1945 年 8 月 18 日颁布实施，曾于 1949 年 12 月和 1950 年 8 月被《印尼联邦共和国宪法》和《印尼共和国临时宪法》替代，1957 年 7 月 5 日恢复实行。1999 年 10 月至 2002 年 8 月先后进行过四次修改。宪法强调印尼作为主权国家不可分割，提出"潘查希拉"是印尼的立国根本，并对国家机构、人民权利、宗教、领土、国防安全、教育等内容做出了规定。[3]

（二）政体

印度尼西亚实行总统制共和制，总统是国家元首、政府首脑和武装部队最高统帅，是国家的领袖和核心。1998 年之前，人民协商会议是国家的最高权力机构，负责选举总统，决定国家重大事务，作为其一部分的人民

---

[1] 中国军网. 历史上的今天：万隆会议召开 [EB/OL].（2018-04-18）[2021-05-16]. http://www.81.cn/jsdj/2018-04/18/content_8007598.htm.

[2] 资料来源于 2020 年日惹市人口普查。

[3] 许利平, 薛松, 刘畅. 印度尼西亚 [M]. 北京：社会科学文献出版社, 2019：124.

代表会议是国家立法机关。2004 年，印尼成立地方代表理事会作为代表地方利益的上议院，与国会共同组成人民协商会议，人民协商会议实际上成为立法机关，与总统和最高法院相互制衡。2004 年起，总统和副总统不再由人民协商会议选举产生，改由全民直选，任期 5 年，只能连任一次。总统不再对人民协商会议负责，人民协商会议有权弹劾总统。总统任命内阁，内阁对总统负责。

（三）政党

印尼 1975 年颁布的政党法只允许专业集团党、印尼民主党和建设团结党三个政党存在。1998 年 5 月解除党禁。2019 年大选中，共有 16 个政党参选，9 个政党获得国会议席。[1] 印尼主要大党情况如下。

第一，民主斗争党。民主斗争党于 1998 年 10 月正式成立，系民族主义政党，印尼世俗政治力量代表。民主斗争党以"潘查希拉"为政治纲领，弘扬民族精神，反对宗教和种族歧视。[2]

第二，专业集团党。1959 年组成松散的专业集团联合秘书处。1964 年 10 月，61 个群众组织联合成立专业集团。1970 年 12 月，专业集团扩大为 291 个群众组织。1967—1999 年，成为印尼实际执政党，但一直自称为社会政治组织。1999 年 3 月 7 日，正式宣布为政党。专业集团党以"潘查希拉"为政治纲领，主张在民主和民权基础上进行政治体制改革，保障人权，改善民生。[3]

第三，大印尼运动党。大印尼运动党成立于 2008 年 2 月 6 日，以"潘

---

[1] 中华人民共和国外交部. 印度尼西亚国家概况 [EB/OL].（2021-08-01）[2021-09-25]. https://www.fmprc. gov.cn/web/gjhdq_676201/gj_676203/yz_676205/1206_677244/1206x0_677246/.

[2] 中华人民共和国外交部. 印度尼西亚国家概况 [EB/OL].（2021-08-01）[2021-09-25]. https://www.fmprc. gov.cn/web/gjhdq_676201/gj_676203/yz_676205/1206_677244/1206x0_677246/.

[3] 中华人民共和国外交部. 印度尼西亚国家概况 [EB/OL].（2021-08-01）[2021-09-25]. https://www.fmprc. gov.cn/web/gjhdq_676201/gj_676203/yz_676205/1206_677244/1206x0_677246/.

查希拉”为政治纲领，倡导民族主义、人道主义。[1]

第四，国民民主党。国民民主党成立于 2011 年 7 月，前身是群众组织"国民民主"。国民民主党以建设独立、统一、公正、繁荣的国家为宗旨，倡导发挥民众集体力量实现印尼复兴。[2]

第五，民族觉醒党。民族觉醒党成立于 1998 年 7 月，主张建立民主、开放、廉洁的国家政治体制，反对宗教政治化和宗教歧视，反对一切破坏民族团结统一的行为，反对建立政教合一的国家。[3]

（四）国家机构

1. 立法机构

人民协商会议是印尼的国家立法机构，由人民代表会议（简称国会）和地方代表理事会共同组成，负责制定、修改和颁布宪法，并对总统进行监督。如总统违宪，有权弹劾罢免总统。每 5 年换届选举。国会行使除修宪之外的一般立法权。国会共设置 11 个专门委员会，按照国会内部党派人数比例进行分配。各委员会审议国会的相关法案，并可以在自己的范围内拟定法案，提交国会审议，并就其主管领域相关问题与政府协商、听取民众意见。[4] 地方代表理事会系 2004 年 10 月新成立的立法机构，负责有关地方自治、中央与地方政府关系、地方省市划分以及国家资源管理等方面立法

---

[1] 中华人民共和国外交部. 印度尼西亚国家概况 [EB/OL].（2021-08-01）[2021-09-25]. https://www.fmprc. gov.cn/web/gjhdq_676201/gj_676203/yz_676205/1206_677244/1206x0_677246/.

[2] 中华人民共和国外交部. 印度尼西亚国家概况 [EB/OL].（2021-08-01）[2021-09-25]. https://www.fmprc. gov.cn/web/gjhdq_676201/gj_676203/yz_676205/1206_677244/1206x0_677246/.

[3] 中华人民共和国外交部. 印度尼西亚国家概况 [EB/OL].（2021-08-01）[2021-09-25]. https://www.fmprc. gov.cn/web/gjhdq_676201/gj_676203/yz_676205/1206_677244/1206x0_677246/.

[4] 许利平，薛松，刘畅. 印度尼西亚 [M]. 北京：社会科学文献出版社，2019：145.

工作。在其他事项上，地方代表理事会没有立法权。[1] 此外，地方代表理事会还设有若干专门委员会，如法案委员会、内务委员会、道德委员会、对外友好委员会、公共问责委员会和协商委员会等。

2．司法机构

印尼是大陆法系国家，法律制度主要基于荷兰殖民时期确定的法律体系。印尼目前尚未建立起较为统一的法律体系，法律渊源主要包括习惯法、伊斯兰教法和荷属东印度时期的法律法规、独立后印尼制定的法律法规。印尼的司法机构较为完整，包括普通法院、宗教法院、行政法院和军事法院等。[2] 第一类普通法院，对所属辖区内一切案件均有管辖权，从下到上分别是地方法院、高等法院和最高法院。地方法院是初审法院，每个县市设有一所，案件审理采取合议庭制度。高等法院是地方法院的上诉法院，设置在各省省会。最高法院作为司法机构独立于立法和行政机构，在宪法规范下独立行使司法权，拥有终审权和复核权。最高法院有权撤销下级法院的司法审判、审查下位法律是否符合上位法律并行使法律赋予的其他权力。最高法院的法官由司法委员会提名、经国会确认、由总统任命产生，院长和副院长由法官互选产生。此外，普通法院体系内还设有青少年法院、商事法院、人权法院、贪污犯罪法院、劳动关系法院、渔业法院等专门法院。第二类宗教法院，是处理穆斯林婚姻、继承、遗嘱、赠予、宗教捐赠等事务的审判机关，设在县市一级。宗教高等法院是宗教法院体系的上诉法院，对属于宗教法院体系管辖的案件行使终审权。第三类行政法院，其体系包括国家行政法院、高级国家行政法院和税务法院等，主要职责是处理公民

[1] 中华人民共和国外交部．印度尼西亚国家概况 [EB/OL]．（2021-08-01）[2021-09-25]．https://www.fmprc.gov.cn/web/gjhdq_676201/gj_676203/yz_676205/1206_677244/1206x0_677246/.

[2] 许利平，薛松，刘畅．印度尼西亚 [M]．北京：社会科学文献出版社，2019：152.

与各层级国家机关之间的诉讼案件。第四类军事法院，其体系包括初级军事法院、高级军事法院、军事上诉法院和战地法庭等，主要负责审判与军人相关的案件。

3．行政机构

印尼政府由中央政府与地方政府构成。中央政府的决策机构为内阁，由总统、副总统、总统任命的部长和副部长组成。总统为印尼国家元首、政府首脑和武装力量最高统帅，也是印尼在国际社会上的国家代表，其在副总统和内阁协助下行使相关权力，包括：代表内阁向国会提出法律草案，制定补充法律的政府条例；负责组织内阁，任命阁员。在国会批准下，总统有权对别国宣战、媾和，缔结和签署国际条约；有权宣布紧急状态；在国会建议下委派大使、接受外国大使国书、宣布大赦和死刑；有权依法授予荣誉称号和勋章。总统不能解散和中止国会的工作，若总统或副总统在任职期间被确定犯有叛国、腐败或其他重罪，违反社会公德或能力不足以履职，经国会动议，人民协商会议通过，可以同时罢免总统、副总统或罢免他们其中一人。人民协商会议之后依法补选空缺。

1998 年后，印尼开始实行权力下放制度。1998 年和 2004 年，印尼先后出台两部权力下放法及其配套法律法规，同时相应修改了 1945 年宪法。修改后的宪法对民主化改革后建立地方政府，以及中央政府与地方政府的关系做了基本的规定。宪法规定，印度尼西亚共和国采取单一制，分为若干个省，省下设县市，县市下设基层政权乡镇和社区。省和县市政权按照自治原则自行安排和管理地方事务，设置地方议会，议员经选举产生，省长和县市长也均按照选举产生。地方政权在法律规定的范围内行使广泛的自治权，可以制定地方性法规。

（五）选举制度

印度尼西亚现行的 1945 年宪法明确各级立法机构成员和行政机构负责人均由民众直接选出，选举五年举行一次。自 2019 年起，中央、省、县市的立法机构和行政机构的选举同时进行。国家设立中央选举委员会，作为组织全国大选的独立机构，委员由总统提名、议会任命，任期五年。地方有权组织自己的选举委员会，其委员由上级选举委员会任命。

印尼立法机构的选举包括中央层面国会、地方代表理事会议员、地方层面省议员和县市议员的选举。除地方代表理事会为无党派机构外，其他三种均以政党为主要参选单位，候选人只有被政党提名才能参选。所有在中央选举委员会注册的政党均需要接受资格审查，只有审查合格才能获得提名候选人的资格。地方代表理事会的候选人则需要在自己参选的省份获得足够的选民支持才能参选。参选所有立法机构的候选人均需满足特定条件。他们不能同时兼任公务员、军警人员、国家事业单位工作人员，不得担任与议员工作产生利益冲突的职务，并且只能一次参加一种立法机构的选举。[1]

除地方代表理事会外，各种立法机构的选举均采用开放名单比例代表制[2]，在多名选区[3] 中选举产生。在国会选举中至少获得 20% 的席位或 25%的选票的政党或政党联盟才有权提名总统和副总统候选人。地方代表理事会由各省分别以单次不可转让投票制[4] 选出，每省选举 4 名议员，所有候选

---

[1] 许利平，薛松，刘畅. 印度尼西亚 [M]. 北京：社会科学文献出版社，2019：127.

[2] 开放名单比例代表制是比例代表制的一种。比例代表制是指在选区范围内根据各参选政党的得票数，将该选区席位分配给各政党候选人的选举方式。比例代表制分为开放名单和封闭名单两种。在封闭名单制度下，选民只能把选票投给自己支持的政党，无权决定政党名单的当选次序。在开放名单比例代表制下，选民有权将选票投给政党名单上特定的候选人，候选人得票数将在一定程度上决定最后的当选次序。

[3] 多名选区是指选举产生多名代表的选区，与只能选出一名代表的单名选区相对。比例代表制需要与多名选区相结合。

[4] 单次不可转让投票制是一种在多名选区中选举代表的制度，这种投票制度下，选民只能投一票给候选人，得票最多的几名候选人当选。

人都以独立身份参选。

总统和副总统 2004 年前由人民协商会议分别选出，2004 年之后由选民直接选举选出。总统和副总统候选人组队参选，他们必须得到政党的支持。候选人必须满足宪法和选举法规定的各种条件。

选民直接对候选人进行投票，若有候选人获得半数以上选票，则可当选为总统和副总统。若无候选人直接获得半数以上选票，则得票最高的两组候选人进入第二轮投票，其中获得半数以上支持的候选人当选为总统。地方首长从 2005 年开始采取直接选举方式，同样采取正副地方首长候选人组对参选、多数两轮投票的模式。

选举投票日当日年满 17 岁或已婚公民享有选举权，但需要在选举日前 6 个月正式登记为选民。选举前各政党和候选人可以组织数月的竞选活动，选举委员会负责监管竞选活动，确保竞选过程公平有序。投票日前三天起不得再举办竞选活动，以为选民脱离竞选宣传留出冷静思考的时间。

第三节　社会生活

一、社会文化

（一）人口

印度尼西亚 2020 年人口达到 2.71 亿，[1] 是全世界第四人口大国和东南亚第一人口大国。在性别比例方面，2020 年，印尼男性人口数量为 13 758.3 万

---

[1] 资料来源于印尼国家统计局官网。

人（占比为 50.3%），女性人口数量为 13 594.1 万人（占比为 49.7%），男性人口相对多于女性。在年龄结构方面，2020 年，印尼 0—14 岁人口比重为 26%，人数较上年有所下降；15—64 岁人口比重为 68%；65 岁及以上人口数量为 1 712.95 万人，与 2010 年人口数据相比，增长了 512.84 万人，占总人口比重为 6%，尚未步入老龄化社会。[1] 在城乡结构方面，2020 年，印尼人口城镇化率为 56.6%，城镇人口为 15 492.7 万人，比上年增长了 341.7 万人，相比 2010 年增长了 3 421.8 万人；农村人口数量为 11 859.7 万人，占总人口比重的 43.4%，城镇化率逐年上升。[2] 印尼各地人口密度差异大，爪哇岛人口极为密集，雅加达的人口密度高达 15 624 人 / 平方千米，而外岛的北加里曼丹省和西巴布亚省仅有 9 人 / 平方千米。[3]

（二）部族

印度尼西亚国家只承认统一的印度尼西亚民族。印尼有千余个部族，这些部族多聚居分布。其中，人口最多的部族是爪哇族，[4] 占总人口约 45%。其他主要部族有巽他族，占总人口约 14%；马来族，占总人口约 7.5%；马都拉族，占总人口约 7.5%。[5] 其他部族共占约 26%，如巴达克族、米南加保族、巴达维族、布吉斯族、巴厘族、万丹族和望加锡族等。

[1] 世界老龄化标准为一个国家或地区 65 岁及以上人口数达到 7% 以上。

[2] 华经情报网. 2010—2020 年印度尼西亚人口数量、劳动力人数及人口年龄、性别结构统计分析 [EB/OL]. （2021-08-26）[2021-05-16]. http://huaon.com/channel/distdata/743129.html.

[3] 许利平，薛松，刘畅. 印度尼西亚 [M]. 北京：社会科学文献出版社，2019：16.

[4] 20 世纪 70 年代，随着政府主导的大规模移民，爪哇族开始在印度尼西亚全国分布。

[5] 中华人民共和国外交部. 印度尼西亚国家概况 [EB/OL]. （2021-08-01）[2021-09-25]. https://www.fmprc. gov.cn/web/gjhdq_676201/gj_676203/yz_676205/1206_677244/1206x0_677246/.

（三）宗教

印度尼西亚约 87% 的人信奉伊斯兰教，是世界上穆斯林人口最多的国家，其中大多数是逊尼派。6.1% 的人信奉基督教新教，3.6% 的人信奉天主教，其余的人信奉印度教、佛教和原始拜物教等。[1]

（四）语言

印度尼西亚人使用的语言分为官方语言和地方及部族语言两大类。印尼的官方语言是印尼语，属于南岛语系，使用拉丁字母拼音书写，语法简单，没有时态和数格等变化。印尼语来源于古马来语，7 世纪时，古马来语就已在群岛被广泛用作贸易语言和宗教语言。此后，古马来语不断演化，19 世纪正式形成廖内马来语和柔佛马来语，两者分别发展为现代印尼语和现代马来语。1865 年，廖内马来语被定为荷兰殖民政府第二语言。20 世纪初，印尼民族主义者开始以廖内马来语作为自己的语言标志。1928 年在全印尼第二次青年大会上，廖内马来语正式成为印度尼西亚民族的语言，并获得了印尼语的名称。1945 年，印尼宪法确认印尼语为官方语言。

印尼的地方及部族语言共有 719 种，其中 707 种还在传播，12 种濒临灭绝。[2] 巴布亚地区的语言种类极多，达 270 余种。爪哇语是印尼第一大地方语言，使用人口近 6 000 万。当前，印尼语是初等教育所使用的唯一语言，也是印尼全国通用的语言。但大部分印尼人以地方及部族语言作为第一语言，将印尼语作为与政府人员和其他地区人员沟通的官方语言。因此，印尼人大多能够同时使用官方印尼语和地方及部族语言。

---

[1] 商务部国际贸易经济合作研究院、中国驻印度尼西亚大使馆经济商务处、商务部对外投资和经济合作司. 对外投资合作国别（地区）指南：印度尼西亚 [R]. 北京：商务部国际贸易经济合作研究院、中国驻印度尼西亚大使馆经济商务处、商务部对外投资和经济合作司，2022：7.

[2] 许利平，薛松，刘畅. 印度尼西亚 [M]. 北京：社会科学文献出版社，2019：25.

二、经济生活

（一）农业

印度尼西亚是世界粮食作物和经济作物的重要产地，农业在印尼国民经济中占据着极为重要的地位。农业就业人口达到 4 900 万人，约占劳动力人口的 41%，是国民收入的主要来源之一。[1] 印尼工业部门中的许多行业也依赖农业提供原材料。农业还是重要的出口创汇来源，特别是热带种植业产品的出口为印尼带来不少外汇收入。历届印尼政府大多采取了积极的农业政策，如实行土地改革，移民垦荒，增加耕地面积，调控粮食价格，培育、推广优质品种农作物等。印尼主要农产品包括油棕、大米、玉米、甘蔗、椰子、木薯、香蕉、橡胶、芒果和辣椒等。

印尼林业资源丰富，全国陆地的 75% 被森林覆盖，热带雨林约占森林面积的 75%，[2] 被誉为仅次于巴西的"地球第二肺"。印尼盛产乌木、檀木、柚木等珍贵木材，红木、桉木等产量也较高，同时还盛产藤条、竹类等。印尼的森林资源主要分布在人烟稀少的内地、山区，开发难度大，近四分之一的森林资源位于巴布亚省。随着林业资源的大规模开发，乱砍滥伐和毁林开荒等现象也随之出现，政府针对这些问题，加强了对林业资源的保护和管理，保障林业的可持续发展。

印尼是世界上第七大渔业国。这里适宜的气候和水文条件孕育了丰富的水产资源，为渔业发展提供了有利条件，盛产金枪鱼、马鲛鱼、沙丁鱼、鱿鱼、扇贝、海参、对虾、龙虾和各类海藻等。印尼渔业资源开发空间大，在整个海域面积中，已开发的渔业作业海区不过三分之一。近年来，印尼大力发展海洋养殖业，重视建设养鱼场、发展网箱养殖，增加先进设备，

---

[1] 资料来源于印尼投资官网。

[2] 许利平，薛松，刘畅. 印度尼西亚 [M]. 北京：社会科学文献出版社，2019：200.

海洋养殖业产量陡增。

20世纪70年代开始，印尼逐步推进畜牧业现代化。近年来，虽然畜牧业成为农业各部门中增长较快的部门，但印尼本土畜产品产量依然比较有限。

（二）工业

1. 矿业

印度尼西亚矿产资源丰富，蕴藏金、银、锡、镍等矿产。金银开采有着悠久的历史，印尼是世界第五大金矿产地。黄金产地主要有巴布亚省由美资自由港公司经营的矿山、中加里曼丹省和西努沙登加拉省的松巴哇岛。银矿主要分布在邦加-勿里洞、马鲁古、加里曼丹岛中部和西部以及西爪哇。铜矿主要分布在巴布亚省的两大矿山，少量分布在苏拉威西、爪哇和苏门答腊，储量超过3 000万吨，居世界第二位，主要出口到东亚国家。锡矿主要分布在邦加-勿里洞群岛、井里汶以及苏门答腊岛东岸，以邦加勿里洞地区为中心。锡矿开采历史悠久，品质高，成品锡大多数出口，少量在国内销售。镍矿储量巨大，主要分布在东加里曼丹、南苏拉威西、马鲁古群岛和新几内亚岛。

2. 能源

印度尼西亚是世界能源工业大国之一，主要能源有煤炭、石油、天然气、电力和地热能等。根据世界能源委员会的估算，印尼的煤炭储量有55.33亿标准吨（约合61亿短吨），[1] 包括褐煤、烟煤、无烟煤。印尼的煤

---

[1] 许利平，薛松，刘畅. 印度尼西亚 [M]. 北京：社会科学文献出版社，2019：205.

炭主要分布在苏门答腊岛和加里曼丹岛，煤炭产量的三分之二来自加里曼丹岛东部，另外也有少量的煤炭分布在爪哇岛、新几内亚岛和苏拉威西岛。目前，印尼煤炭的年产量超过4亿吨，所产煤炭大多用于出口，少部分用于国内，主要是作为火力发电和其他工业的燃料，电厂消耗的煤炭占国内总消费量的近三分之一。近年来，印尼国内石油和天然气储量不断下降，政府开始更加重视煤炭资源的开发利用，鼓励电力行业将煤炭作为燃料。

印尼从1885年起就开始在北苏门答腊开采石油，是亚洲开采石油历史最悠久的国家之一，曾经是东南亚唯一的石油输出国组织成员，但目前是石油净进口国。印尼所有的油气资源均为国有，外国公司只能从政府获得开采权。印尼的石油主要分布在苏门答腊、爪哇、加里曼丹和巴布亚，最重要的两个油田是位于苏门答腊东海岸的杜里油田和米纳斯油田。印尼天然气储量巨大，天然气工业蕴藏巨大潜力。2016年，印尼成为亚太地区第二大已探明天然气储量国家，达到101.2万亿立方英尺。[1] 由于国内天然气产量井喷式增长，印尼政府开始重视国内天然气供应和国家能源转型，要求限制天然气出口，鼓励工厂和个人将天然气作为燃料。印尼的天然气生产和勘探工业由国际能源巨头主导，目前天然气大部分产自东加里曼丹、南北苏门答腊和纳土纳群岛附近。

受到群岛地形影响，且经济发展水平低下，印尼电网建设困难，同时技术水平低下，发电能力增长乏力。印尼主要的发电形式是火力发电，水力和地热发电量均只占个位数，分别为7%和5%。[2] 在可再生能源发电领域，印尼有较大发展潜力，包括地热、水力、太阳能和生物质能发电等形式。目前，为了缓解电力供应不足可能造成的危机，印尼政府采取各种措施为该行业创造有利的投资环境，如结束行业垄断，确定合理电价，为独立发电企业提供更多空间。

---

[1] 许利平、薛松、刘畅. 印度尼西亚 [M]. 北京：社会科学文献出版社，2019：208.

[2] 许利平、薛松、刘畅. 印度尼西亚 [M]. 北京：社会科学文献出版社，2019：210.

印尼地热能储量全世界最大，达约 280 亿瓦，占全球总量的 40%。印尼是世界第三大地热能源生产国，目前还有很大的地热能利用空间，已经利用的地热能源仅占潜在总量的 5% 以下。[1] 由于资金缺乏、中央和地方政府之间的矛盾以及投资程序复杂等问题，地热开发工作一直进展缓慢。

（三）服务业

1．零售业

零售业在印尼经济中占有重要地位。印尼的零售业分为传统零售业和现代零售业。传统零售业基本上是由小家庭或者小业主独立拥有和经营的店铺。现代零售业出现于 20 世纪后期，近年来，随着印尼经济的发展和中产阶级的出现，现代零售业得到了长足发展，传统市场、商店很大程度上已被便利性和娱乐性兼有的商场和大卖场取代。

2．金融业

印尼的金融业历史悠久，包括银行、股票、债券、保险等。印尼的银行包括中央银行、商业银行、伊斯兰银行。印尼于 1953 年成立中央银行——印尼银行。印尼银行协助政府发行政府债券，管理政府的银行账户，在政府的授权下接收外国贷款并对外代表印尼政府。印尼银行的董事会成员由总统提名，国会批准。印尼的商业银行按出资者不同分为政府银行、区域发展银行、私人银行、合资银行和外资银行，主要商业银行有万自立银行、印尼人民银行、印尼国家银行（1946）[2]、印尼国家储蓄银行、中亚银

---

[1] 许利平，薛松，刘畅．印度尼西亚 [M]．北京：社会科学文献出版社，2019：211-212.

[2] 为了和后来成立的作为央行的印尼国家银行相区分，一般称该银行为印尼国家银行（1946）。

行等。伊斯兰银行按照伊斯兰教义来运营管理，禁止收取利息，基于平等互助、风险共担的原则，投资人或存款人是银行的合伙人，通过参与伊斯兰银行的经营活动来控制风险，而不像传统商业银行那样获取利益。

印尼的股票市场起源于 1976 年成立的资本市场监督局。1977 年，雅加达股票交易所正式启动，但直到 1989 年印尼政府放宽法规限制，市场交易才活跃起来。1989 年，印尼成立了第一个场外交易所和第一个私人股票交易所——泗水股票交易所。1995 年，场外交易所和泗水交易所合并。2007 年，雅加达股票交易所和泗水股票交易所合并为印尼股票交易所。

印尼的债券市场主要交易央行债券、政府债券、调整资本结构债券、国家机构债券、可转让大额存单、商业票据、中期债券和企业债券。在印尼债券市场上交易的债券必须经过印尼当地的评级机构评级并在资本市场监督局注册登记。目前，印尼还没有有组织的债券回购市场。

印尼独立后，逐渐出现了印尼人自己经营的保险公司，20 世纪 50 年代末，政府国有化了原由荷兰人经营的保险公司。20 世纪 60 年代末，印尼政府开始减少国家对保险市场的控制，推动私营保险公司的发展，同时将外资注入保险市场。印尼保险市场前景广阔，年轻人参保率不足 10%，蕴含着巨大的开发潜力。2014 年 10 月，印尼颁布新《保险法》，为监管提供更全面的法律框架。这部法律将保险公司分为财产险、寿险、再保险和伊斯兰保险公司四类，严禁公司业务重叠。

3．旅游业

印尼国土辽阔，旅游资源丰富。20 世纪 80 年代，印尼政府制定有关政策，加强旅游管理工作。2004 年苏西洛总统上台后，印尼社会形势逐渐趋稳，旅游业得到发展。苏西洛和佐科两届政府先后采取了一系列政策，进一步推进旅游业发展，如简化签证手续、将旅游业列为国家重点培育扶持产业、积极开辟国际航空线路、加强海外宣传等方式持续挖掘旅游潜力。2015 年起，到访印尼的外国游客超千万人次，2017 年达到 1 403 万人次。[1] 2020 年，佐科政府提出再造 10 个特色旅游景点计划，但受新冠肺炎疫情影响，印尼的旅游业受到了一定冲击。疫情好转后，旅游业逐步恢复。

4．交通运输业

印尼历届政府都非常重视群岛交通基础设施建设，努力加大投资，补足岛屿零散、基建不足的短板。2005 年，苏西洛政府制定了全国长期运输发展计划，按阶段进行交通网络的建设，其最终目标是促进印尼与周边国家的基础设施一体化，完成连接包括偏远地区交通网络在内的地区联通工作。

印尼的陆路运输包括公路和铁路运输。在公路运输方面，它承载着全国九成的客运量和七成的货运量，是最重要的陆上交通方式。印尼国家公路网络可以被划分为国家级公路、省级公路和县市级公路。过去，印尼的公路交通很不发达，1975 年公路全长只有 10.5 万千米，20 世纪 90 年代末，公路交通有所发展，达到 34.2 万千米，2018 年达到 58 万千米。同时，民众机动车保有量快速增长，2017 年，车辆总数达 13 619 万辆，其中轿车 1 542 万辆，摩托车 11 100 万辆。[2] 摩托车是民众出行的重要交通工具，跨地区之间的交通则多使用小型巴士和小面包车，许多城市中也有公交、出租车系统。雅加达建有覆盖全市的"跨雅加达公交系统"，包含 23 条路线，线路总长 230.9 千米，是世界上最大的城市快速公交系统。[3] 在铁路运输方面，

---

[1] 许利平，薛松，刘畅. 印度尼西亚 [M]. 北京：社会科学文献出版社，2019：224.

[2] 许利平，薛松，刘畅. 印度尼西亚 [M]. 北京：社会科学文献出版社，2019：226-227.

[3] 资料来源于人类城市网站。

1945 年，印尼共和国铁路局成立，负责管理全国铁路线。此后，这一机构多次更名，2010 年更名为如今的印尼国家铁路公司。目前，印尼的铁路主要分布在爪哇、苏门答腊和加里曼丹三个岛。佐科政府上任后，开始大兴基础设施建设，引入国际资本筹划铁路建设。2015 年，印尼先后与中国和日本达成协议，由两国帮助修建雅加达到万隆、雅加达到泗水的快速铁路。印尼方面也在谋划外岛铁路建设，如在苏门答腊岛和苏拉威西岛修建跨岛铁路。

由于印尼群岛零散，故海上运输特别是岛屿间运输对国民经济和人民生活起到至关重要的作用。因此，海运是印尼交通运输业中的重要部门，得到政府的高度重视，政府投入大量资金用于港口设施建设和船运业管理。印尼最主要的港口雅加达的丹戎不碌港和泗水的丹戎佩拉港，是重要的国际集装箱码头。印尼的造船业发展较为落后，仅有一家国有造船厂可以建造 5 万吨级船舶，绝大多数造船和修船厂只能建造小型船舶。印尼国家航运公司是印尼主要的轮船公司，承运群岛间的航运服务。[1]

印尼的航空运输业较为发达，主要航空公司有国营的鹰航、民营航空公司狮航。主要机场包括苏加诺—哈达国际机场、朱安达国际机场、登巴萨国际机场、棉兰国际机场和望加锡国际机场。2017 年，印尼国内航线乘客近 9 000 万人次，国际航线乘客超过 1 600 万人次。

5．邮电通信业

印尼 1961 年成立了国营的印尼邮政。1995 年成立印尼邮政公司。2009 年印尼开放邮政业，接受私营邮政公司进入市场。目前，印尼有 5% 的村庄设有邮政所。印尼电信业发展迅猛，移动电话正在逐步取代固定电话。2012

[1] 许利平，薛松，刘畅. 印度尼西亚 [M]. 北京：社会科学文献出版社，2019：228-229.

年，移动电话付费账户就达到 2.8 亿，2015 年达到 3.3 亿。[1]

6. 对外贸易

外贸在印尼国民经济中占重要地位，政府采取一系列措施鼓励和推动非油气产品出口，简化出口手续，降低关税。主要出口产品有石油、天然气、纺织品和成衣、木材、藤制品、手工艺品、鞋、铜、煤、纸浆和纸制品、电器、棕榈油、橡胶等。主要进口产品有机械运输设备、化工产品、汽车及零配件、发电设备、钢铁、塑料及塑料制品、棉花等。[2]

外国资本对印尼经济发展有着重要的促进作用。印尼政府重视改善投资环境，吸引外资。1997 年金融危机前每年吸引外资约 300 亿美元，金融危机后大幅下降。佐科政府重视改善投资环境，大力吸引外资。2020 年吸引外资 286.7 亿美元，2021 年吸引外资 309.7 亿美元。主要投资来源地为新加坡、中国、美国和日本。[3]

7. 新闻媒体

印尼法律保障新闻自由。2000 年第二次宪法修正案和 1999 年人权法是保障新闻自由的基本法律依据，1999 年新闻出版法和 2002 年广播法是新闻媒体运行的基本法律框架。印尼新闻委员会是新闻领域的管理机构，具体职责包括协调媒体与公众关系、媒体监督、政策咨询。

印尼新闻业发达，报纸、通讯社、电视台、电台、新媒体发展都非常

[1] 许利平，薛松，刘畅. 印度尼西亚 [M]. 北京：社会科学文献出版社，2019：231.

[2] 中华人民共和国外交部. 印度尼西亚国家概况 [EB/OL].（2021-08-01）[2021-09-25]. https://www.fmprc.gov.cn/web/gjhdq_676201/gj_676203/yz_676205/1206_677244/1206x0_677246/.

[3] 中华人民共和国外交部. 印度尼西亚国家概况 [EB/OL].（2021-08-01）[2021-09-25]. https://www.fmprc.gov.cn/web/gjhdq_676201/gj_676203/yz_676205/1206_677244/1206x0_677246/.

迅猛。改革时期 [1] 以来，印尼报刊总数已达到 1 000 多种，[2] 目前发行量最大的是《罗盘报》，其他报纸有《论坛报》《世界新闻报》《独立之声报》《人民思想报》《新印尼之光报》等。大型的报业集团也会在首都以外的城市创办专题版面或地方特刊。影响较大的杂志有《加德拉》《女性》等。主要的华文报纸有《国际日报》《千岛日报》《印华日报》，英文报纸有《雅加达邮报》《雅加达环球报》等。

安塔拉通讯社是印尼的官方通讯社，创建于 1937 年，1962 年被正式确立为官方新闻机构，1972 年成为唯一有权发布国外新闻的通讯社。2007 年后演变为国有企业。印尼的新媒体发展迅猛，许多传统媒体都开始设置网络版面，浏览量较大的网络新闻平台包括罗盘网、点滴新闻网等。

印尼的广播电台包括国家广播电台、商业广播电台和对外广播电台。印尼国家广播电台成立于 1945 年，可用 10 种语言进行广播。印尼的商业广播电台多为地区性电台，如雅加达新闻电台、索诺拉电台等。1988 年后，开始允许设置私立电视台，著名的私人电视台有运输电视台、全球电视台、美都电视台等，一些新闻集团也开设有电视服务。

印尼有超过 1 000 家出版商，绝大多数都是私营公司，代表性的出版公司有葛拉梅迪亚公司、米赞出版社、农业出版社和埃尔朗卡集团等，其中葛拉梅迪亚公司的市场占有率接近 40%，米赞出版社是最有影响力的伊斯兰宗教图书出版社。印尼是东南亚最大的图书版权购买国，40% 的图书是引进的外国图书。电子图书行业方兴未艾，销售额在图书市场中仅达到 2% 左右。[3] 雅加达举行的年度书展规模最大。此外，万隆、日惹、梭罗、棉兰等大城市每年也都会举办书展。

直到苏哈托统治晚期，互联网才被引入印尼，但发展速度较快，如

---

[1] 改革时期指的是 1998 年苏哈托下台以来的时期。

[2] 许利平，薛松，刘畅. 印度尼西亚 [M]. 北京：社会科学文献出版社，2019：367.

[3] 许利平，薛松，刘畅. 印度尼西亚 [M]. 北京：社会科学文献出版社，2019：370.

今已十分普及。21 世纪以来，印尼互联网发展迅猛，网民人数增长较快，2016 年达到 1.327 亿，超过印尼人口的半数。网民年轻化程度较高，年龄超过 50 岁的网民仅占 3%，而 10—14 岁的民众则全部能够使用网络。网民分布不均衡，65% 的网民居住在爪哇岛；90% 的网民是职员和学生；70% 使用个人智能手机联网。[1] 根据 2019 年印尼互联网服务提供者协会的数据，当年网民人数可能已经达到 1.717 亿。[2] 佐科政府任期内，推动建设了光纤高速公路项目，计划在东部、中部、西部三个区域的各岛屿之间建设光纤宽带，提供负担得起、更快的宽带服务，增强农村地区、偏远地区的网络普及度，缩小爪哇和其他各地的宽带服务差距。[3] 印尼的网络以 3G 和 4G 为主，5G 已经进入测试阶段。2021 年 5 月 24 日，印尼第一个 5G 网络正式开始运营。[4]

---

[1] 资料来源于印尼特里本新闻网。

[2] 资料来源于印尼投资网。

[3] 资料来源于 IDN Financials 官网。

[4] 资料来源于 Indonesia.co.id 官网。

第二章 文化传统

印度尼西亚的文化历史自建国以后可划分为民族解放运动时期、独立战争时期、苏加诺统治时期、新秩序时代和民主改革时期五个阶段。本章通过介绍印尼饮食、服饰、民居、节日和国民性格等内容，全面展现印尼的社会风情、日常生活、民族性情；通过梳理印尼的文化名人，反映其教育理论发展和实践过程中的文化影响因素和深层价值取向。

第一节 历史沿革

一、民族解放运动时期

进入 20 世纪，印尼文化发展经历了从旧到新的转变。在争取民族独立、民族解放的进程中，涌现出了一批文化人物、文化经典。20 世纪初，荷兰殖民政府实施"道义政策"[1]，许多印尼青年借此得到了接触西方思想、接受

---

[1] 道义政策，也被译作"伦理政策"，是 1900 年后荷兰在印尼实行的殖民政策。1899 年，荷兰律师范·德芬特发表《道义上的债务》一文，指出荷兰从印尼攫取的巨额利润是一笔"道义上的债务"，应在印尼实行"仁政"以作报答，主要是在当地发展教育，兴修水利，从人口众多的爪哇岛移民至外岛。"仁政"主张得到与殖民地市场关系密切的荷兰资产阶级的支持。

精英教育的机会，民族主义思潮也随之兴起。许多文学作品承载了唤醒民族意识的使命，其中，卡尔蒂妮是妇女解放运动的代表人物，她的书信集《从黑暗走向光明》表达了争取平等权利的强烈意愿。曾任报社主编的迪尔托·阿迪·苏里约以笔为刀，在媒体上批判殖民政府种种劣迹，显示了印尼民族主义精神的觉醒。在道义政策实施后，出现了许多以身份认同困境为话题，批判殖民文化政策，强调振兴民族文化的文学作品。最为著名的要属阿卜杜尔·慕伊斯的《错误的教育》，该书以极高的艺术手法揭示了殖民主义给印尼社会带来的撕裂。

1927年印尼革命被暴力镇压后，现实政治的民族主义运动陷入低潮，而思想文化领域的民族运动日益高涨，一场关于印尼文化建设的"东西方文化"大论战就此展开。"西方派"以达迪尔·阿里夏巴纳为代表，主张全盘西化。"东方派"代表人物沙努西·巴奈则主张东西结合，以东方文化为体、西方文化为用，重视本土传统中的精神基础和精髓传承。事实上，两方都强调文化变革、学习西方文化思想，只是存在程度上的差异。在论战的过程中，一批反映社会文化变革的作品在新阵地上诞生，如达迪尔·阿里夏巴纳的《扬帆》、尔敏·巴奈的《枷锁》、阿米尔·哈姆扎的《我要淹没了》等。

这一时期，印尼伊斯兰教也开始了改革运动，主张积极对待现代知识、政治和社会现象，[1]吸收西方文化的精华。随着印尼本土社会越来越多的接触西方思想、反思民族处境，民族主义精神觉醒已成为该时期文化的重要特征。

---

[1] 贺圣达. 东南亚文化发展史 [M]. 昆明：云南人民出版社，2011：418.

二、独立战争时期

1942 年日本侵占印尼后，一边强制推行日语、同化思想，一边借助印度尼西亚本土民族主义势力统治印尼。日本殖民政府在文化上实行"双刃政策"，既为日本"大东亚战争"出力，又推动民族独立斗争，将日本统治与爱国主义、民族主义捆绑起来。[1] 在日本政府的宣传和培养下，印尼产生了两派作家：一派以"双刃政策"为指导，歌功颂德，宣传日本"大亚细亚"精神；另一派则揭露日本侵略与压迫的罪恶，表达强烈的反抗精神和斗争信念。

1945 年日本投降以后，印尼开始了反抗荷兰二次殖民的独立战争。数年的战争屡遭挫折，国家前景曲折，文学创作也在这段时期产生了重要变化，如凯里尔·安瓦尔开辟的表现主义诗歌道路、伊德鲁斯开创的"新简练风格"散文等。[2] 1946 年，以凯里尔·安瓦尔为首的青年文学家成立了独立艺术家文坛，人们将这一群体称为"文坛派"。此后，"文坛派"改称为"四五年派"。"四五年派"的坚定捍卫者耶辛认为，这一派别的主要思想是世界主义和普遍人道主义。[3]

日占时期印尼文化被日本侵略者垄断，大多为颂赞类的"双刃文学"作品，但仍能看到两派的对立。到独立战争时期，印尼文化发展以"四五年派"为代表，逐渐走出一条独具特色的道路。

[1] 梁立基. 印度尼西亚文学史 [M]. 广州：世界图书出版公司，2014：337.

[2] 梁立基. 印度尼西亚文学史 [M]. 广州：世界图书出版公司，2014：356.

[3] 梁立基. 印度尼西亚文学史 [M]. 广州：世界图书出版公司，2014：364.

三、苏加诺执政时期

20世纪50年代，荷兰殖民者被击败后，印度尼西亚国内的安全形势仍不容乐观，各岛叛乱层出不穷，左右两派政治力量通过政治手段等进一步角力。在文化领域，也出现了左右两派文艺团体，产生了两种文艺路线的斗争。一方面，以人民文化协会（以下简称人民文协）为代表的文艺路线主张文艺为大众服务，体现劳动人民的丰富生活和艰苦斗争精神，重视文艺所具有的阶级性和革命的战斗作用；[1]另一方面，以耶辛为代表的文艺路线主张文艺对普遍人性的刻画，表达"普遍人道主义"，反对阶级性和政治性。在国内政治力量的影响下，人民文协发展壮大，最终在文艺路线斗争中胜出。

在两条路线的斗争中，许多优秀的文学作品被创作出来，如班达哈罗的诗歌《没有人愿意往回走》等。到20世纪50年代中期，一批新生代作家脱颖而出，这些作家以印尼民族文化为立足点，同时不断吸收世界文化成果，呈现出地方特色与现代形式的结合。这些作家也被称为"最新一代派"[2]，其中的代表人物阿育普·罗希迪认为，他们处在印尼文学发展的第三个阶段，能够将本土文化与世界文化相结合，形成真正的印尼民族文化。

这一时期，解决教育问题被提上日程，针对妇女发动的扫盲运动等教育活动得到开展。苏加诺还领导一批思想家为他扩大革命声势，塑造与荷兰殖民时期不同的文化氛围，推动民族独立与思想解放，发掘印尼本土文化特色。在时任文化部部长普瑞约诺的指导下，印尼创设了一套以古爪哇语为基础的新术语，引进了新的民间舞蹈。通过反西方文化的人民文协和民族主义文化运动，印尼追求一种不同于西方世界的现代化方式，[3]把古代王国与现代国家的文化历史连接起来并取得了初步进展。

[1] 梁立基. 印度尼西亚文学史 [M]. 广州：世界图书出版公司，2014：387.

[2] 梁立基. 印度尼西亚文学史 [M]. 广州：世界图书出版公司，2014：401.

[3] 维克尔斯. 现代印度尼西亚史 [M]. 何美兰，译. 北京：世界知识出版社，2017：143.

四、新秩序时期

1965 年，印度尼西亚爆发了"9·30 事件"，这使得国内左右势力对比急剧变化，印尼左翼力量被瓦解，人民文协等组织相继被取缔。耶辛等宣传"普遍自由"的作家重新回到文艺舞台，并称自己为"六六年派"，追求广泛的自由和政治变革。"六六年派"是政治斗争的产物，他们的诗作为当时的政治斗争直接服务。[1] 此后，以城市生活为主题的通俗小说、以校园生活为主题的校园小说相继兴起，反映了不断发展的城市经济和青年的生活面貌。20 世纪 70 年代以后，受到西方现代主义的影响，印尼的文学创作产生了许多新的思潮，包括突破传统写作手法的荒诞派与回归传统印尼本土文化的本土派。荒诞派的代表作品包括伊万·希马杜邦的《祭奠》《红中红》《干旱》，布杜·威查雅的《电报》《车站》，布迪·阿尔玛的《批评家阿迪南》等。这些作品采用新的表现手法和艺术形式，往往没有具体情节，但却荒诞地将当时人们的复杂心境描绘了出来。本土派则着眼于现实社会问题，将印尼各地的不同文化与社会样貌刻画出来，代表作品有威尔丹·雅丁的《风波》，阿斯巴尔的《潮流》，哈里利亚的《被放逐的人》等。

新秩序时期注重各个地区的地方文化，政府支持有等级阶序的保护地方传统文化的方案，并利用庆典等活动推动民族文化的发展，对古老文化加以筛选和呈现。[2] 但是，新秩序政权避免出现社会问题相关的文化艺术，并对此类影片和作品进行封禁，将人民文协等左派文化工作者逮捕入狱。印尼作家普拉姆迪亚·阿南达·杜尔也在这时被流放关押，其间他完成了轰动世界文坛的巨著"布鲁岛四部曲"[3]，以极高的文学艺术水准描写了印度尼西亚自西方殖民时代到民族觉醒、民族斗争时代的漫长历史，展现了印

[1] 梁立基. 印度尼西亚文学史 [M]. 广州：世界图书出版公司，2014：417.

[2] 维克尔斯. 现代印度尼西亚史 [M]. 何美兰，译. 北京：世界知识出版社，2017：201.

[3] "布鲁岛四部曲"包括《人世间》（1980 年）、《万国之子》（1980 年）、《足迹》（1985 年）和《琉璃屋》（1988 年）。

尼民族主义的成长。[1] 这一成就被苏哈托政府封禁，直到民主改革之后才得以正常流通。

新秩序时期，政府的文化政策整体上采取一种压制的态度，强制推行国家设定的规范性文化认同，营造文化繁荣的表象，但事实上种族矛盾与社会隔阂不断加深。[2] 西方文化形式和思想普遍流行。

五、民主改革时期

1998 年新秩序政权解体后，民主改革使得印尼各界人士重新获得了发声的机会，多元文化政策重新得到推行。印尼政府开始承认和尊重多元文化，从同化主义走向多元主义，积极探索文化差异与国家统一相适应的治理方式。[3] 苏哈托下台后，曾受到政治限制的伊斯兰文化得以广泛传播，伊斯兰政治力量、文化力量再次登上舞台。这一时期，印尼政府通过立法、宣传等多种措施推动文化发展，先后颁发了《反种族歧视法》《文化发展法》等，使印尼文学、电影、舞蹈等文化艺术展现出了新面貌。在文学上，华人题材、女性题材等小说纷纷被推出，普拉姆迪亚·阿南达·杜尔作为印尼作家的代表受到西方文坛的赞扬，而新一批具有本土色彩又懂得西方文学技法的作家进入大众视野，较为出色的有获得英国布克奖提名的埃卡·古尼阿弯。在社会文化方面，印尼表现出新型消费者文化的迹象，购物中心遍布各地，消费文化走入人们生活。[4]

---

[1] 郗莉莎. 普拉姆迪亚·阿南达·杜尔文学作品中的民族主义思想研究 [D]. 北京：北京大学，2015：1.

[2] 张燕. 同化主义与多元文化主义：印度尼西亚文化政策的演变 [J]. 南亚东南亚研究，2020（3）：124-138，157.

[3] 张燕. 同化主义与多元文化主义：印度尼西亚文化政策的演变 [J]. 南亚东南亚研究，2020（3）：124-138，157.

[4] 维克尔斯. 现代印度尼西亚史 [M]. 何美兰，译. 北京：世界知识出版社，2017：219.

总的来说，民主改革以后，印尼的文化发展出现了新的态势，原先被压制的许多文化派别、宗教价值得以重新进行创作和传播，印尼文化环境在多元主义政策下也更加宽容。虽然还存在分离主义、激进主义等各种问题，但随着印尼文化的开放水平不断提高，多元文化发展显现出更多的可能。

第二节 风土人情

一、饮食

印度尼西亚地理面积广大，岛屿众多，各部族基于各自的地理环境和社会习俗，形成了不同的饮食偏好。印尼独具特色的饮食文化在多部族的交流和融合中逐渐发展，形成了稻作为主、多元结合等特征。

（一）饮食结构

在印尼人的饮食文化中，大米作为主要的粮食作物，占据了极为重要的位置。印尼作为世界大米的重要产区，稻米种植是其最重要的经济命脉[1]，大米也成了大众饮食中必不可少的一部分。在民间文化的发展中，出现了许多与稻谷有关的神话传说、俗语故事。

总体上说，印尼人喜欢吃辣、吃酸、吃甜，偏爱脆、酥、香、酸、甜的食物。[2]印尼人对辣非常依赖，可谓是无辣不欢，即使是西式的餐馆也一

---

[1] 梁敏和. 印度尼西亚文化概论 [M]. 广州：世界图书出版公司，2014：31.

[2] 梁敏和. 印度尼西亚文化概论 [M]. 广州：世界图书出版公司，2014：36.

定要配有辣椒酱供人选用。[1] 在印尼，辣椒酱的制作也十分讲究，如用红辣椒、虾酱、糖、盐、葱、西红柿等混合而成，[2] 又以虾酱为辣，辣中带酸，酸味则源于印尼的柠檬。[3] 苏门答腊的巴东牛肉便是辣味菜肴的代表。

印尼是著名的香料宝库，比较典型的香料有胡椒、虾酱、豆蔻、石栗、黑栗、姜、姜黄、花椒[4] 和香菜等。这些香料往往在制作肉食时搭配使用，米饭、肉、酱汁与调味酱料一起食用，风味独特。[5] 印尼的蔬菜种类非常丰富，常见的如空心菜、卷心菜、西兰花、芥菜、凯兰、木薯叶、菠菜、豇豆和佛手瓜[6] 等。

咖啡和茶是印尼的主要饮品，人们通常在咖啡和茶里放很多糖。此外还有牛油果汁、椰汁等。印尼人的饮茶主要以红茶为主。咖啡也有许多做法和品类，如传统的泥沼咖啡，将咖啡粉与糖混在一起冲泡。最有名的当属麝香猫咖啡，别有风味。

印尼西部以苏门答腊的巴东菜为代表，口感火辣，几乎每道菜都要用到辣椒或辣椒酱。爪哇菜则多将椰汁与咖喱汁一起使用，如印尼的传统美食咖喱鸡。沙茶酱、参巴酱都是爪哇菜的主要酱料。爪哇的黄姜饭将黄姜粉拌入糯米中，在节日或聚会时将其做成宝塔型，传达美好的祝愿。

（二）烹饪方式

印尼菜的烹饪方式多以煎、烤、炸、爆、炒为主。印尼人多用旺火快炒，这种方法在炒面、炒饭等菜肴上都有应用。"炸"的烹饪手法十分普

---

[1] 英文静. 中国饮食文化对印尼的影响 [D]. 厦门：厦门大学，2014：29.

[2] 梁敏和. 印度尼西亚文化概论 [M]. 广州：世界图书出版公司，2014：36.

[3] 英文静. 中国饮食文化对印尼的影响 [D]. 厦门：厦门大学，2014：29.

[4] 资料来源于《罗盘报》。

[5] 许利平，薛松，刘畅. 印度尼西亚 [M]. 北京：社会科学文献出版社，2019：46.

[6] 资料来源于印尼美食网。

遍，街道两旁的小吃摊便多售卖炸制小吃，如炸香蕉、炸虾片。这种方法不仅快捷美味，而且在高温的热带地区，炸制后的食物不容易腐坏，像腌制手段一样起到保存的效果。同时，很多菜肴如沙爹鸡肉、巴厘烤鸭等还经常采用烤的烹饪方式。

通过炸、炒等方式制作的菜肴，在传统上通过手抓饭的形式进食。用手抓饭的习俗到现在仍然保留着，人们在用餐前会将手洗净，用右手将米饭同酱料、菜肴一起放入口中。桌上还要放置一碗清水，以便时常清洗手指。

（三）饮食文化

在印尼，饮食文化与宗教信仰相互影响、相互契合，许多饮食风俗带有宗教色彩。印尼人口大多为伊斯兰教教徒，按教义不食猪肉，吃牛羊肉、鸡肉、鱼虾等。不同部族的人依照不同的传统将饮食与信仰结合起来。巽他人每年在西爪哇举行丰收庆典、表达感激，而稻谷作为重要的道具和象征贯穿了整个仪式。班加尔人会在房屋的柱子上凿孔塞盐或棉花，祈祷自己吃穿不愁。达雅克人的播种仪式上，供品会洒上象征人血的鸡血，祈祷平安顺遂。印尼餐桌多长桌、方桌，圆桌很少；其餐桌礼仪也涵盖许多方面，如餐桌礼仪在进餐时避免嘘声，避免面对食物打喷嚏，闭嘴进行咀嚼，进餐前先祈祷，等待主人开餐后再用餐，不要把手肘放在桌子上等。

印尼的饮食文化在发展过程中，受到中国、印度、欧洲等地影响，吸收了不同文化的特色，具有多元融合的特点。印尼菜肴结合了印度菜的辛辣、葡萄牙菜的浓郁和中国菜的火候，品尝印尼菜不只是味觉上的享受，更像在欣赏各国文化共治一炉的繁盛。[1]印尼菜在烹饪方式上受到中国影响，

---

[1] 英文静. 中国饮食文化对印尼的影响 [D]. 厦门：厦门大学，2014: 33.

在中印尼长期友好的经济文化交流中，许多中国菜肴也随华人传到了印尼。如包子、什锦炒菜、烧卖等。食材选择和处理则体现伊斯兰教的特点，宰牲等过程需要通过清真的方式进行，食材的选择要洁净，宰牲前进行祷言等。调料和口味则主要受印度影响，较为辛辣。

二、服饰

印尼服饰图案样式丰富，色彩鲜艳。印尼常年高温湿热，故人们的服饰以轻快凉爽为主。通常传统印尼男士上衣为有领对襟长袖，下身为格子图案纱笼或宽长裤，头戴头巾或黑色无檐帽。女士上衣为花纹薄纱或丝绸等材质的对襟宽大长袖，下身为纱笼，头戴头巾、头饰或插鲜花。[1] 日常生活中人们多穿拖鞋，不穿袜子，以适应热带的气候特点。

巴迪 [2] 衫、克巴亚 [3]、纱笼、格里斯短剑与头巾是几类较为典型的印尼传统服饰。

巴迪衫是印尼十分著名的传统服装，采用印尼蜡染花布巴迪布制作而成。巴迪布工艺在 2009 年被联合国确定为印尼的非物质文化遗产，用这种蜡染布制成的长衫和纱笼在印尼有着"国服"的地位。巴迪布历史悠久，工艺复杂，色彩鲜艳，图案灵活，款式丰富，[4] 有丝质、棉质等面料，柔软舒适。现今的巴迪衫在色彩、图案、款式等方面均有革新，印尼设计师结合传统与现代，使得巴迪衫具有现代时尚元素。

克巴亚是印尼女性的传统上衣，其特征为长袖、无领、无纽扣，着装需将左右衣襟用别针别上。克巴亚一般采用透明的纱质面料制作，高档的

[1] 唐慧，陈扬，张燕，等．印度尼西亚概论 [M]．广州：世界图书出版公司，2012：72.

[2] Batik 一词按音译可译作"巴迪""巴蒂""巴迪克"等，此处采用学者梁敏和、唐慧的译法，译作"巴迪"。

[3] kebaya 也被译作"克巴雅""可巴雅"。

[4] 王红．印尼巴迪克的服饰文化特征研究 [J]．广西民族师范学院学报，2012，29（2）：37-39.

克巴亚服装会采用锦和丝绸刺绣。[1] 克巴亚服饰的关键在于领、袖、襟三个部分，其规格可以从长度、宽度等方面进行刻画。[2]

纱笼经常与克巴亚或巴迪衫搭配，是一种非常普遍的长筒裙，男女都可穿着，但印尼女子的纱笼多颜色靓丽，而男子围带的纱笼多带有格子图案。[3] 纱笼平时穿着御寒，天热时男子则将其叠起来披在肩上，以便于活动。[4]

格里斯短剑[5] 是印尼极具代表性的配饰，在 2005 年被列入世界非物质文化遗产名录。这种波刃短剑的创制有多种说法，其早期记载来自 14 世纪的满者伯夷。在古代，格里斯短剑有高级和低级的区别，因种姓不同而带有不同的文化意涵。伊斯兰教传入并成为主流后，其等级又分宫内和宫外，并呈现出明显的品质差异。这种短剑被人们赋予重要的文化意义，人们认为它具有神力，能够庇佑佩戴者平安如意，驱除邪祟，逢凶化吉。

印尼许多地区还流行缠头的习俗。用于缠头的头巾长 2.5 米、宽 1 米左右，[6] 用料讲究。缠头的形状有三角形、四角形或圆形。米南加保人崇拜牛，传统上将头缠成牛角状。印尼男子成年后要佩戴无檐帽，伊斯兰教妇女则多戴包头巾，但不戴面纱。

现代的印尼人继承传统、追求时尚，西服、长裤、皮鞋等着装十分普遍，重要场合会身着巴迪衫、西裤和皮鞋。印尼现代服装融合了传统和流行的元素，体现了民族特色和现代风格。

[1] 赖圆如. 从"可巴雅"（Kebaya）谈印度尼西亚的服饰文化 [J]. 饰，2007（2）：43-45.

[2] 梁敏和. 印度尼西亚文化概论 [M]. 广州：世界图书出版公司，2014：49.

[3] 唐慧，陈扬，张燕，等. 印度尼西亚概论 [M]. 广州：世界图书出版公司，2012：72.

[4] 梁敏和. 印度尼西亚文化概论 [M]. 广州：世界图书出版公司，2014：50.

[5] 梁敏和. 印度尼西亚文化概论 [M]. 广州：世界图书出版公司，2014：52.

[6] 梁敏和. 印度尼西亚文化概论 [M]. 广州：世界图书出版公司，2014：52.

三、民居

印尼地处热带，常年高温多雨，其民居建筑适应了这一气候特点——竹木边墙较薄，屋顶较陡峭，用椰树叶、棕榈毛等进行覆盖，便于遮阳挡雨、排水透气。这种竹木房屋很少使用铁钉等架构，多采用咬合和捆绑等方式。[1] 印尼大部分地区的传统建筑为高脚屋，一层中空，用来饲养牲畜，二层住人。两层以竹梯相连，因此印尼人有时称进家门为"上到家中去"。

印尼的不同部族民居建筑特点不同，呈现出丰富多元的传统民居文化。爪哇与巽他人的民居传统与其他地区的高脚屋不同，一般直接建在地面或较高的房基上。爪哇人的等级观念较重，这也体现在房屋的样式上。房基为长方形的为普通居民，而房基为正方形则是王室贵胄。中爪哇的贵族住宅大厅没有墙壁，而是在整套住宅四周设围墙；大厅中四根大柱、数根小柱分列中心和周围，屋顶较尖。大厅前设庭院，院门不居中，而是偏左或偏右，院门两侧石柱雕刻佛教人物。[2] 米南加保人的房屋别有特点，其传统住房被称作"加当"[3]，是一种特殊的高脚屋。人们只在屋子的正中央设一套梯子，并让房脊的两侧高高翘起，中间凹两边翘，形成酷似牛角的造型。传说米南加保人用斗牛决胜击退了敌人，并以"牛角屋"来纪念这次胜利。此外，人们在房脊上挂上象征着人口的木雕牛角，增加一代人就新挂一个牛角。[4] 加里曼丹岛上达雅克人的传统民居是典型的"长屋"，其长可达200—300 米 [5]，有的甚至超过 300 米，可以容纳整村人居住 [6]。苏门答腊岛上

---

[1] 唐慧，陈扬，张燕，等. 印度尼西亚概论 [M]. 广州：世界图书出版公司，2012：153.

[2] 唐慧，陈扬，张燕，等. 印度尼西亚概论 [M]. 广州：世界图书出版公司，2012：154.

[3] 唐慧，陈扬，张燕，等. 印度尼西亚概论 [M]. 广州：世界图书出版公司，2012：155.

[4] 唐慧，陈扬，张燕，等. 印度尼西亚概论 [M]. 广州：世界图书出版公司，2012：156.

[5] 梁敏和. 印度尼西亚文化概论 [M]. 广州：世界图书出版公司，2014：55.

[6] 许利平，薛松，刘畅. 印度尼西亚 [M]. 北京：社会科学文献出版社，2019：53.

亚齐族的"亚齐屋"也以建制巨大闻名。托拉查族和巴达克族的房屋都有盾形的屋顶。

在历史发展中，印尼的民居建筑受到了印度文化、伊斯兰教文化等多重影响，在城市中的许多建筑呈现出文化融合的特点。当前，印尼的民居建筑以现代风格为主，越来越多的结合传统文化元素，表现出鲜明的印尼特色。

四、重大节日

印尼是一个多宗教、多部族的国家，其节日、纪念日种类丰富，可以大体分为宗教节日与国家节日。在宗教方面，印尼法定假日中将最为主要的伊斯兰教节日设立为全国性节日，并对所有法定宗教的重要节日均给予了全国性公共假期。印尼的国家纪念日类型多样，政府在法律、经济和国家建设、军队、环境与大众生活方面均设立了相关节日。

下面介绍几个比较重要的公共节日。

按伊斯兰教教义，教徒每年伊斯兰教历9月都要斋戒一个月。斋月过后的10月1日便是开斋节，这是印尼最重要的传统节日。开斋节的前一天晚上，各清真寺整夜念经，庆祝活动广泛开展。人们在开斋节这一天团聚，在早礼拜后进食，表示斋月已经结束。这一天，人们要和自己的亲朋好友互相致意、相互谅解，大家身着盛装，备下丰富的菜肴招待来客。

宰牲节又称古尔邦节，是印尼的第二大节日。宰牲节前要准备大量的牛、羊，到了宰牲节这一天集体宰牲。过节时，富裕人家将宰的部分牛羊肉送给穷人，清真寺也会分发牛肉，人们相互拜贺。

此外，伊斯兰教的传统节日还有伊斯兰教新年、圣纪日、登霄节等。伊斯兰教新年是伊斯兰教历的1月1日，这一天人们要围坐祷告、制作糕

点、购买过节食品，许多沿海的居民要举行"海祭"。[1] 伊斯兰教历的 3 月
12 日 [2] 是圣纪日 [3]，教徒们讲述先知穆罕默德生前事迹，诵经、聚礼。登霄
节是为了纪念穆罕默德登上重天面见真主的神迹，这一天人们多聚餐，晚
上举行会礼。

　　静居日是巴厘印度教中的新年。在静居日前，人们要进行"三净"：洁
净宗教用具、打扫卫生、洁净要宰的牲畜。节前一天，人们上街游行狂欢，
用仪式驱除邪祟，而在节日当天，人们则要在家冥想，静坐思过，且必须
不生火（或开灯）、不工作、不出门、不娱乐。除了必要的医院、警察局等
机构，巴厘所有的商铺都大门紧闭，没有人在室外活动。

　　卫塞节是佛教传统节日，人们举行法会进行庆祝。信徒们涌入婆罗浮
屠等著名神庙之中庆祝节日，无法到场的信徒会在家中吃斋诵经，或前往
寺庙上香拜佛。

　　春节主要是印尼华人的传统节日，人们在这一天舞龙舞狮，张灯结彩，
放鞭炮，给压岁钱，互相道贺拜年。

　　独立日是随着印尼的独立而确定下来的节日，是没有宗教色彩的全国
性假日。每到独立日，总统府前广场都要举行隆重庆典，内容包括纪念独
立、宣读独立宣言、升国旗、瞻仰第一面国旗、阅兵等。[4] 雅加达地区还会
举办爬槟榔树的比赛，以庆祝国家的独立。

---

[1] 唐慧，陈扬，张燕，等. 印度尼西亚概论 [M]. 广州：世界图书出版公司，2012：86.

[2] 按照逊尼派的说法，该日为 3 月 12 日；按照什叶派的说法，该日为 3 月 17 日。

[3] 圣纪日又称先知穆罕默德诞辰日。

[4] 唐慧，陈扬，张燕，等. 印度尼西亚概论 [M]. 广州：世界图书出版公司，2012：89.

第三节 文化名人

一、加查·马达

加查·马达（约 1290—约 1364）诞生在满者伯夷王朝的一个普通人家。加查·马达的一生传奇又励志，草根出身的他，通过自身努力成为满者伯夷王朝首相，继而成为印度尼西亚历史上最具影响力的民族英雄人物之一。1334 年，加查·马达任满者伯夷王朝首相之时曾许下著名的帕拉帕誓言：在满者伯夷王朝征服整个南洋世界之前，他将不进食任何香料[1]烹煮的食物。1336—1357 年，加查·马达致力统一群岛，不断征服满者伯夷王朝以外的领土。最终，满者伯夷疆域覆盖整个南洋群岛，包括马来半岛、加里曼丹岛和苏拉威西岛等地，满者伯夷王朝在加查·马达的管理下实现繁荣富强。直至 1364 年，加查·马达逝世，雄霸一方的满者伯夷王朝遂逐渐走向衰弱。

加查·马达所代表的"英雄不问出处、有志者事竟成"的精神在印尼可谓家喻户晓。在印尼民族独立初期，开国元勋苏加诺和穆罕默德·雅明等领导人都会引用加查·马达的帕拉帕誓言。可以说，加查·马达为印尼争取民族独立、推翻殖民统治提供了精神力量。在印尼，历史最悠久、实力雄厚的大学以其名字命名，即日惹的加查马达大学。民间仍有许多道路以其名字命名，可见印尼社会对其敬重之情。

---

[1] 在当时，香料被视为奢侈的象征。

二、苏丹·达迪尔·阿里夏巴纳

苏丹·达迪尔·阿里夏巴纳（1908—1994）出生在北苏门答腊，是印度尼西亚著名作家、记者、语言学家，有"现代印尼语的设计师"之称。1929年苏丹·达迪尔·阿里夏巴纳的第一部小说《厄运永无止境》出版，引起瞩目。1933年7月，阿里夏巴纳和诗人阿米尔·哈姆扎、作家尔敏·巴奈创办《新作家》，这是第一份由印尼人创办的文学月刊，打破了图书出版局对当地文坛的垄断和掌控，为新进作家提供了一个发表意见、探讨各项社会议题的平台，成为印尼文学的指路明灯之一。

1942年，印尼成立了印度尼西亚语言委员会，阿里夏巴纳负责审订印尼语的现代术语，并为印尼语制定语法和拼写规范。1945年印尼独立后，阿里夏巴纳转任印度尼西亚语工作委员会主席，继续参与印尼语的规范工作，并于1948年发表印尼语第一部规范的语法书《印度尼西亚语新语法》。这部著作后来成为印尼语教育的重要参考文献，曾得到印尼各所学校的采用。

除了语言学，阿里夏巴纳从事的领域还包括教育、政治和文学。他是印尼国民大学的创办人之一，曾在印度尼西亚大学、国民大学、安达拉斯大学等大专院校任教，并创立科学及文化促进基金会及其附属中学，意在建立知识分子的行动中心。可以说，他为现代印尼语言的规范及推动教育的发展做出了巨大贡献。

三、普拉姆迪亚·阿南达·杜尔

普拉姆迪亚·阿南达·杜尔（1925—2006）出生于中爪哇，是印尼现代文学巨匠。1945年印尼宣告独立后，普拉姆迪亚随即投身人民保安部队，担任战地新闻军官。不久，"八月革命"爆发，普拉姆迪亚被捕入狱，直到1949年前夕才获释。出狱后，普拉姆迪亚写了一系列揭露社会黑暗的小说。中篇小说《贪污》和短篇小说集《雅加达的故事》是他这个时期的代表作。1965年"9·30事件"爆发，作为左翼文化团体重要人物的普拉姆迪亚被流放至布鲁岛，留营关押长达14年。在流放期间，普拉姆迪亚创作10余部长篇小说，最著名的是被称为"布鲁岛四部曲"的四部长篇小说。普拉姆迪亚高度重视艺术的真实，通过典型环境和典型人物形象地描绘时代的特征，反映20世纪初印度尼西亚民族独立运动的特点，再现了印尼在这一重大历史转折时期不甘忍受荷兰殖民主义者的欺压与掠夺，迅速觉醒并英勇抗争的历史。其小说多次在印尼国内获奖，并引起世界文坛关注，为印尼文学历史留下浓墨重彩的一笔。

四、阿卜杜勒拉赫曼·瓦希德

阿卜杜勒拉赫曼·瓦希德（1940—2009）出生在东爪哇，1984年成为伊斯兰教士联合会主席，1999—2001年担任印度尼西亚第四任总统。

瓦希德的爷爷穆罕默德·哈希姆是世界上最大的伊斯兰教组织——伊斯兰教士联合会——的创始成员之一，该组织在印尼拥有非常广泛的群众基础。瓦希德自年幼开始在其爷爷创办的东爪哇伊斯兰寄宿学校学习《古兰经》和伊斯兰教义教规，为其日后成为伊斯兰宗教领袖打下根基。成年后的瓦希德前往伊拉克巴格达大学求学并游历欧洲，于1971年返回印尼。1984年，瓦希德被选为伊斯兰教士联合会的主席，并开始关注教育和社会工作等领域。作为伊斯兰教士联合会的主席，瓦希德在印尼是备受尊敬的伊斯兰教领袖人物，同时也是一名活跃的政治活动家。他还是首位公开承认自己具有中国血统的印度尼西亚政治家。2001年，在他担任印尼总统期间，增设农历新年为印尼国家法定假日，并撤销了此前禁用中文的法令，对后世产生了巨大影响，为推动中印尼两国友好关系发展注入活力。

第三章 教育历史

第一节 历史沿革

在漫长的古代历史中，印度尼西亚群岛各王国长期处于分散独立的状态，直到 16 世纪末荷兰殖民者入侵后，才逐渐形成以现今印尼疆域为基础的行政联系。印尼先后经历了葡萄牙、荷兰和日本的殖民统治，最终伴随着民族主义的觉醒和亚非民族解放运动高潮，于 1945 年 8 月 17 日宣布独立，开始建立以维护民族认同为核心的教育体系。因此，从历史进程来看，印尼教育历史可以分为二战前和二战后两个时期，前者受外来文化和殖民统治影响较深，而后者通常被称为民族教育时期。随着时代的发展，印尼教育事业在国家建设中发挥着越来越重要的作用。

一、独立战争时期

印度尼西亚在独立战争时期（1945—1949 年）开启了对民族教育制度的探索，印度尼西亚于 1945 年 8 月 17 日宣布独立后，共和国政府成立了精简的教育部，即 1948 年成立的教育与文化部的前身。基·哈加尔·德宛塔拉是首任教育部部长。作为历经 300 年殖民的新兴民族国家，印尼在教育领域的首要任务是提高广大人民群众的知识技能水平，支持社会秩序的重建。印尼迫切需要对殖民时期旧有学校进行接管和改造，建立国民教育制度，让印尼群众摆脱殖民心理，投身新国家的建设与发展。

（一）国家教育政策的出台

1945 年 8 月，印尼独立行动领导团体——印尼独立筹备委员会——通过宪法草案，随后，印尼中央国民委员会正式通过《"四五"宪法》。宪法第八章第 31 条和 32 条对教育做出规定。第 31 条规定：（1）每个公民都享有受教育的权利；（2）政府致力于依法建立全国统一的教育体系。在建国之初，印尼即通过宪法确认了公民的受教育权，表达了印尼作为一个新民族国家的民族意识和民主精神。自此，独立初期印尼国民教育艰难地迈开了步伐。

1947 年，德宛塔拉主持成立教育教学研究委员会推进改革，指导教育教学工作并发表观察报告。同年 4 月，印尼首届教育大会在梭罗召开，各教育领域专家共同讨论了教育改革的问题。这一委员会也是 1948 年成立的教育法案起草委员会的雏形。此外，印尼首个国家教学计划也于 1947 年颁布，主要目的是中止荷兰殖民时期教学计划的使用。该计划仅规定了课程列表和教学时长与教学纲领，但因战期混乱局势，直到 1950 年才正式启用。

1949 年 10 月，在当时的印尼共和国首都日惹召开了第二届教育大会，筹备教育法案的出台。1950 年 4 月，经印尼中央国民委员会工作局同意，印尼共和国临时总统阿萨颁布第 4 号法令，即《教育与教学基本法》（以下简称《教育基本法》），在印尼共和国控制区域内实行。《教育基本法》表现出去殖民和维护独立国家统一与稳定的特征。第 3 条规定"教育的目的是培养兼具品德与才能的人和民主且有国家和社会责任感的公民"。第 5 条规定"从小学三年级起，印尼语是唯一的教学语言"。此外，第 10 条对 6 年制义务教育做出了规定。1950 年 6 月，教育与文化部共同委员会发表声明，原共和国教育体系开始在全境推行，《教育基本法》自 8 月起在全境实施。[1]

（二）学校教育制度的推行

根据教育教学研究委员会的提议，经过逐步调整，印尼教育体系初步形成，包括由殖民时期 3 年制延长为 6 年制的国民小学、3 年制的初级中学、3 年制的高级中学、3—6 年制的职业中学和高等学校。初等教育为义务教育阶段，主要为公立办学。然而，初等学校升学率低。印尼高等教育仍呈现殖民遗产与本土发展混杂的形态。加查马达大学与印尼大学是高等教育发展的代表。1946 年起，几所高校陆续合并，在中爪哇日惹成立加查马达大学，学院构成不断丰富，在印尼高校中排第二位。[2] 排在第一位的印尼大学是一所位于雅加达的综合性大学，其初期教职人员多为荷兰人。[3]

印尼的社会环境使得独立后的宗教教育引起了民族政府和私人的重视。此前，宗教教育多为民间宗教团体办学。因为其双重属性，宗教教育由宗教部和教学部共同管理。两个部门联合规定小学阶段宗教教育在四至六年级教授，但因为战局混乱，爪哇以外很多地区仍从一年级开始教授宗教课程。[4] 1947 年，政府成立了伊斯兰宗教教学顾问会，依然由两个部门联合组成，协助统筹公立学校中的宗教教学。同年，在日惹原伊斯兰高等学校基础上成立印尼伊斯兰大学，这是一所私立伊斯兰高校。[5]

[1] HIDAYAT A, NURBAITY. Undang-undang pokok pendidikan dan pengajaran: sejarah pembentukan dan penerapannya (1950—1954)[C]//IRFANSYAH P, MUNTAZORI A F, SYAHID, et al. Prosiding seminar nasional dan diskusi panel multidisiplin hasil penelitian & pengabdian kepada masyarakat. Jakarta: LPPM Unindra, 2018: 518.

[2] FINKELSTEIN L S. Education in Indonesia[J]. Far eastern survey, 1951, 20(15): 150.

[3] FINKELSTEIN L S. Education in Indonesia[J]. Far eastern survey, 1951, 20(15): 150.

[4] SYAHARUDDIN, SUSANTO H. Sejarah pendidikan Indonesia (era pra kolonial Nusantara sampai Reformasi)[M]. Banjarmasin: Universitas Lambung Mangkurat, 2019: 72.

[5] 资料来源于印尼伊斯兰大学官网。

（三）扫盲运动的开展

印尼独立后教育首先面临的问题是极高的文盲率。为此，1948 年 3 月 14 日，苏加诺启动扫盲运动。[1] 教育与文化部制作了很多使用地方语言并适用于当地条件的教材小册子。[2] 1947 年 3 月 19 日，苏万迪推出了共和国拼写法，亦称为苏万迪拼写法，对 1901 年开始实行的旧式拼写法进行了修改，并一直沿用至 1972 年被新秩序时期推出的改良拼写法取代，为规范国家语言做出了一定贡献。但由于局势十分不稳定，这一时期教育与文化部采取的措施都具有临时性，民族主义精神是教育发展的重要动力。

二、苏加诺执政时期

1950—1965 年，印度尼西亚进入苏加诺执政时期。1950 年以来，印尼独立趋势日益明显，联邦共和国下各成员国纷纷主动要求加入印尼共和国。1950 年 8 月，印尼联邦共和国和印尼共和国组成"统一的印度尼西亚"，颁布《印度尼西亚临时宪法》（以下简称《临时宪法》）。《临时宪法》以《"四五"宪法》为蓝本，吸收了《联邦宪法》中的合理部分，规定实行议会制，印尼进入了议会民主制时期（1951—1959 年）。[3] 1957 年，苏加诺提出实行"有领导的民主"和组建"纳沙贡内阁"，主张民族主义、宗教和共产主义三大政治派别协商合作，改变议会民主制下的混乱局面。同年 3 月，印尼武装部队根据紧急状态法令扩大了权力，并击溃了随后的地方叛乱，中央政府的权力得以强化。[4] 1959 年 7 月，苏加诺宣布解散制宪会议，

---

[1] 资料来源于印尼国家图书馆官网。

[2] FINKELSTEIN L S. Education in Indonesia[J]. Far eastern survey, 1951, 20(15): 151.

[3] 许利平，薛松，刘畅. 印度尼西亚 [M]. 北京：社会科学文献出版社，2019：120.

[4] 许利平，薛松，刘畅. 印度尼西亚 [M]. 北京：社会科学文献出版社，2019：93.

回归《"四五"宪法》，正式开始实施"有领导的民主"。这一时期的印尼教育依然以增强民族认同、维护民族团结和提高人民知识水平为重点。国家教育法开始在全国推行，师资力量和学校数量方面有了重要突破。作为取得了独立地位的民族国家，印尼也开始受邀或主动出访其他国家开展教育交流合作。

（一）教育制度的发展

《临时宪法》对教育做出了具有民主色彩的规定，第五章"基本人权与自由"中第 30 条规定：（1）每个公民都有接受教育的权利；（2）有选择接受何种教育的自由；（3）在不损害法律规定的权力机关监督的前提下，教学自由。第六章"基本原则"中第 41 条规定：（1）执政者有义务提高社会身心素质；（2）执政者重点努力消除文盲；（3）执政者满足对基于维护民族团结和尊重宗教信仰的基本教育的需求，在教学时间根据学生家长意愿安排宗教学习；（4）执政者将快速推进义务教育；（5）符合法定办学要求的民办学校学生与公立学校学生享有同等权利。[1]

在议会民主制时期，民主政治虽然得到一定程度的发展，但政局动荡，约 9 年的时间里内阁变更 7 次，教育与文化部部长也随之频繁更换。尽管如此，教育法律也取得了一定成效。1951 年，中央政府颁布了第 65 号《关于中央政府教育文化领域部分工作向省级移交的政府条例》，将绝大部分初等教育管理职权移交省政府。[2] 1952 年，教育与文化部颁布新的教学计划，规定课程内容中增加社会课程，教授各类工作技能。1954 年 3 月，中央政府颁布第 12 号法令，将《教育基本法》正式确立成为印尼共和国全境适用的教育法。1964 年，新教学计划出台，注重发展学生的创造力、感受

---

[1] 资料来源于印尼审计委员会官网。

[2] 资料来源于印尼审计委员会官网。

力、目标性和道德感，但很快因新秩序时期的到来而失效了。在新旧政权交替之际，1965 年 8 月同一日颁布了两条教育相关总统条例。关于印尼全国教育大会的第 14 号总统条例对教育大会的职责、地位和组织结构做出了规定 [1]。全国教育大会负责评估、规划、监督各教育领域的"潘查希拉"教育体系，是教育领域最高国家机关，直接对国家最高领导人负责，其预算纳入国家最高级别范畴。关于"潘查希拉"教育体系纲要的第 19 号总统条例强调教育应服从国家建设目标。[2]

（二）师资力量的提升

面对迫在眉睫的教师紧缺问题，1950 年 9 月，教育与文化部和印尼教师协会合作开展义务教育初阶课程教师培训，后来发展为 4 年制的辅助教师学校和 12 年制的高级教师学校。20 世纪 50 年代，累计有 20 万教师在辅助教师学校接受教育，1959 年最后一所辅助教师学校关闭，此后小学教师均为高级教师学校毕业生。包括特殊教育师范学校在内的各类师范学校也逐步建立。1954 年，第一所师范大学在玛琅成立，同年，万隆和中苏门答腊巴度桑卡也成立了师范大学。[3] 随着教师人数的增加，虽然保障小学阶段义务教育的目标尚未实现，但情况已有较大改善。1950—1955 年，教师增加 21 154 人，教师共计 104 214 人，学生增长 1 338 929 人，入学学生共计 6 316 233 人。而初中和高中于 1950 年共有教师 6 500 人，学生 138 688 人，至 1955 年，有教师 7 810 人，学生 385 365 人。[4] 大学学生和教师人数也有明显增长，从 1950

[1] 资料来源于印尼审计委员会官网。

[2] 资料来源于印尼司法人权部国家法律发展局官网。

[3] HIDAYAT A, NURBAITY. Undang-undang pokok pendidikan dan pengajaran: sejarah pembentukan dan penerapannya (1950-1954)[C]//IRFANSYAH P, MUNTAZORI A F, SYAHID, et al. Prosiding seminar nasional dan diskusi panel multidisiplin hasil penelitian & pengabdian kepada masyarakat. Jakarta: LPPM Unindra, 2018: 516-517.

[4] SUWIGNYO A. A vast expansion, yet a sorry infrastructure: a paradox of the decolonization of Indonesian education, c. 1950s[J]. Lembaran sejarah, 2021, 17(1): 54.

年的 614 名教师和 6 457 名学生增加至 1955 年的 1 159 名教师和 19 063 名学生。[1]

（三）学校设施的扩建

苏加诺时期，政府继续支持公立办学，鼓励私立办学，以提供更多就学机会。对于基础教育，印尼在 1960 年建有 9 789 所小学，有教师 166 413 名，学生 800 万名，较 1951 年增加了近一倍。[2] 在高等教育方面，印尼于 20 世纪 50 年代批准建立了 12 所公立大学，[3] 如 1954 年的泗水艾尔朗加大学、1956 年的望加锡哈萨努丁大学和布吉丁宜安达拉斯大学、1957 年的万隆巴查查兰大学和棉兰北苏门答腊大学。20 世纪 60 年代初，政府决定在 26 个省每省至少建立一所大学。[4] 1961—1966 年，印尼成立高等教育知识部对大学进行专门管理。1964 年第 195 号总统令任命高等教育知识部部长托易·哈迪威贾亚为总统特使，率团前往阿拉伯联合共和国、苏联、捷克斯洛伐克、荷兰、古巴、墨西哥、美国、中国、日本、泰国、菲律宾学习经验和寻求合作，并应邀参加 1964 年中国国庆，在中国访问一周。[5] 次年，第 83 号总统令派新高等教育知识部部长沙里夫·塔耶率团应邀访问苏联 12 天，并前往波兰、匈牙利、罗马尼亚和保加利亚，加强高等教育知识领域合作。[6] 在 20 世纪 60 年代，旧有大学学院进行改革重组，10 余所大学在登巴萨、马塔兰、

---

[1] SUWIGNYO A. A vast expansion, yet a sorry infrastructure: a paradox of the decolonization of Indonesian education, c. 1950s[J]. Lembaran sejarah, 2021, 17(1): 54.

[2] THOMAS R M, SURACHMAD W. Indonesian elementary education: two decades of change[J]. The elementary school journal, 1962, 63(1): 8.

[3] 资料来源于加查马达大学官网。

[4] NIZAM. Indonesia: The need for higher education reforms[C]//UNESCO. Higher education in Southeast Asia. Bangkok: UNESCO, 2006: 36.

[5] 资料来源于印尼国家司法人权部国家法律发展局官网。

[6] 资料来源于印尼国家司法人权部国家法律发展局官网。

三马林达、安汶、古邦、玛琅等地陆续成立。迅速扩建学校导致教学设施落后，教材供应不足等问题，但这一举措大大增加了人们的受教育机会，且政府通过国债和国际援助等措施在一定程度上缓解了预算短缺问题。

三、新秩序时期

1966—1998 年，印度尼西亚进入新秩序时期。1966 年 3 月，苏加诺将执政权力移交苏哈托，8 月，苏哈托宣布进入新秩序时期。1968 年 3 月，临时人民协商会议选举苏哈托为印尼第二任总统。1971 年，人民协商会议正式成立。苏哈托政府借助武装力量对印尼社会各方面加强管理，迎来了国家一体化和经济的快速增长。印尼经济政策实行对外开放，一共实行了 6 个经济发展的五年计划，但第 6 个五年计划因金融危机的爆发而中止。1969—1994 年，印尼经济年均增长率为 6.8%，印尼从农业国变为工业国，人均国内生产总值从 70 美元增长到 650 美元。[1] 良好的经济发展水平为印尼教育发展提供了强有力的支持。在国家建设全面快速推进时，印尼教育以"潘查希拉"为指导原则，培养了越来越多的本土人才，全民文化水平也得到了提高。然而 20 世纪 80 年代之后，随着作为印尼经济增长东风的石油价格下跌，经济发展的潜藏问题逐渐凸显。1997 年的金融危机成为导火索，印尼经济受到重创，通货膨胀严重，外债逾千亿美元，37% 的劳动力失业。[2] 1998 年 5 月，苏哈托被迫宣布辞职。综合来看，在新秩序时期的三十余年，印尼教育仍取得了瞩目成绩，同时教育"经世致用"的务实特征越来越显著。

[1] 许利平，薛松，刘畅. 印度尼西亚 [M]. 北京：社会科学文献出版社，2019：100.

[2] 林梅. 印尼经济 1998 年回顾及 1999 年展望 [J]. 东南亚研究，1999（4）：43.

（一）指导原则的确立与强化

新秩序时期以国家建设为重，以《"四五"宪法》为国家基石，要求教育助力国家建设。1966 年，临时人民协商会议出台《关于宗教，教育，文化的规定》，[1] 第 2 条确立国家唯一意识形态"潘查希拉"为这一时期教育事业的指导原则。细则第 6 条规定在《"四五"宪法》和"潘查希拉"指导下给予高校最大化的研究自由。细则第 11 条规定教育应归化偏离"潘查希拉"的学生，使他们重新具有"潘查希拉"精神。1968 年国家教学计划突出"潘查希拉"精神，强化对学生基础知识和专业技能的培养，印尼高中开始实行文理分科。[2] 1969 年 5 月，印尼成立教育国家评估项目，受命在两年内制定国民教育方案。1969 年 10 月，教育发展局成立，与教育国家评估项目共同推进印尼教育研究和规划。1974 年，教育与文化部部长组织重编教学计划。教育与文化部部长在 1975 年国家教学计划的序言中指出，随着第一个五年计划（1969—1974 年）的开展，1968 年教学计划在实践中作用不足，新教学计划强调教育机构应进行更灵活高效且目标明确的教学和管理，[3] 例如规定小学每周教学时长从 42 小时缩短为 36 小时，鼓励课本以外技能的学习。[4] 1978 年，人民协商会议颁布第 2 号条例《"潘查希拉"指导方针》，进一步强调"潘查希拉"在社会生活中的指导作用。1983 年，以"潘查希拉"和《"四五"宪法》为基本依据的人民协商会议第 2 号规定《国家方针总则》指明教育体系需适应各领域专业能力需求，同时提高创造力、质量和工作效率。[5] 1984 年的教学计划致力于推广因材施教的教育理念，增加学生的技能，使其能在国家建设中学以致用，并且注重过程的重要性和学

---

[1] 资料来源于印尼文化部官网。

[2] 资料来源于印尼教育频道官网。

[3] 资料来源于印尼教育频道官网。

[4] 资料来源于印尼文化部官网。

[5] 资料来源于印尼文化部官网。

生学习的主动性，学生被视为教学的主体和主导者，此外还增加了地方教育分权的内容。[1]

（二）教育法规的补充与整合

1989 年《国家教育体系法》是印尼教育史上的一个重要节点，整合了之前多项法律中关于教育体系的规定。[2] 在整体上，该法对教育功能、教育目标、受教育者进行了明确阐释。第 1 条规定教育应有意识地为学生未来发展做准备，立足印尼民族文化、"潘查希拉"和《"四五"宪法》。第 4 条规定印尼国民教育目标是培养品格高尚、具有知识和技能、身心健康、独立自强且具有社会和国家责任感的人。第 7 条规定国民教育应保障机会公平。在具体内容上：第一，该法将基础教育从 6 年延长至 9 年，年满 6 周岁即可入读小学，年满 7 周岁则必须就读小学或同等教育学校；第二，将设计地方课程内容的权力从中央政府下放到地区级教育行政部门；第三，允许校长和教师根据当地情况对课程和教材灵活调整；第四，大力鼓励保护与发展地方文化。此外，该法还规定在小学和初中阶段开展英语教学，特别是在旅游业发达的地区的学校。1989 年第 30 号总统令宣布成立国家教育评估局，为教育文化部政策制定和国家教育体系管理建言献策。[3]

（三）教育各阶段的进步：扫盲运动、义务教育与高等教育

在基本的文盲问题上，新秩序政府采取了有力措施。1978 年 8 月 16 日，新秩序政府宣布要扫除文盲，采取的是"学习小组"项目。这是一个

---

[1] 资料来源于印尼教育频道官网。

[2] 资料来源于印尼司法人权部国家法律发展局官网。

[3] 资料来源于印尼司法人权部国家法律发展局官网。

认识字母和数字的训练项目，对象为 10—45 岁的文盲。每个小组的辅导老师或小组领导拥有小学以上文化程度，掌握读、写、算，每次学习小组的参加人数和时长根据各地情况调整。该项目收效明显。1971 年，印尼 8 000 万总人口中 10 岁及以上的仍有 39.1% 的文盲。10 年后，根据 1980 年的人口普查，文盲率降至 28.8%，到 1990 年的人口普查时，文盲率继续下降至 15.9%。[1]

1984 年，新秩序政府启动义务教育项目，印尼政府给予所有 7—12 岁印尼儿童平等接受基础教育的权利。该项目鼓励学龄儿童入学。虽然该计划没有免除全部学费，但政府设立奖学金并开展"养父母运动"，鼓励有条件的父母资助困难儿童。[2] 1994 年，该项目将义务教育年限延长至 9 年，包括小学 6 年及初中或同等教育 3 年。1994 年第 1 号关于基础教育阶段实行义务教育的总统指示中明确了 9 年制义务教育。此外，政府大力投资中小学基础设施建设。1973 年开始实行小学教学楼建设扶助项目，特别关注农村和城市低收入区。1968 年，小学有 60 023 栋教学楼，中学有 5 897 栋教学楼，至 1994 年，小学和中学教学楼数目分别增长至约 150 000 和 20 000 栋。[3] 这两个项目为提高印尼入学率做出了重要贡献。

高等教育也在新秩序时期取得了快速发展。教育与文化部成立了高等教育司。因新秩序前期印尼经济飞速发展，工作岗位大大增多，对高等教育毕业生需求也迅速增加。1975 年出台的《高等教育发展基本政策》要求高等教育支持现代化的建设，要求全面发展公立和私立大学，制定短期、中期和长期规划。[4] 公立和私立大学在各地纷纷建立起来，如 20 世纪 80 年

[1] ABDURAKHMAN, PRADONO A, SUNARTI L, et al. Sejarah Indonesia[M]. Jakarta: Kementerian Pendidikan dan Kebudayaan, 2018: 134.

[2] 资料来源于印尼教育与文化部官网。

[3] 资料来源于印尼教育与文化部官网。

[4] 黄元焕，温兆炎，杨安华. 印尼教育 [M]. 广州：广东高等教育出版社，1989：118.

代在印尼建立的私立大学超过 1 000 所。[1] 为保证高等教育质量，高等教育司通过国家高等教育认证委员会根据高校教学设施，师资质量等进行认证。政府还鼓励有条件的高校开设研究生点，成立了博士项目管理团队，后又设立研究生项目奖学金。此外，不少学生和高校教师被派往国外高校深造。为促进高校研究合作，20 世纪 80 年代末，不少高校成立了跨高校中心。

（四）外语教育的发展与华文教育的停滞

为顺应市场经济和国际交流的发展，1967 年，印尼教育与文化部下发文件，将英语作为第一外语，要求初中以上学生必修。[2] 1968 年，印尼加入东南亚教育部长组织，同年该组织成立了区域语言中心，提供英语、中文培训课以及教师培训课程，着重推动地区英语能力的发展。[3] 然而另一方面，新秩序时期的一个重要特点在于其对少数族群，特别是华裔族群的严厉打压。苏哈托认为中华文化对印尼华人影响深刻，因此对华人采取全面同化政策，关闭所有华校，严禁华文教育。因为苏哈托当局的对华敌对态度，1967 年 10 月 30 日，中印尼外交关系中断。1968 年，允许开办"特种计划国民学校"，招收辍学的华人华侨子女，这种学校课程与国民学校类似，仅多开设一门华文课，至 1975 年将其全部改制为国民学校，官方允许的华文教育在印尼全部停摆，这一情况一直到 1990 年中印尼复交后才有所改善。复交后，印尼政府在华文教育政策方面有所放松，不再限制华文刊物进口，准许开设华文学习机构。

---

[1] 资料来源于加查马达大学官网。

[2] 杨晓强. 语言接触与英语对当代印尼语词汇的影响——兼论印尼语的英语化问题 [J]. 解放军外国语学院学报，2011, 34（5）: 53.

[3] 中国–东盟中心. 东盟国家教育体制及现状 [M]. 北京：教育科学出版社，2014: 63.

四、民主改革时期

1999—2003 年，印度尼西亚进入民主改革时期。苏哈托辞职后，副总统哈比比接任总统。1999 年 6 月，印度尼西亚举行人民代表会议和地方代表理事会议员选举。同年 10 月，印尼总统大选，瓦希德成为总统，梅加瓦蒂成为副总统。2001 年 7 月，副总统梅加瓦蒂接任总统。金融危机的重创和新秩序时期的结束导致印尼社会进入不稳定状态，且依赖国际金融机构的援助。梅加瓦蒂执政期间，安全形势有所好转，经济开始缓慢恢复，经济增长率由负转正，但依然没有恢复到金融危机之前的水平。这一时期出现了一系列不同于新秩序时期的政策，通常被称为民主改革时期。

（一）国家教育制度的调整

民主政府首先在教育行政体制方面开始民主改革，由新秩序时期的集中管理向地方分权转变。1999 年《地方政府法》在法律层面上明确了教育行政权力从中央政府向地方政府的下放。1999 年《关于高等教育的政府条例》和《关于公立大学转为法人实体的政府条例》均从法律层面给予高等学校更多自主权，包括筹资和预算决定权，从 2000 年开始，陆续有学校变更为法人机构。改革既能为教育提供更适合当地情况方式发展的机会，也能够缓解中央政府的财政负担。

随后，2002 年 8 月，印尼人民协商会议通过了最新的宪法修正案，将原"教育"一章更名为"教育与文化"，针对教育的第 31 条规定进行了细化：（1）每个公民都享有受教育的权利；（2）所有公民有义务接受基础教育，政府有义务支付所需费用；（3）政府致力于兼顾宗教教义和提高民族素质的目标，建立全国统一教育体系；（4）国家保证教育经费至少达到国家收支预算和地方收支预算的 20%，用于满足国民教育的需要；（5）政府推崇知识与技术，同样尊崇宗教和民族团结的信念，为提升人类文明与福祉而努力。与原规定相比，不仅保障了公民受教育的权利，也规定了公民接受基础教育的义务，并明确了政府对保障教育的责任。

相应地，1989年的《国家教育体系法》也不再适用新时期。2003年7月，新《国家教育体系法》颁布。第三章规定组织教育的原则为：（1）教育应尊重人权、宗教价值观、文化价值观和民族多元性，以民主、平等、无歧视的方式开展；（2）教育应在一个开放多元的整体系统中进行；（3）教育是文化学习和能力培养的终身过程；（4）教育应提供示范、激发兴趣、发展创造力；（5）教育应培养所有公民的阅读、写作和算数能力；（6）教育动员所有社会成员参与教育服务的组织和监督。第四章第7条规定了父母的权利与义务，父母有权参与择校和获得关于子女教育的信息，也有义务让子女接受义务教育。此外，第36条新增关于课程开发考量因素的规定，其中第5、6、9点分别为"地区和国家发展要求""劳动力市场要求"和"全球发展的动力"，体现出教育面向区域发展与全球化的目标。[1]

（二）国际教育项目的参与

印尼也参与了国际教育发展项目，如"为了所有人的教育"，即在2015年前，每个参与国应保障所有儿童，特别是女童和少数群体儿童有机会接受良好的基础教育。印尼国家教育部在2003年举办了"为了所有人的教育"国家统筹论坛，并发布了《国家行动计划：印尼为了所有人的教育（2003—2015年）》。

---

[1] 资料来源于印尼审计委员会官网。

五、民主巩固时期

2004 年，苏西洛当选总统。苏西洛在任 10 年，印尼社会稳定，民主制度得到巩固，在解决分离主义、经济发展和外交方面取得了积极进展，印尼国际形象得到改善。2014 年后至今，佐科·维多多担任印尼总统。这一时期通常被称为民主巩固时期。印尼教育获得了良好的发展环境，取得了长足进步。同时，随着印尼在国际社会中的参与度提高以及人才国际流动的变化，印尼政府对教育愈来愈重视，印尼学生也更积极地获取知识，主动投身于国家的发展建设中。

（一）教育体系框架逐渐完善

经过各历史时期的发展演变，印尼的教育体系逐渐清晰、完善。图 3.1 勾勒出了印尼现行教育体系框架 [1]，按学段可划分为小学教育、初中教育、高中教育、高等教育四个阶段，每个学段按学校类型可细分为普通世俗教育和宗教教育两大类。小学教育和初中教育属于 9 年义务教育，高中教育通常为 3 年，学士学位 4—6 年，硕士学位 2—5 年，博士学位 3—5 年，与学士学位同级的 4 个职业教育文凭课程各为 1 年，专家型职业教育还需 3—5 年。对于成人教育，印尼政府先后研发了 A、B、C 三个课程培训包，分别作为小学、初中、高中的同等教育。此外，还有一些其他形式的非正式职业教育，作为整个教育体系的补充。下文相关章节将对各级各类教育情况展开具体论述。

---

[1] 整理自联合国教科文组织 2020 年 5 月发布的《职业教育国家概况：印度尼西亚》，并在此基础上有所补充。

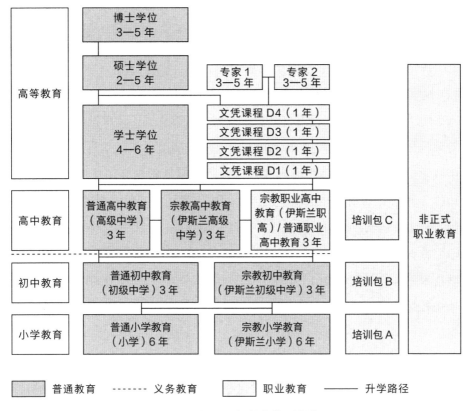

图 3.1 印尼现行教育体系框架

（二）教育法律制度趋于成熟

这一时期，随着各级各类教育法律的颁布，印尼教育法律制度逐渐得以完善。政府先后颁布了以下法律：2005 年《教师法》[1]，2007 年《关于宗教教育的政府条例》，2008 年《关于义务教育的政府条例》，2009 年《教育法人法》，2012 年《高等教育法》，2013 年《医科教育法》，2019 年《宗教寄宿学校法》。

---

[1] 该法律旨在通过教师资格认证的方式提高师资质量。

（三）教学计划有序调整

1994 年以后，印尼分别于 2004 年、2006 年、2013 年、2016 年进行过 4 次教学计划的制定或修改。2004 年教学计划强调竞争和学生积极性，主张采用考试作为教育测量工具，部分学校在教学计划正式审批前开始实施，但该计划未被政府正式批准。2006 年，政府推出了新教学计划取代 2004 年教学计划，给予教师更大自主权，教师可根据学校具体情况安排教学。2013 年教学计划则更注重学生的创新能力，强调对自然科学的重视。2016 年的教学计划仅在其基础上进行了微调。2022 年，因受新冠肺炎疫情影响，印尼教育、文化、研究和技术部决定实行更加灵活的教学计划，并允许各学校根据各自情况在 2013 年完整教学计划、2013 年简化教学计划和 2022 年新教学计划中选择。2022 年 2 月，现任印尼教育、文化、研究和技术部部长纳迪姆宣布正式推行 2022 年教学计划，并在 2024 年前全面落实。这一教学计划优势在于打破教条式的教学评估标准，给予各阶段教师更大自主权，并重视线上教育作用的最大化和最优化，鼓励学生有针对性地培养学科兴趣。[1]

（四）教育质量稳步提升

2009 年，教育支出首次达到了《"四五"宪法》的要求，达到国家预算的 20%，此后各年教育支出预算及占比如表 3.1 所示。

通过制定学生补助计划、设立教育项目、开展教师资格认证、增加教育支出等措施，从多维度促进教育质量的提升。苏西洛总统实行了贫困学生补助计划，佐科总统则推行了智慧印尼卡，通过社会保障项目确保适龄

---

[1] 资料来源于印尼罗盘社新闻。

儿童就学。此外，国家还出资设立了多个教育项目。2005 年开始的"学校运营辅助"项目为中小学公立和私立学校出资购买设施，让学生参加课外活动以及为教师发放津贴。2006 年开始进行教师资格认证，每年约有 20 000 名教师获得认证。[1] 2012 年，首次举办教师能力竞赛，约有 100 万名教师参加。[2] 2014 年开始，至今依然在实行的"在职教师发展"致力于提高教师质量。2017 年，启动职前教师培训，这是一个一年制的培训项目，帮助想从事教育的大学毕业生提高教学能力。2013 年，教育与文化部在两所中学试点举行计算机测试。2015 年，在 556 所中学举行测试，2017 年已有 30 577 所中学参加测试，并计划覆盖全部中学。通过这一简便的教育测量方式，政府能够及时了解教学情况。

诚然，印尼教育还存在明显的不足。例如，印尼学生在国际学生评估项目测试中排名靠后，表明印尼基础教育的国际竞争力依然落后。印尼高等教育水平也较落后，加查马达大学在 2021 年 QS 大学排名中位列 254 位。但教育领域的发展需要长久投入，难有立竿见影的效果，特别是在印尼这样一个经历过长时间被殖民统治的国家，教育面临经济和社会等方面的阻碍。值得肯定的是，从教育历史可以看出，印尼政府在发展国民教育和传承民族文化上做出了不懈努力，从扩建学校、培养师资、编纂教材、完善教育法律体系、加大教育支出，到发展与时俱进的教育模式，印尼教育整体水平不断提高，呈现出积极的发展态势。

---

[1] KURNIAWATI S, SURYADARMA D, BIMA L, el al. Education in Indonesia: a white elephant?[J]. Journal of Southeast Asian economies, 2018, 35(2): 194.

[2] KURNIAWATI S, SURYADARMA D, BIMA L, el al. Education in Indonesia: a white elephant?[J]. Journal of Southeast Asian economies, 2018, 35(2): 194.

表 3.1 2010—2022 年印度尼西亚国家教育支出预算及占比 [1]

年份	2010	2011	2012	2013	2014	2015	2016	2017	2018	2019	2020	2021	2022
国家教育支出预算（十亿印尼盾）	216 721.9	258 347.2	297 365.1	332 184.1	353 388.1	390 279.0	370 810.2	406 102.0	431 733.4	460 316.8	473 658.8	550 005.6	542 831.9
国家教育支出占国家预算百分比（%）	20.8	19.9	19.9	20.1	20.0	21.7	19.9	20.3	19.5	20.0	18.3	20.0	20.0

[1] 资料来源于印尼国家财政部国家预算数据统计官网。

第二节 教育名家

印度尼西亚教育事业的发展离不开教育家的不懈努力。本节选取部分对印尼教育领域做出重要且深远贡献的教育家，对其生平、主要事迹及其教育思想进行介绍。

一、威廉·伊斯坎德

威廉·伊斯坎德（1840—1876），出生于北苏门答腊的达巴奴里，拥有伊斯坎德苏丹的头衔。1859 年，他前往荷兰阿姆斯特丹学习。威廉·伊斯坎德在荷兰学习十分认真勤奋，回到印尼后，他开始构思一些促进原住民教育的想法。首先，他呼吁赋予女孩免费上学的权利，这是因为女孩总是被殖民政府忽视。其次，1862 年，他在马达大地建立了师范学校。再次，除荷兰语外，他提出使用曼得陵斯族的语言教学。威廉·伊斯坎德成功创建了荷属东印度群岛有史以来最好的学校，受到荷兰人的钦佩，其有关教育的想法后来被荷属东印度群岛教育部长采用，并在荷兰精英学校中实施。[1]他为了继续完成学业，于 1874 年返回荷兰，于 1876 年 5 月 8 日在荷兰阿姆斯特丹离逝。

伊斯坎德于 1862 年 10 月在北苏门答腊创立了印尼的第三所教师教育学校，[2]提高了印尼本土居民的受教育意识。威廉·伊斯坎德生活于荷兰殖民时期。这一时期荷兰政府在爪哇等地开始建立学校，其教育目的在于培

---

[1] 资料来源于国家地理印尼网。

[2] 在此学校创办之前，印度尼西亚已有的两所学校分别是于 1851 年创建的苏拉加达师范学校和 1856 年创建的苏门答腊岛西海岸巴东师范学校。

养部分原住民成为低级职员，所使用的授课语言也大多为荷兰语与马来语，课程内容主要涉及土地测量、算数、农业等方面。威廉·伊斯坎德创办的学校与同一时期的其他学校有很大不同。第一，在教育对象方面，该校重视本土居民的教育问题。第二，在教学语言方面，该校打破了荷兰教育的形式束缚，在课堂上使用当地方言——印尼苏门答腊曼得陵斯族的语言讲授文化知识，以适应当地居民的学习需求，该校后来也成为当地的文化知识中心。

二、卡尔蒂尼

卡尔蒂尼（1879—1904）出生在中爪哇杰巴拉县，是当地皇族的后代。在父亲开明的培养下，卡尔蒂尼自幼接受西式教育，眼界更为开阔。她不断呼吁，妇女应当享有与男性同等的受教育机会。

卡尔蒂尼先在自己的家里开办了学习班，并自愿担任老师，教导那些愿意前来读书的妇女。不久后，卡尔蒂尼在当地创立了印尼第一所女子学校，鼓励杰巴拉县的女性接受教育。此类学校后来发展到泗水、日惹等很多地方，被命名为卡尔蒂尼学校。卡尔蒂尼一生致力于女性教育，她是印尼第一个争取女性地位和权益的妇女，因此获得了社会各界的尊重，是印尼人心目中的妇女解放运动的英雄和先驱。卡尔蒂尼争取妇女受教育的热情为印度尼西亚男女平等奠定了基础，并激发了印尼妇女实现其梦想的动力。1964 年 5 月，苏加诺总统颁布总统令将卡尔蒂尼确立为民族独立英雄，以纪念她所代表的妇女解放、民族独立精神，并将其诞辰 4 月 21 日设定为印尼的妇女节—卡尔蒂尼日。

三、戴维·莎蒂加

戴维·莎蒂加（1884—1947）出生在万隆的官绅之家。1904 年，莎蒂加成功创办了一所名为"伊斯特里学校"的女子学校。当它首次开放时，伊斯特里学校只有 20 名女学生。在这所学校里，主要课程有算数、阅写、缝纫、编制、刺绣、宗教等。1910 年，学校更名为女子修养学校。她后来又建立了很多女子学校。到 1920 年，在帕森丹市的每个县都建成了女子修养学校，这使得更多女性拥有了接受教育的机会。

莎蒂加的教育理念在那一时期非常先进。她提出：第一，应该面向所有儿童提供教育；第二，向学生提供更广泛的教育；第三，通过教授女性生活技能帮助其获得独立，改善女性自身生活水平。建立女子学校、使女性习得知识深刻，这些发展改变了人们对女性社会角色与社会地位的认识。通过接受教育，女性并非只能作为家庭主妇、丈夫的助手，她们拥有了更多的知识和能力，既可以服务家庭、更可以服务社会。莎蒂加的教育理念受到了更广泛的认可。当进入晚年时，她与西爪哇的居民和斗士们一起生活。1947 年，荷兰再次发动侵略军事行动，她与所有土著居民和其他战士一起奋起抵抗，保卫祖国。1947 年 9 月 11 日，她在打横市过世，享年 63 岁。1966 年，戴维·莎蒂加获得了国家英雄的称号。

四、罗哈娜·姑杜丝

罗哈娜·姑杜丝（1884—1972）出生在西苏门答腊省的一个贵族家庭。罗哈娜·姑杜丝没有接受过正式的学校教育，但在其父亲的教导下，她初步掌握了读、写、阿拉伯语、荷兰语、马来语与算数等知识。罗哈娜·姑杜丝非常关注女性教育，成为印度尼西亚第一位女性记者。

1911 年，罗哈娜·姑杜丝在巴东市建立了阿麦瑟蒂亚工艺美术学校，她在学校教授金融管理、宗教教育、德育教育、荷兰语等课程。后来，学校更名为女性技能教育学校，专注于当地女性教育，学校开设米楠加保女性读、写、算数、宗教、手工、缝纫、剪裁、刺绣等科目，使当时的女性拥有了更多的技能与知识。该校后来发展成了巴东市的妇女手工艺中心。[1]

姑杜丝以实际行动推动女性教育的发展，提倡并通过报刊为男女平等发声。对此，佐科总统 2019 年 11 月 6 日曾表示，印尼政府社会部认定授予来自西苏门答腊的第一位女性记者——罗哈娜·姑杜丝——国家英雄称号，以纪念她的文章以及她对印度尼西亚所做出的教育贡献。[2]

五、基·哈加尔·德宛塔拉

基·哈加尔·德宛塔拉（1889—1959）出生在日惹的贵族家庭。年轻时期的德宛塔拉，执掌过《万隆日报》，担任过万隆《青年报》《泗水》等报刊编辑。同时，德宛塔拉还活跃于政治组织，致力于唤醒印尼人民的民族独立意识。1913 年，德宛塔拉成立印度尼西亚新闻社，萌生发展印尼民族教育的想法。后因发表文章《如果我是荷兰人》，被当局逮捕并流放。

在荷兰流亡期间，他深入关注教育问题，其爱国主义精神和通过教育推动印尼人民发展的抱负开始显现。1919 年，他回到印尼。1922 年 7 月 3 日，他在日惹创立了第一个学园。该学校的办学目的是为印尼人民提供与荷兰人同等的教育机会和权利。他放弃了自己的贵族姓名，以便更好地被社会接受。在 1945 年印尼独立后，他被任命为印度尼西亚第一任教育、教学和文化部部长。德宛塔拉不仅是印尼民族英雄、共和国首任教育部部长，更

---

[1] 资料来源于印尼国家觉醒博物馆官网。

[2] 资料来源于印尼国家电视台西苏门答腊分站官网。

是印尼教育史上重要的教育先驱，被誉为"印尼民族教育领军人物""印尼现代教育之父"。1959年4月26日，德宛塔拉在日惹与世长辞，为了缅怀他，印尼将其生日（5月2日）设定为国家教育日。

在流放期间，基·哈加尔·德宛塔拉仍积极参与学生组织——荷兰印裔协会，进一步形成民族教育思想理念。1919年结束流放后，基·哈加尔·德宛塔拉在教育机构任教。随后，他提出"其前以榜样，其中以鼓励，其后以推动"的教学基本原则。这一原则也被引用为教师的指导规范。在这一思想指导下，德宛塔拉创办了幼儿园、小学、初中、高中及师范培训学校，其开设的教育机构遍布印尼各地。1922年7月3日，德宛塔拉在日惹创立了学园，其初衷是让平民拥有受教育的权利，培养学生们反抗殖民统治的意识。这所学校也迅速在印尼的很多省份建立起来。各省份开办的学园坚持面向全体印尼民众，立足于印尼的本地文化，致力于对学生创新、独立、民族意识等方面的培养。

德宛塔拉提出五项教育理念：遵从自然法则、发展独立自由、实行多元文化、强化民族意识以及注重与其他部族友好相处。[1] 第一，教育不应该限制孩子们的天性，不应让孩子们在被迫和压力下学习，这样有碍于他们思维的成长与创造力的提升，使孩子们丧失了原有的个性。第二，学生作为受教育者，应给予学生更大的空间去探索自身潜力，要有创造性、自立性和责任感。[2] 第三，实行多元文化教育，而不区分种族、文化、习俗、性别、性取向、身体状况或个人经济地位。第四，通过对民众进行人道主义、民族主义教育来唤醒印尼本土人民反对外来势力的侵略，[3] 他通过创办学园

---

[1] HAMID D. Pengantar pendidikan era globalisasi konsep dasar, teori, strategi dan implementasi dalam pendidikan globalisasi [M]. Tangerang: Anlmage, 2019：280.

[2] SANTOSO A, BUDIYONO L, SALPIATI E, et al. Jendela pendidikan dan kebudayaan: media komunikasi dan inspirasi XXIV/Mei 2018[M]. Jakarta: Biro Komunikasi dan Layanan Masyarakat, 2018: 8.

[3] SANTOSO A, BUDIYONO L, SALPIATI E, et al. Jendela pendidikan dan kebudayaan: media komunikasi dan inspirasi XXIV/Mei 2018[M]. Jakarta: Biro Komunikasi dan Layanan Masyarakat, 2018: 6.

使普通民众也可以获得受教育的权利，并在教学过程中始终强调民族主义和独立原则。[1] 第五，强调与其他民族建立友谊的重要性。

德宛塔拉提出教育的三个过程：第一，教育工作者应该树立典范，起到模范带头作用，对学生形成正确的引领作用；第二，教育工作者在教育过程中应不断地倡导、鼓励，参与到学生中去，为学生提供鼓励与支持；第三，教育工作者应一直支持并推动着学生继续前进，为学生提供支持与动力。[2]

德宛塔拉认为教育应该有三个中心，即以家庭环境为中心、以教育环境为中心和以社会环境为中心。[3] 家庭环境在这其中是至关重要的，而教育环境是提升学生知识智力水平所不可或缺的一环。社区作为非正式教育机构，主要通过现实生活的启蒙，使学生意识到不分宗教、信仰、文化、性别、身体状况和社会地位，看待人类多样性的重要性。

六、穆罕默德·夏菲

穆罕默德·夏菲（1893—1969）出生于西加里曼丹省克塔邦市。他自幼学业表现优异，在完成小学学业后，在马来语教师会主席马拉·苏丹夫妇的帮助下，前往西苏门答腊岛的武吉丁宜巴东师范学校继续完成学业，毕业后在雅加达的卡尔蒂尼学校担任了 6 年教师。而后，1922 年，夏菲独自前往荷兰留学。他在荷兰获得了欧洲教师资格、绘画、手工和音乐四项证书。此外，他还积极参与了穆罕默德·哈达成立的学生组织印度尼西亚协会，并成为该组织教育栏目的编辑，其间两人达成了关于教育对国家独立的重要性的共识。1925 年，夏菲从荷兰归来。1926 年，他在西苏门答腊省

---

[1] 资料来源于《罗盘报》官网。

[2] SANTOSO A, BUDIYONO L, SALPIATI E, et al. Jendela pendidikan dan kebudayaan: media komunikasi dan inspirasi XXIV/Mei 2018[M]. Jakarta: Biro Komunikasi dan Layanan Masyarakat, 2018: 9.

[3] 资料来源于印尼新闻与信息在线网站。

巴利亚曼市创立了"荷印学校——工场教育学校"。[1] 他坚决拒绝外界所有约束性的帮助，学校所有建筑和设施都是学生们自力更生的结果。[2] 尽管办学条件十分艰苦，但这所学校的建立象征着对殖民者的抵抗，学校创办的目的是培养人们的爱国主义精神，不依赖其他国家。这种教育理念源于夏菲思想中民族主义、反殖民主义的时代精神，最终发展出一种与荷兰殖民政府学校不同的教育模式。印尼共和国宣布独立后，夏菲进入了政坛。1946年，他被任命为第二任斯亚利尔内阁的教育、教学和文化部部长，接替托东苏丹的职务。由于他需要在西苏门答腊岛办学，所以难以在政坛活跃起来，因此他于 1946 年 10 月 2 日辞去该职务。

穆罕默德·夏菲学成归国后，于 1926 年 10 月 31 日建立了"荷印学校——工场教育学校"。学校建立之初，获得了巴东地区火车工人团体的支持。该校不断经历更迭，先后在二战期间、民族独立时期关闭，后又于1950 年、1966 年重建。在二战前的巴东地区，该校是当地拥有最完善的教学设施的教育机构。即使历经战火和多次更名，学校创建之初的教学宗旨得以延续，即致力于培养具有爱国情怀、坚定信念、高贵品格、有思考能力、健康体魄的青年学生。后来国家设立的师范学校也交予夏菲管理。与同一时期荷兰殖民者开设的学校相比，夏菲所创办的学校具有两大独特性。其一，学校面向印尼中低阶层民众，不招收印尼官员、贵族家庭和荷兰殖民者子女；其二，学校的目标是培养出有高贵品格与情感、具有坚定信念、拥有爱国主义情怀、了解自身天赋并能充分发挥的学生。

夏菲在教育过程中，强调脑、心、手的平衡并用。他所提倡的学校教育不仅仅重视文化教育，同时重视体育、艺术、技能、手工艺教育。夏菲认为教育内容中，45% 在于用眼观摩，25% 在于用耳听教，35% 在于动手行

---

[1] 黄元焕，温北炎，杨安华. 印尼教育 [M]. 广州：广东高等教育出版社. 1989：58.

[2] 在创立之初，学校只租用了一个占地 18 公顷的村民房屋，最初的学生人数为 79 人，后来增加到 110 人。学校没有椅子，学生们必须在垫子上学习，这种情况持续了 9 个月。后来，学生们合作建造了一个简单的大厅，位于咖啡园中央，这个大厅供 4 个班级使用，那时学生人数已经增加到 200 人。

动。学校不仅需要培养拥有文化知识的学生，同样需要培养拥有强健体魄、爱国情怀、高贵品格的学生，他们需要有思考力、感受力与行动力，将看到、听到的知识加以运用并转化为日后生活中可使用的技能。

第四章 学前教育

学前教育是以 0—6 岁婴幼儿为对象的教育，旨在促进婴幼儿身心发展，提升其认知能力、语言能力和社会情感能力，做好接受进一步教育的准备。学前教育是印度尼西亚教育体系中不可或缺的部分。从组织形态上看，印尼的学前教育包括正规教育、非正规教育及校外教育。

第一节 学前教育的发展和现状

一、学前教育的发展

印尼民族独立意识崛起后，在印尼教育之父基·哈加尔·德宛塔拉等人的带领下，印尼人开始注重学前教育的建设与发展。印尼独立后，政府和民间纷纷成立基金会，确保学前教育工作的顺利开展。同时，印尼政府出资派遣国内人才出国留学、相关论坛，促进国内学前教育的发展。

（一）教学资源积累期（1945—1965 年）

印尼建国后，1950 年《基础教育和幼儿园教学法》正式承认了幼儿园是国家教育系统的一部分。同年 5 月，印尼幼儿园教师协会成立。1951 年，母亲学校基金会成立，为在爪哇岛外建立幼儿园奠定了基础。1951—1955 年，政府开始为幼儿园制定课程、配备设施并实施监管，并为在爪哇岛外建立雅加达国立幼儿园教师教育学校提供资金支持。1957 年，印尼幼儿园组织协会成立。1959 年，该组织召开第一次代表大会。20 世纪 60 年代，印尼公立幼儿园逐步建立。1960—1963 年，印尼政府为加快印尼学前教育现代化进程，开始派遣部分师资前往澳大利亚、美国和新西兰等国家深造。1963—1964 年，政府推出了新型课程项目，旨在培养儿童的兴趣爱好。

（二）课程大纲更替期（1966—1998 年）

1968 年，印尼政府推出新版课程大纲。同年 11 月，为提高幼儿园教师和教育管理者的水平，印尼政府与联合国儿童基金会展开合作，联合国儿童基金会提供了顾问和资金。1970 年，政府和印尼幼儿园管理组织团体、印尼幼儿园教师协会以及印尼教师教育部合作，举办了以"加强学前教育"为主题的联合研讨会。1973 年，再次召开以"规范学前教育管理制度"为主题的联合研讨会。作为一项政策措施，自 1974 年起，课程大纲在 1968 年课程的基础上引入了新课程，内容包括：围绕"潘查希拉"精神的道德教育、自由活动、语言教育、创新性表达、体育与健康以及学术教育。1979 年，雅加达教师培训与教育研究所成立了本科学前和基础教育专业，直到 1998 年该专业更名为本科学前教育专业。1984 年，政府再次推出新课程，课程内容涵盖宗教、"潘查希拉"道德原则、创造力、身体与健康、思维方式、知识技能等方面。1989 年颁布了《国家教育系统法》。1990 年《学前教育法令》进一步强调了印尼学前教育的地位。1993 年，政府进一步推出了新版幼儿园课程，主要涵盖行为培养课和基础能力发展课。1993—1997 年，印尼高等教育更加注重学前教育工作者的素质培养，先后在雅加达、棉兰、日惹和万隆成立了教师培训和教育研究所。1998 年，为加强学前教育领域的各项工作，雅加达教师培训与教育研究所举办了关于学前教育的全国研讨会，与会者是来自全印尼 10 家教育机构的成员，共同探讨未来学前教育领域的发展与课程建设等问题。

（三）管理制度建立期（1999—2003 年）

1998—2003 年，印尼政府提倡自主教育，这影响了中央和各地区学前教育的管理制度。在此期间，政府通过社区服务中心推动了非正规教育渠道的游戏小组、托儿所和其他同级教育机构的发展。在世界银行的支持下，印尼政府在西爪哇、万丹、巴厘岛和南苏拉维西 4 个省份启动了学前教育发展计划。2001 年，印尼教育与文化部成立了学前教育局，其任务是培训非正规学前教育机构人员。2002 年，学前教育局成立了学前教育合作组织，以协助政府制定政策。2002 年，国家级学前教育论坛成立，为印尼学前教育的发展做出了贡献。其间，印尼教育大学、日惹教育研究所等学校成立了本科学前教育专业。2003 年，万隆教育研究所举办了一次全国研讨会，此次研讨会形成了关于印尼学前教育发展的学术框架和设计蓝图。

（四）教育工作者联合期（2004—2009 年）

2004—2009 年，学前教育发展成为国家教育部十个优先项目之一，学前教育发展自此成为国家教育发展的首要任务之一。2005 年，印尼学前教育职工协会成立。该组织调动了全印尼的学前教育工作者，使他们联合起来，有效建立了中央和地方在学前教育发展方面的直接联系。2009 年年底，政府颁布了《学前教育标准法规》。

（五）教育机构升级调整期（2010 年至今）

2010 年印尼颁布了关于国家部委的职位、职责、职能和工作流程的相关规定，确定合并正规和非正规渠道的学前教育机构，并统归正规和非正规学前教育总局管理。随着时间的发展和政策的调整，印尼学前教育的同级机构逐渐形成。现今，印尼学前教育部隶属于印尼教育与文化部。

二、学前教育的现状

（一）学校类别

印尼的学前教育可以从两方面进行划分。从组织形态上，根据印尼教育部颁发的文件，一般分为正规教育、非正规教育以及校外教育。其中，正规教育机构包括世俗幼儿园和宗教幼儿园；非正规教育机构有托儿所、游戏小组及其他同级机构；校外教育又称为自学教育，包含家庭教育和环境教育。[1]从学校办学经费来源及性质上，可以分为公立学校和私立学校。不同类别的学前教育机构在印尼各省份的分布相差较大，极不均衡。

---

[1] 唐慧，陈扬，张燕，等. 印度尼西亚概论 [M]. 广州：世界图书出版公司，2012：192-193.

1. 以学前教育的组织形态划分

（1）正规教育。

① 世俗幼儿园。印尼世俗幼儿园又可以分为普通幼儿园和特殊幼儿园[1]两种。其中，普通幼儿园主要面向4—6岁的儿童，旨在激发婴幼儿的创造能力，提升他们学习科学知识的能力，培养发展儿童品德、宗教、体育、认知、语言等方面的能力。特殊幼儿园同普通幼儿园一样，主要面向4—6岁的儿童，但它在普通幼儿园的教学活动基础上，增加对不同特殊儿童的特别教育，如发展运动协调能力。

② 伊斯兰教幼儿园。印尼伊斯兰教幼儿园的发展经历了两个阶段。伊斯兰教幼儿园主要面向4—6岁的儿童，此类幼儿园多为基金会支持和管理，其教学宗旨是通过教授伊斯兰教文化，促进婴幼儿身心健康的发育，为步入初等教育做好准备。

（2）非正规教育。

① 托儿所。托儿所主要面向0—6岁的儿童，其主要功能在于照顾婴幼儿，确保其健康发展，并培养他们的生活能力。

② 游戏小组。游戏小组主要面向2—6岁的儿童，旨在通过各种富有教育意义的游戏促进婴幼儿身心、语言及认知等方面的发展。

③ 同级机构。同级教育机构主要面向0—6岁的儿童。此类机构的教学内容和教学目的与幼儿园是一样的。同级机构中较为常见的机构有：学前教育所、幼儿家庭发展小组、古兰经教学园、索类儿童教育园、儿童宗教信仰发展园、清真寺穆斯林儿童发展组等。

（3）校外教育。校外教育又称自学教育，是指家庭教育和环境教育，以自学为主要学习途径，如果学习者通过相应考试，学习成果同样能够得到

---

[1] 特殊幼儿园属于正规教育的一种，但在印尼教育部发布的文件中未将其数据单独呈现出来。

教育部门的承认。[1] 校外教育通常是孩子 3 岁入园接受正规教育前，家长或者其他监护人在家对孩子进行基础的教育。但是，不乏有的家长选择整个学前阶段都让孩子在家接受教育。不同家庭的教学内容也不一致。所谓环境教育就是孩子潜移默化受到生活环境的影响和教育。

根据印尼教育与文化部 2021 年的官方文件数据，印尼全国幼儿园数量达 90 047 所，托儿所数量达 2 258 所，游戏小组数量达 74 940 所，同级机构数量达 19 962 所。[2] 学前教育各类学校在印尼各个省份的分布数量详见表 4.1。

表 4.1 2020—2021 学年印尼各地学前教育机构分布情况（所）[3]

省份 / 地区	正规教育		非正规教育		
	世俗幼儿园	伊斯兰教幼儿园	托儿所	游戏小组	同级机构
雅加达	1 914	1 043	26	324	1 619
西爪哇	8 660	7 272	117	12 057	6 126
万丹	2 246	1 471	11	2 929	568
中爪哇	13 943	4 816	530	9 817	2 843
日惹	2 141	253	205	1 485	1 099
东爪哇	18 270	7 450	363	13 960	4 398
亚齐	2 525	350	92	1 728	125
北苏门答腊	2 650	1 993	40	4 276	343
西苏门答腊	2 360	429	105	1 624	410
廖内	2 212	553	90	1 678	97
廖内群岛	637	175	13	373	101

[1] 唐慧，陈扬，张燕，等. 印度尼西亚概论 [M]. 广州：世界图书出版公司，2012：192-193.

[2] 数据来源于印尼教育与文化部发布的《学前教育统计数据（2020—2021）》。

[3] 笔者根据《学前教育统计数据（2020—2021 学年）》整理而成。校外教育由家长自行决定教育模式，无相关数据信息。

续表

省份／地区	正规教育		非正规教育		
	世俗幼儿园	伊斯兰教幼儿园	托儿所	游戏小组	同级机构
占碑	1 329	279	48	1 766	174
南苏门答腊	2 041	521	18	2 839	128
邦加勿里洞岛	373	51	43	378	68
本库鲁	1 017	163	69	687	48
楠榜	2 923	660	34	2 304	253
西加里曼丹	817	176	22	1 768	66
中加里曼丹	1 824	161	43	557	143
南加里曼丹	2 435	359	153	1 260	72
东加里曼丹	1 352	131	65	991	125
北加里曼丹	178	26	17	360	10
北苏拉威西	1 547	164	10	593	90
哥隆塔洛	784	44	7	644	66
中苏拉威西	1 911	124	3	921	57
南苏拉威西	4 251	741	37	1 480	198
西苏拉威西	686	156	15	651	19
东南苏拉威西	1 906	228	4	427	10
马鲁古	682	85	1	657	62
北马鲁古	632	71	1	513	42
巴厘	1 507	114	34	426	21
西努沙登加拉	1 911	673	19	2 236	206
东努沙登加拉	1 399	132	13	2 646	261
巴布亚	631	28	4	358	98
西巴布亚	353	56	6	227	16
总数	90 047	30 958	2 258	74 940	19 962

可以看出，印尼大多数的学前教育机构集中在爪哇岛，如世俗幼儿园分布最多的三个省份／地区：东爪哇（18 270 所）、中爪哇（13 943 所）、西爪哇（8 660 所）。伊斯兰教幼儿园分布最多的三个省份／地区：东爪哇（7 450 所）、西爪哇（7 272 所）、中爪哇（4 816 所）。托儿所分布最多的三个省份／地区：中爪哇（530 所）、东爪哇（363 所）、日惹（205 所）。游戏小组分布最多的三个省份／地区：东爪哇（13 960 所）、西爪哇（12 057 所）、中爪哇（9 817 所）。同级机构分布最多的三个省份／地区：西爪哇（6 126 所）、东爪哇（4 398 所）、中爪哇（2 843 所）。

学前教育学校在非爪哇岛地区的分布不平衡，如世俗幼儿园分布最少的三个省份／地区：北加里曼丹 178 所，西巴布亚 353 所，邦加勿里洞岛 373 所。托儿所分布最少的省份／地区：马鲁古 1 所，北马鲁古 1 所，中苏拉威西 3 所。游戏小组分布最少的三个省份／地区：西巴布亚 227 所，雅加达 324 所，巴布亚 358 所。同级机构分布最少的三个省份／地区：北加里曼丹 10 所，东南苏拉威西 10 所，西巴布亚 16 所。

由此可见，印尼学校教育各类学校的分布极其不均，数量差距极大，差级最高达 600 倍。

2. 以办学经费来源及性质划分

公立学校是由当地政府所办、以公费营运的学校，其办学资金全部或主要由当地政府拨付。私立学校为政府以外的其他社会力量所举办的学校，其中包括非宗教部管理宗教学校和基金会出资建立的学校。

印尼不同省份／地区学前教育的发展水平相去甚远，这主要与各省份／地区经济结构、学前教育发展历史、当地人对待学前教育的态度密切相关。印尼学前教育公立和私立学校在各省份／地区的分布情况详见表 4.2。

表 4.2 2020—2021 学年印尼各地学前教育公立和私立学校分布情况（所）[1]

省份 / 地区	公立学校		私立学校		总数
	数量	百分比	数量	百分比	
雅加达	69	3.61	1 845	96.39	1 914
西爪哇	90	1.04	8 570	98.96	8 660
万丹	87	3.87	2 159	96.13	2 246
中爪哇	161	1.15	13 782	98.85	13 943
日惹	48	2.24	2 093	97.76	2 141
东爪哇	167	0.91	18 103	99.09	18 270
亚齐	471	18.65	2 054	81.35	2 525
北苏门答腊	190	7.17	2 460	92.83	2 650
西苏门答腊	97	4.11	2 263	95.89	2 360
廖内	126	5.70	2 086	94.30	2 212
廖内群岛	79	12.40	558	87.60	637
占碑	88	6.62	1 241	93.38	1 329
南苏门答腊	131	6.42	1 910	93.58	2 041
邦加勿里洞岛	83	22.25	290	77.75	373
本库鲁	75	7.37	942	92.63	1 017
楠榜	103	3.52	2 820	96.48	2 923
西加里曼丹	149	18.24	668	81.76	817
中加里曼丹	99	5.43	1 725	94.57	1 824
南加里曼丹	107	4.39	2 328	95.61	2 435
东加里曼丹	84	6.21	1 268	93.79	1 352
北加里曼丹	23	12.92	155	87.08	178

[1] 作者根据《学前教育统计数据（2020—2021 学年）》整理而成。

续表

省份 / 地区	公立学校		私立学校		总数
	数量	百分比	数量	百分比	
北苏拉威西	65	4.20	1 482	95.80	1 547
哥隆塔洛	63	8.04	721	91.96	784
中苏拉威西	65	3.40	1 846	96.60	1 911
南苏拉威西	257	6.05	3 994	93.95	4 251
西苏拉威西	78	11.37	608	88.63	686
东南苏拉威西	201	10.55	1 705	89.45	1 906
马鲁古	102	14.96	580	85.04	682
北马鲁古	94	14.87	538	85.13	632
巴厘	111	7.37	1 396	92.63	1 507
西努沙登加拉	156	8.16	1 755	91.84	1 911
东努沙登加拉	229	16.37	1 170	83.63	1 399
巴布亚	103	16.32	528	83.68	631
西巴布亚	42	11.90	311	88.10	353
其他 [1]	4	100.00	—	—	4
总数	4 097	4.55	85 954	95.45	90 051

　　由表 4.2 可知，印尼学前教育学校总量排在前三位的省份 / 地区为东爪哇（18 270 所）、中爪哇（13 943 所）和西爪哇（8 660 所），而学前教育学校数量排在末尾的三个省份 / 地区为北加里曼丹省（178 所）、邦加勿里洞岛（373 所）和西巴布亚（353 所）。

　　在公立学校中，学校数量排在前三位的省份 / 地区为亚齐（471 所）、南苏拉威西（257 所）、东努沙登加拉（229 所）。在私立学校中，学校数量排在前三位的省份 / 地区为东爪哇（18 103 所）、中爪哇（13 782 所）、西爪

[1] 这类学校是专门为在国外工作的政府工作人员的子女所开设的学校。

哇（8 570 所），这与学前教育学校总体的分布情况保持一致。

（二）教育目标与相关法律

1．教育目标

印尼的学前教育旨在通过公平的、系统性的、有计划的教育环境，最大化地激发 0—6 岁儿童多方面的潜能，主要包括身体、智力、情感、道德和宗教方面的综合能力。[1]

2．相关法律

表 4.3 呈现印尼法律中与学前教育相关的主要法律条款，这些法律条款对印尼学前教育的发展起到了规范和引领的作用。

表 4.3 印尼学前教育相关法律 [2]

法律名称及相关条款	具体内容
1945 年宪法 序言	实现独立的方法之一就是让民众接受教育。
1945 年宪法 第 28C 条修正案	每位婴幼儿都有权通过满足基本需求来完善自己，都有权享有接受教育的机会并从科学、技术、文化及艺术中受益，从而提高自身的生活质量和人类福祉。
2003 年印度尼西亚共和国国家教育法第 28 条	学前教育是基础教育之前进行的教育。
	学前教育的组织方式有：正式教育、非正式教育及校外教育。

[1] 资料来源于印尼学前教育局官网。

[2] 资料来源于印尼学前教育局官网。

（三）教学资源与教学活动

1．以学前教育的组织形式划分

（1）正规教育。在教学资源方面，截至2021年，世俗幼儿园共有3 563 383名学生，358 057名教师，全国共开设了244 750个班级，拥有238 646间教室。伊斯兰教幼儿园共有21 578名学生，2 136名教师，全国共开设了1 373个班级，拥有1 373间教室。[1]

在教学活动方面，第一，世俗幼儿园不强调宗教内容的教育，侧重培养幼儿的认知、社交、运动等能力。以印尼雅加达的创意幼儿园为例，该幼儿园的基础教学活动包括：体操和游泳等运动、戏剧表演、创新活动、木偶戏、动植物认知、唱歌跳舞和画画等。根据学生的年龄及学习能力，幼儿园内部分为A、B两个级别，除上述基础教学活动外，幼儿园A级增加了识字方面的教学活动；幼儿园B级则为了更好地实现幼小衔接，增加了与小学入学准备相关的教学活动。第二，伊斯兰教幼儿园注重孩子在伊斯兰教教义方面的培养与教育。伊斯兰教幼儿园也分了A级（4—5岁）和B级（5—6岁），B级和小学衔接。

（2）非正规教育。在教学资源方面，截至2021年，托儿所共有45 041名学生，7 951名教师，全国共开设了3 996个班级，拥有5 038间教室。游戏小组共有2 152 220名学生，234 751名教师，全国共开设了170 683个班级，拥有146 615间教室。同级机构共有595 549名学生，69 086名教师，全国共开设了46 709个班级，拥有39 090间教室。[2]

在教学活动方面，托儿所以泗水卡迪查哈潘德吉林托儿所为例，该托

---

[1] 数据来源于印尼教育与文化部官网。

[2] 数据来源于印尼教育与文化部官网。

儿所共有 15 名孩子，3—12 个月的有 5 人，1—2 岁的有 6 人，2—3 岁的人有 4 人。教学活动以超中心和圆圈时间的模式开展，每日教学活动主要包括：问候、圆圈时间、祷告、运动、游戏、午饭和回顾总结。针对不同年龄阶段的孩子，学校安排的教学活动也有所不同。和其他学校一样，所有的教学活动开始于早晨到校的问候。人到齐之后，教师会组织孩子们围成圈坐在一起，开始圆圈时间的活动。这个时候，1 岁以下的孩子可以在宿舍休息。其余孩子则会在教师的引导下一起唱歌、祈祷、阅读或朗读。结束了祷告之后，孩子们将会站起来宣誓遵守"潘查希拉"五项原则以及泗水卡迪查哈潘德吉林托儿所的校训。宣誓完成后是运动时间，运动项目包括体操和跑步。教师会引导 1—1.5 岁的孩子跟着音乐节拍做体操，然后组织孩子们跑步。运动结束后，孩子们稍作休息。接着回到圆圈时间的活动区域，教师通过故事书来教孩子们拿书和翻书的方式以及识字。然后进入孩子们的游戏时间，每天的游戏可能会有所不同，但是大多都是以小组合作的形式进行。游戏结束之后就是零食时间，教师会组织孩子们按照性别排队洗手准备吃东西。食物是由他们的父母准备的，该托儿所的大多孩子是自己动手，也有个别孩子是由家长喂饭。最后，教师会引导孩子们回顾总结当天所进行的活动，培养孩子们的良好习惯和性格，增强孩子们互帮互助、合作共赢的意识。

游戏小组以巴图汉帕尔县智慧游戏小组为例，该游戏小组的每日教学活动大概可分为相互问候、祷告、休息、上课准备、课上游戏、课后活动、祷告以及回顾总结。其中，休息时间会让孩子们有秩序地上厕所、喝水以准备更好地参与接下来的活动。上课准备包括孩子们一起准备课堂用具、教师组织孩子们围成圈坐在一起，共同讨论、确定当天的教学活动及其规则。课堂游戏主要是通过问答形式和玩具，促进孩子们的沟通、提高他们的表达能力和观察能力。课后活动主要是告知孩子们游戏结束，询问他们的感受并引导他们一起收拾玩具，然后通过引导他们唱歌跳舞来结束课堂游戏。由于印尼的公民都有自己的宗教信仰，所以大多学校的教学活动种都包含了祷告，特别是巴图汉帕尔县智慧游戏小组这种伊斯兰教学校。该游戏小组提供午饭，孩子一般在小组内吃完午饭，和教师行贴额礼 [1] 后方可回家。

其他同级机构的教学活动与托儿所和游戏小组相差无几，在此不过多赘述。

（3）校外教育。在教学资料方面，校外教育为自学教育，多由家庭、社区自行开展，因其形式多样、自由度极高，故相关数据难以统计，政府也没有给予相应拨款。

在教学活动方面，校外教育是家庭自行开展的教育，大多数父母会选择阅读育儿书籍后，以边玩边学的方式进行相关的教育活动。常见的校外教育活动内容包括：认识字母和学会发音；认识颜色、形状、身体部位；学会数数；涂鸦、玩橡皮泥、积木和拼图；制作贺卡；唱儿歌；读故事书；和邻居的孩子一起玩耍。在前3个教育活动中，校外教育者（一般为孩子的父母）大多会借用玩具来激励孩子学习；第4、5个教育活动旨在培养孩子的动手能力，开发孩子的智力；第6、7个教育活动旨在通过儿歌的歌词和故事内容来培养孩子分辨是非的能力，让其领悟其中的道义；第8个教育活动旨在培养孩子的社交能力，教育者希望孩子和同伴玩耍的过程中学会分享、学会感激、学会宽容等。

2．以办学经费来源及性质划分

在教学资源方面，截至2021年，印尼学前教育公立学校共有212 671

---

[1] 贴额礼是印尼晚辈见到长辈会进行的一种礼仪，晚辈先把长辈的手背贴在自己的额头上，双方松手后再将各自的右手放在左胸口上。

名学生，26 036 名教师，全国共开设了 15 910 个班级，拥有 14 076 间教室；印尼学前教育私立学校共有 3 350 712 名学生，643 809 名教师，全国共开设了 450 228 个班级，拥有 415 313 间教室。[1] 可见，相较于公立学校，印尼学前教育中私立学校的教学资源更为丰富，公立与私立学校的教学资源相差较大。

在教学活动方面，公立学校的教学活动需要遵守教育部的规定，而私立学校的教学活动比较灵活，由各个学校或者教师自行制定。

第二节 学前教育的特点和经验

一、学前教育的特点

（一）私立学校为主，公立学校为辅

印尼的学前教育以私立学校为主，并且其数量远远高于公立学校。学生数量和教职工数量也具有这一特征。表 4.4 呈现了 2018—2019 学年、2019—2020 学年、2020—2021 学年公立和私立学校数量及其学生和教职工的数量变化情况。由数据可知，在三个学年内，在学校数量方面，公立学校的数量持续增加，私立学校数量先增后减；公立学校和私立学校的学生数量变化与学校数量变化保持一致；在教职工数量方面，公立学校和私立学校教职工数量均持续增加。

---

[1] 数据来源于印尼教育与文化部官网。

表 4.4　2018—2021 年印尼公立和私立学校、学生、教职工数量 [1]

学年	2018—2019 学年			2019—2020 学年			2020—2021 学年		
指标	学校数量（所）	学生数量（人）	教职工数量（人）	学校数量（所）	学生数量（人）	教职工数量（人）	学校数量（所）	学生数量（人）	教职工数量（人）
公立学校	4 154	204 495	22 540	4 512	225 839	24 584	4 539	228 329	26 036
私立学校	196 913	5 964 507	633 670	198 479	6 317 919	642 094	182 672	6 117 864	643 809

（二）女性教职工多，男性教职工少

根据印尼教育与文化部的官方文件数据，2020—2021 学年，学前教育中，男性教职工仅有 36 571 名，占总教职工人数的 5.44%，而女性教职工有 636 159 名，占比高达 94.56%。由此可见，印尼学前教育的教职工以女性居多，男性教职工极少。2020—2021 年，幼儿园共有 358 057 名教职工，男性教职工 13 208 名（仅占 3.69%），女性教职工 344 849 名（占比高达 96.31%）。伊斯兰教幼儿园共有 2 885 名教职工，男性 155 名（仅占 5.37%），女性 2 730 名（占比高达 94.63%）。托儿所共有 7 951 名教职工，男性 333 名（仅占 4.19%），女性 7 618 名（占比高达 95.81%）。游戏小组共有 234 751 名教职工，男性 18 710 名（仅占 7.97%），女性 216 041 名（占比高达 92.03%）。同级机构共有 69 086 名教职工，男性 4 165 名（仅占 6.03%），女性 64 921 名（占比高达 93.97%），详见表 4.5。[2]

---

[1] 笔者根据印尼《学前教育统计数据（2020—2021 学年）》整理而成。

[2] 资料来源于印尼《学前教育统计数据（2020—2021 学年）》。

表 4.5 2020—2021 学年印尼各类学前教育机构的教职工性别情况

机构	世俗幼儿园		伊斯兰教幼儿园		托儿所		游戏小组		同级机构		总体情况	
人数和占比	人数	占比	人数	占比	人数	占比	人数	占比	人数	占比	人数	占比
男性	13 208	3.69%	155	5.37%	333	4.19%	18 710	7.97%	4 165	6.03%	36 571	5.44%
女性	344 849	96.31%	2 730	94.63%	7 618	95.81%	216 041	92.03%	64 921	93.97%	636 159	94.56%
总数	358 057		2 885		7 951		234 751		69 086		672 730	

（三）学生男女比例基本持平

根据印尼教育与文化部的官方文件数据，2020—2021 学年印尼学前教育的学生男女平均比例为 1.04，基本持平。具体来看，幼儿园共有 3 563 383 名学生，其中男性 1 827 236 名，女性 1 736 147 名，男女比例为 1.05：1。伊斯兰教幼儿园共有 21 578 名学生，其中男性 11 014 名，女性 10 564 名，男女比例为 1.04：1。托儿所共有 45 041 名学生，其中男性 23 822 名，女性 21 219 名，男女比例为 1.12：1。游戏小组共有 2 152 220 名学生，其中男性 1 093 954 名，女性 1 058 266 名，男女比例为 1.03：1。同级机构共有 585 549 名学生，其中男性 296 088 名，女性 289 461 名，男女比例为 1.02：1，详见表 4.6。[1]

表 4.6 2020—2021 年印尼各类学前教育机构学生的性别情况（人）

机构	世俗幼儿园	伊斯兰幼儿园	托儿所	游戏小组	同级机构	总体情况
男性	1 827 236	11 014	23 822	1 093 954	296 088	3 252 114

---

[1] 资料来源于印尼《学前教育统计数据（2020—2021 学年）》。

续表

机构	世俗幼儿园	伊斯兰幼儿园	托儿所	游戏小组	同级机构	总体情况
女性	1 736 147	10 564	21 219	1 058 266	289 461	3 115 657
男女比例	1.05：1	1.04：1	1.12：1	1.03：1	1.02：1	1.04：1
总数	3 563 383	21 578	45 041	2 152 220	585 549	6 367 771

（四）强调学前教育机构标准化建设

根据教育法的规定，学前教育机构需要满足国家教育法的 8 条标准，即内容标准、过程标准、毕业标准、教职工标准、设施标准、管理标准、学费标准和教学评估标准。2007 年，《国家教育部长法令》明确了教师学历和能力标准，即学前教育教师人员必须拥有学前教育或心理学方向的应用型学士学位或本科生学历。2012 年，印尼教育部进一步规定，要求每一位学前教育教师人员必须持有教师资格证。在幼儿园中，学历不符合上述要求的教职工只能作为教师的助手。对幼儿园教职工的高要求，体现了印尼政府对幼儿园的高度重视，一定程度上促进了幼儿园的发展。[1]

（五）注重三语学校的发展

印尼三语学校是 21 世纪印尼华人创办的新型华文学校，所谓三语，指印尼语、华语和英语。苏哈托统治时期，政府强力普及印尼语，在教育领域限制外语教学。印尼华语教学因此中断了 32 年，以华语作为第一语言的人口已十分稀少，进行华人民族语言文化教育的华文学校已经消失，华语教学转变为第二语言教学。

---

[1] MASGANTI S. Sejarah perkembangan raudhatul athfal di indonesia[J]. Pendidikan Prasekolah, 2010(4): 1-8.

88

1998 年印尼对华语的限制政策解禁后，各地华人纷纷开办华语补习班，印尼教育界也意识到外语教学的重要性，并在很多幼儿园增设外语课程，以英语课程为主。印尼改革时期出现了很多带有"国际"二字的学校，开始使用双语（印尼语、英语）进行教学，并使用双语教材。此外，很多外国政府与印尼合作开办外国使领馆人员子女学校，这些学校后来也招收印尼籍学生，教授合作国家的语言、印尼语和英语。

2003 年，在印尼召开的第二届印尼华文教育研讨会上，印尼华文教育领袖在多年华人开办补习班的经验基础上达成共识：印尼华人应抓住机遇，兴办融入国民教育体系且教授印尼文、华文和英文的国民学校。此后，印尼三语学校协会以书面形式在公开文件中确定了符合印尼国情最好的办学模式，即以印尼国民教育课程为基础，增设以华人民族教育为目的的华文课程，并加入英语课程。

三语学校多数由华人社团以基金会的形式创办，属于私立学校。目前三语学校遍布各地，主要集中在爪哇岛。根据《印尼三语学校华语教学现状调查与分析》，三语学校幼儿园的华语课程平均为 4 课时，其他课程如美术、手工及课外活动等多以华语为主要教学语言。起初，印尼三语学校的华语课程无标准、无大纲，但有明确的教学目标。2012 年 3 月，印尼三语学校协会举办第四次工作会议，确定将中国国家汉办颁布的 YCT 和新 HSK 考试大纲作为印尼三语学校参考的教学大纲。[1]

---

[1] 卓宥佑，梁宇. 印尼三语学校华语教学现状调查与分析 [J]. 国际汉语教育（中英文），2019，4（2）：30-40.

二、学前教育的经验

（一）积极吸取他国经验

1960—1963 年，印尼政府派遣部分人员前往澳大利亚、美国和新西兰等国家深造，以期加快印尼学前教育现代化进程。后来，印尼政府又与很多外国政府合作开办外国使领馆人员子女学校。迄今为止，印尼教育与文化部仍然继续扩展和其他国家在学前教育领域的合作，旨在吸取他国经验，促进印尼学前教育的快速发展。例如，印尼教育与文化部和法国教育部于2020—2022 年在学前教育领域开展合作，设立了共同合作小组。

（二）多类学校开展多种形式的教学活动

印尼通过多渠道开展学前教育的教学活动，充分调动全社会适龄儿童的学习积极性，提高了印尼学前教育的普及范围，促进了印尼学前教育的发展。如正规教育中存在明显的分类教育，包括世俗幼儿园和伊斯兰教幼儿园；非正规教育包括游戏小组、托儿所，在教堂、清真寺等地开展的教育也是非正规教育的一种；校外教育包含家庭教育和环境教育，家长通过阅读相关的育儿书籍，根据孩子的发展情况自行教育。

（三）不断推进教学改革

为更好地培养学前教育儿童，印尼政府不断地推进教学改革。1964 年，印尼学前教育的第一版课程大纲诞生。1968 年，印尼政府与联合国儿童基金会合作，共同推出了新课程大纲。1970 年，印尼政府和印尼幼儿园管理组织团体、印尼幼儿园教师协会以及印尼教师教育部合作，于 1976 年引入了新课程大纲。此次课程大纲推出了"潘查希拉"精神的道德教育、体育与健康以及语言教育等方面的课程内容。1984 年，印尼政府在 1976 年的课程大纲基础上进行了完善。与 1976 年不同的是，1984 年的课程大纲强调学前教育学生的个体发展。为帮助学生适应环境，更好地投入学习。1994 年推出了新课程大纲，强调学前教育的学习方式要以游戏来展开。2004 年，印尼政府再次推出了新的课程大纲，与 1994 年不同的是，2004 年的课程大纲确定了学前教育的上学周期为学期，不再如之前按月份计算课时。同时，2004 年的课程大纲强调学生在课堂中的积极性。至今，印尼政府仍在不断完善学前教育的课程大纲，以更好地培养、教育学前儿童。[1]

第三节 学前教育的挑战和对策

一、学前教育的挑战

（一）学校数量区域分布不均

截至 2021 年，印尼爪哇岛的学前教育学校数量较多。其中东爪哇省幼儿园和托儿所数量居爪哇岛之首，数量分别高达 18 270 所和 530 所；东爪哇省则占领伊斯兰教幼儿园和游戏小组数量排名榜首，数量分别高达 7 450 所和 13 960 所；同级机构数量最多的省份则是西爪哇省，高达 6 126 所。上述不同类型的学校数量峰值均出现在爪哇岛，而其他岛屿的学校数量明显较少，其中幼儿园数量低至 178 所，伊斯兰教幼儿园数量低至 26 所，托儿

---

[1] 资料来源于印尼国家教育部课程研究和发展中心官网。

所数量低至 1 所，游戏小组数量低至 227 个，同级机构数量低至 10 个。据统计，马鲁古省托儿所共有 48 名学生，而全省只有 1 所幼儿园，可见非爪哇岛地区的学前教育发展较为缓慢。[1]

（二）优质学校比例小

根据印尼教育与文化部官方文件显示，2020—2021 学年在参与评级的 48 237 所幼儿园中，认证级别 A[2] 的仅有 7 527 所，占比 17.14%。在参与评级的 2 258 所托儿所中，认证级别 A 的仅有 344 所，占比 17.15%。在参与评级的 13 265 所游戏小组中，认证级别 A 的仅有 952 所，占比 7.18%。在参与评级的 2 465 所同级机构中，认证级别 A 的仅有 101 所，占比 4.10%。同时，其中大部分 A 类学校位于爪哇岛。[3]

（三）学前教育机构间教师学历差距较大

印尼学前教育中，受过高等教育的教育工作者大多集中在正规教育的幼儿园中，而其他教育机构中的大多教育工作者受教育程度较低。2020—2021 学年，印尼正规教育幼儿园教师学历水平相对较高，非本科学历的教育工作者数量达 110 241 人，占比 35.02%；本科及以上学历的教育工作者数量达 247 816，占比高达 69.80%。[4] 非正规教育中，只有游戏小组教师学历稍高，其他教育机构拥有学历的教师较少。其中，大部分高学历教育工作者分布于爪哇岛的各个学校，非爪哇岛地区的教育工作者多为非本科学历，详见表 4.7。

---

[1] 数据来源于印尼教育与文化部发布的《学前教育统计数据（2020—2021 学年）》。

[2] 印尼教育与文化部将从 8 个方面对各个学校进行评级，分别是学生表现、学校课程、教学计划和家长参与度、教师教学水平、学校设施、学校管理制度、学校预算和财务状况以及学生成长报告。

[3] 数据来源于印尼教育与文化部发布的《学前教育统计数据（2020—2021 学年）》。

[4] 数据来源于印尼教育与文化部发布的《学前教育统计数据（2020—2021 学年）》。

表 4.7 2020—2021 学年印尼学前教育各类机构教育工作者教育背景情况 [1]

学历	幼儿园		托儿所		游戏小组		同级机构		总数
	人数	占比	人数	占比	人数	占比	人数	占比	人数
非本科	110 241	35.02%	5 416	1.72%	148 320	47.11%	50 842	16.15%	314 819
本科及以上	247 816	69.80%	2 535	0.71%	86 431	24.34%	18 244	5.14%	355 026
总数	358 057	53.45%	7 951	1.19%	234 751	35.05%	69 086	10.31%	669 845

（四）学校教室质量有待提升

2020—2021 学年的统计数据表明，在教室数量方面，幼儿园的教室数量最多，占比高达 55.58%。在质量方面，在各类学校中，教室环境最好的是托儿所，环境良好的教室数量有 2 894 间，占其总教室数量的 57.44%。游戏小组轻度损坏的教室占比最高，达 50.03%。除去 6 043 间教室状态未知以外，幼儿园还有 3 间中度损坏的教室（见表 4.8）。这 3 间教室，2 间位于马鲁古省，1 所位于西努沙登加拉省，均为非爪哇岛的省份。轻度和中度损坏的教室仍然在使用。

表 4.8 印尼学前教育各类机构的教室数量及其状态 [2]

类型	幼儿园		托儿所		游戏小组		同级机构		总数	
间数和占比	间数	占比	间数	占比	间数	占比	间数	占比	间数	占比
良好	116 833	48.96%	2 894	57.44%	70 987	48.42%	20 013	51.20%	210 727	49.08%
轻度损坏	118 648	49.72%	2 080	41.29%	73 346	50.03%	18 542	47.43%	212 616	49.52%

---

[1] 笔者根据印尼《学前教育统计数据（2020—2021 学年）》整理而成。

[2] 笔者根据印尼《学前教育统计数据（2020—2021 学年）》整理而成。

续表

类型	幼儿园		托儿所		游戏小组		同级机构		总数	
间数和占比	间数	占比	间数	占比	间数	占比	间数	占比	间数	占比
中度损坏	3	0.001%	—	—	—	—	—	—	3	0.001%
重度损坏	—	—	—	—	—	—	—	—	—	—
全部损坏	—	—	—	—	—	—	—	—	—	—
未知	3 162	1.32%	64	1.27%	2 282	1.56%	535	1.37%	6 043	1.41%
总数	238 646	55.58%	5 038	1.17%	146 615	34.15%	39 090	9.10%	429 389	100%

二、学前教育的对策

（一）强化国家宏观政策支持

1. 关注偏远地区学前教育的发展

印尼学前教育学校、学生及教职工数量存在着明显的地域差异，爪哇岛的各项指标远远高于非爪哇岛地区，发展极不平衡。印尼政府应进一步通过专项资金投入，为偏远地区的学校完善基础设施。另外，政府可通过住房补贴、较高薪资等政策，为非爪哇岛地区的学校吸引优秀的教师，并保障其基本的生活。同时，印尼教育与文化部可以设立专项培养方案，定向培养当地学生，为其毕业后回到家乡教书做准备。

2. 加速发展基础电信设施

新冠肺炎疫情的暴发引起了政府对线上教育、数字经济的重视。目前印尼基础电信设施亟待提高，例如新冠肺炎疫情期间，远程教学很大程度上受到了这一因素的制约。为适应后疫情时代的教育变革，印尼大力投资发展电信基础设施，提供更方便、更快速、更稳定的移动网络服务。与此同时，电信基础设施地发展一定程度上可以促进数字经济生态系统的发展，印尼也可以借此紧跟数字经济时代的脚步。

3. 宣传学前教育的重要性

2020年，印尼学前教育的毛入学率仅达37.52%。为提高该指标，印尼政府通过加强宣传推广学前教育的重要性，强调学前教育对孩子发育成长的重要性。第一，政府制作宣传片，作为公益广告在电视上播放，起到广泛宣传的效果。第二，政府派遣相关的教育专家或者教师，前往各个村落，开展相关的讲座、发放相关的手册，并为全程参与讲座的家长提供福利，如儿童的阅读书籍、促进智力开发的小玩具等。同时，政府在各地成立相关宣传组织，各个地方选举3—5名主要负责人，负责落实、监督、汇报宣传情况，宣传小组推广的过程也可以关注、倾听地方人民的意见和建议，并及时汇总上报。政府定期开展全体宣传小组的会议，总结成果、分享经验和明确方针。会议后，各个宣传小组也应该及时地向提出意见和建议的群体反馈政府的具体措施。

（二）改善学校教学资源

1. 定期检查、更换老旧的桌椅等教学资源

根据印尼教育与文化部的官方数据文件，部分损坏的教室仍然在使用，各个学校乃至印尼教育与文化部应尽快完善学前教育的基础设施。各个学

校应该合理分配政府给予的资金，定期检查教室、桌椅、游乐设施等基础教学设施，并及时修补损坏的教室、更换老旧的桌椅和游乐设施等。同时，教师作为教育过程中的主要参与者，在积极活跃课堂氛围的同时，应该仔细观察授课环境，若出现个别教学设施损坏的情况，应及时向学校反应并积极跟进完善的情况，避免学生因此受伤。

2．不断提高教师教学能力

在学前教育中，非本科生的教育工作者占总教职工人数的47.00%。这说明印尼学前教育的师资力量仍然有很大的进步空间，各教育工作者应该积极自主学习学前教育相关的专业知识，大量阅读相关育儿书籍，认真严谨地做好课前准备，积极活跃地投入教学。此外，各个学前教育机构的负责人积极举办教师研讨会或者幼儿教师联谊会，教学年龄较长的教师可以分享宝贵的教学经验，年轻教师可以提出教学中的疑惑或困难。通过上述活动，学前教育工作者可以定期进行教学反思并改进。

（三）促进家校共育及社会参与

1．家校合作共同育人

实现优质教育离不开家长和学校老师的良好沟通、协调与配合。事实上，印尼家长在远程教学中参与度不高，而学前教育的学生由于年龄还小，家长的陪伴则显得更为重要。同时，家长的态度在一定程度上影响着孩子对学习的兴趣。

为改变这种现状，教师和家长之间应建立起沟通协作机制。教师课前告知家长下节课的教学内容，发送相关材料，指导他们如何陪伴、引导孩子进入课堂内容。课堂开展的过程中，家长作为主要引导人，教师评估课堂、记录孩子的在校成长。课后，教师将针对家长所反馈的学生表现来针对性给予评价和建议，从而进一步提高课堂质量。[1]

2．社会各界广泛助力

印尼学前教育的雏形来自民间组织，民间组织在印尼学前教育发展过程中扮演着重要角色。学前教育深受民间组织的影响，在学前教育发展的过程中，相关民间组织关心印尼儿童发展情况并给予支持，为儿童健康发展做好保障。例如，为贫困家庭送去书籍和有助于智力开发的玩具等，关爱学前儿童的发展。此外，非政府方面的群体也应出资支持学前教育的建设发展，其中包括社区、宗教协会和企业家等。

---

[1] IRWANTO M S H. Implementasi kolaborasi orang tua dan guru dalam pelaksanaan pembelajaran daring pada paud[J]. Journal of Islamic education at elementary school, 2020, (1): 26-33.

第五章 基础教育

    基础教育是造就人才和提高国民素质的奠基工程，对提高人民综合素质、促进人的全面发展，起着至关重要的作用。印度尼西亚的基础教育包括小学、初中和高中三个学段，其中小学学制为6年，初中学制为3年，高中[1]学制一般为3年。每个学段可分为世俗教育学校和宗教教育学校两类，分别由教育与文化部和宗教事务部进行管理。根据学校办学经费来源的不同，各学段均设有公立学校和私立学校。

---

[1] 印尼高中可划分为普通高中、宗教高中、职业高中和宗教职业高中四类。职业高中和宗教职业高中相关内容归整至第七章职业教育部分呈现，本章不再详细展开。

第一节 基础教育的发展和现状

一、基础教育的发展

（一）基础教育各学段学校的创立与发展

1．小学阶段

小学阶段的学校最初在印尼被称为人民学校，后更名为小学。在荷兰殖民时期，欧洲小学是给欧洲人建的学校，荷兰人—华人学校是给荷兰人和华人建的学校。在日本殖民时期，为人们熟知的是 6 年制人民学校，后来这类学校被取消，取而代之的是小学。为了更好地执行 6 年义务教育政策，政府兴建了很多新小学教学楼。1950—1959 年，政府也同时在印尼的很多地区建立人民学校。荷兰殖民时期的学校改建成国立学校。

1960—1965 年，政府财政困难，人民学校的建立受到很大阻碍。1967—1997 年，小学建设数量发展非常快，为了解决偏远地区适龄儿童受教育问题，1973 年政府为了解决偏远地区的教育问题而创建了巴蒙小学（SD Pamong）。政府派一定数量的教师到巴蒙小学上课，每位教师每周固定到校数天，所教授的课程贯穿各年级，教师们在一周之内轮流到校，以确保偏远地区的学龄孩子也能享有教育。除了巴蒙小学，政府也建立规模较小的小学，这种小学主要是针对学生数较少的地方，教师通常要从一年级教到六年级。

2．初中阶段

印尼初中在不同殖民时期经历了数次更名。在荷兰殖民时期，初中主要以高级小学和荷兰中学命名。日本殖民时期，以初中命名。印尼独立后，这类学校更名为初级中等学校。2003 年，初级中等学校被更名为世俗初中，与其处于同一层次的宗教学校称为初级伊斯兰寄宿制学校，即教会初中。

3．高中阶段

印尼高中的类型较多。荷兰殖民时期，主要有大学预科、高中教育等。在日本军队占领时期，有普通中学等。印尼独立时期，荷兰殖民者建立区别学生出身的各类学校被取消，由面向所有印尼民众的高中取代。2003 年后，普通中等教育主要指普通高中。

（二）基础教育法律制度的确立与完善

1．相关法律发展脉络

印尼独立后，宪法确立每个公民平等享有受教育权，这标志着印尼民主政治与教育公平迈出关键一步。荷兰殖民时期，接受教育是贵族、富人、外国人等特殊群体的特权。印尼的教育民主并非一句政治口号，而是政府密切关注的重要领域。政府出台的各种法律、法规或部门规章，都蕴含了教育平等的理念。政府对各种法律政策的修订和完善，也无不彰显着政府为公民提供平等受教育权的态度和决心。

1945 年印尼建国宪法作为国家根本法律，对公民平等享有受教育权进行了明确规定。每一个年满 7 岁的社会公民，无论其社会阶级、家庭经济状况如何，都享有接受小学教育的权力。1946 年，印尼政府提供面向全民的教育政策以法定形式体现在各项教育基本原则之中。在政府所确立的教育基本原则中，明确规定"每个人都具有相同的尊严与价值，社会中的每位成员都应互相尊重，彼此建立在平等的基础之上，拥有自我尊严。因为每个人都是平等的，因此教育也应为所有人享有。政府坚信通过教育，国家将拥有勤奋上进、履行义务、思想行为诚信的公民"[1]。1950 年印尼第一部关于教育的法律被称为《教育和学校教学基础法》，独立精神和对公民权利平等的尊重在这部法里体现得淋漓尽致。这部法律明确提出"潘查希拉"和建国宪法是教育的基础，确立人民学校 [2] 教育为义务教育。通过这部法律，政府坚持必须给予每一位社会成员平等的受教育机会。1950 年法律的第 10 条第 1 款规定，年满 6 岁的孩子拥有上学的权力，年满 8 岁的孩子具有上学的义务。义务教育的时长为 6 年，这是印尼首次实施义务教育。1989 年，印尼政府在全国推行新的教育法律制度。新的教育法明确扩大了该法在全国的适用范围，所以这部法律又被称为印度尼西亚共和国全国教育体系法。2003 年，印尼政府颁布了修订后的全国教育体系法。

2．教学目标及内容的确立

自从印度尼西亚合众国 [3] 解体，印度尼西亚民族在 1950 年恢复了共和制的统一体。1950 年出台的印尼教育法适用于印尼各个区域，但在 1950 年 4 号法律的起草过程中，很多尖锐的辩论围绕教育教学的目标进行，即如何培养有道德、有民主意识的公民，如何确立宗教教育的地位，以及是否把地方语言作为课堂用语。关于宗教教育的问题，辩论裁判团主席最后认定学校开设宗教课，但是家长有权决定孩子是否参加某一宗教课。

1954 年教育法对 1950 年教育法进行了修订和完善，印尼政府仍然承认 1950 年教育法中的各项教育政策，包括教育民主化，所有年满 8 岁公民享有

[1] 资料来源于印尼监管数据库官网。

[2] 印度尼西亚称呼小学为 Sekolah Dasar，简称 SD。

[3] 印度尼西亚合众国是在荷兰殖民者于 1949 年 12 月 27 日正式交接主权后建立的以日惹为国都的政体。印度尼西亚合众国于 1950 年 8 月 17 日正式变更回印度尼西亚共和国。

6年义务教育，宗教教育属非义务教育，以及小学一至三年级学生可以在课堂上使用当地语言学习。

印尼民族进入新秩序时期后，人民协商委员会成为立法机构，制定了很多关乎未来国家建设和人民生活的法律法规，其中也包括教育领域的规章制度，但1954年教育法仍然是印尼教育发展的基本法律。人民协商委员会的决议修改了几条与教育相关的条款，尤其是与教育目标相关的条款。1966年，人民协商委员会出台决议，提出教学目标和内容应立足于以下三个方面：第一，教育应推崇精神道德；第二，推崇智力和技能的发展；第三，培养学生强健的体魄。这一时期教育的主要目标为培养具有永久"潘查希拉"精神、拥有崇高道德水准和宗教信仰的公民。

3．教育基本制度的确立

（1）基础教育学制延长至9年。1989年《国家教育体系法》扭转了义务教育一直以来被认为是政府提供教育设施的义务而非父母让孩子上学的义务这一传统观念。为了落实这一政策，政府在全国各地兴建了很多新的小学教学楼，培养了很多教师，并且给小学提供运行经费。6年基础教育制度的实施取得了显著成效。而后，政府规定基础教育学制延长至9年，这是印尼基础教育的重要进步。可惜的是，因政府没有足够的经济能力提供教育设施，这一具有前瞻性的教育政策未能完全付诸实施。

（2）校外教育成为补充渠道。为弥补政府难以提供9年制基础教育的不足，政府允许社会在校外开辟与学校教育相当的其他教育渠道，这一教育渠道最初称为学校教育。伴随不断发展，校外教育随后获得了一定的地位，并在1989年教育法中被认可和规范。

（3）巩固男女同校制度。印尼男女同校制度由来已久，这一制度虽是荷兰殖民时期教育的延续，但也体现了印尼较为先进的全民教育思想。因为在很多国家，男女同校的教育制度到 20 世纪 60 年代才较为普遍。尽管如此，印尼过去男女学生分校的保守观念仍然留下了痕迹，如男生高中和女生高中在印尼国内的很多地方仍然常见。

4．教育财政制度的确立

印尼基础教育经费由中央政府、地方政府和社会共同承担。来自政府的教育经费主要包括物资采购和收入预算，来自社会的教育经费包括教育捐款、赠予以及为宗教公益事业做出的捐助、借贷、对教育的减税免税等。印尼宪法规定：印尼的每一个公民都有参加基础教育的义务，政府有义务提供教育经费支持；印尼政府应优先安排教育预算，中央政府的采购和收入预算，以及地方政府的采购都必须保障国家教育组织实施的需要；免费基础教育经费来自中央和地方政府采购预算收入的 20%，中央和地方政府共同合作来组织实施印尼国民的基础教育。

（三）基础教育课程体系的设置与发展

1．基础教育课程体系的发展

基础教育课程体系主要经历了以下三个阶段：国家主导课程设置重组整合期（1975—1983 年）、国家主导课程设置变化期（1984—1993 年）、地方受权课程设置独立探索期（1994 年至今）。

（1）国家主导课程设置重组整合期（1975—1983 年）。1975 年，印尼政府根据一体化法设计出新的课程设置体系，该方法主要是将原有分设的相关教学科目加以整合，形成新科目。例如，生物、物理和化学重新整合后形成自然科学知识；历史、地理、经济、社会和政治重新组织成为社会科学知识，几何、测量、算术等则整合到数学科目里。值得一提的是，1975年课程设置体系提出了一个新的教育名词，即"学生主动学习法"。这个新方法提倡把受教育者放在一个主动学习者的位置，受教育者主动寻找、探索和交流学习成果。遗憾的是，由于该方法没有系统的实施方案、缺少实施经费，并未得到有效执行。

（2）国家主导课程设置变化期（1984—1993年）。1984年的课程体系设置与1975年课程体系在高中内容上有很大不同。高中课程采用基础课程体系发展法，实行分科教学，历史、地理、经济、政治、社会、化学、物理、生物科目都包含进了课程体系里，每一门学科的内容都是单独授课，这种教学方法有助于为学生到大学深造做准备。

（3）地方受权课程设置独立探索期（1994年至今）。1994年以前，印尼基础教育实施国家层面的集权化管理，由政府主导基础教育的课程设置与发展，但学生的学习效果不佳。1994年后国家进行课程设置权力下放的管理变革，大部分权力直接交由市、行政区一级的教育部门，国家教育部门仅保留标准制定和质量监管的相关权力。[1]

1994年，政府正式推出了新的课程设置方案。1994年课程体系是对1984年版课程体系的修订，两者在本质上没有区别，在学科教学上，教育倾向把课程体系方案作为知识传递的工具。此外，1994年课程体系与之前课程体系一样，无论在设计上还是执行上都存在相同的问题，过去的经验和错误教训并没有被有效汲取。1994年课程体系是全国课程体系最后一次由中央政府制定，在全国范围内实行，该体系的结束也标志着国家教育部门在课程体系设置层面的主导地位的终结。10年后，政府规划制定新的课程设置体系，起初命名为"因材施教课程体系"，为与课程体系命名传统一致，后更名为2004年课程体系。2004年课程体系在推行之前，印尼教育行

---

[1] 田海丁. 美国对东南亚国家教育援助观察——以印度尼西亚为例 [J]. 管理观察，2018（6）：84-86.

政管理体制出现了新的重大变化，教育不再只由中央政府主导。中央逐渐放权，各地政府被给予更多的办学自治权。

2．基础教育课程体系设置

课程体系是教育教学过程的基石。印尼的基础教育课程体系设置，在发展目标上，追求人文主义取向。

（1）人文主义取向。"课程"这一提法在印尼独立初期并不为人们所熟知，那时人们使用"科目"和"教学计划"这两个术语。1946 年，时任教育部部长苏万迪在一份决议中最早使用了课程设置的表述，该决议后来写入1951 年教育委员会 2 号文件，成为印尼教育的基本指南，即教学必须包含以下 10 项原则：① 对神的虔诚；② 对自然的热爱；③ 对祖国的热爱；④ 对父母的尊敬和爱戴；⑤ 对民族和文化的热爱；⑥ 有利用自己天赋和个人力量建设国家的权力和使命；⑦ 坚信个人是家庭和社会不可分离的一分子；⑧ 坚信一个生活在社会中的人必须要服从于社会纪律；⑨ 坚信人从本质上都是一样的，必须相互尊重；⑩ 坚信国家需要勤奋、有使命感、行为和思想诚信的公民。在 20 世纪末至 21 世纪初期，受政治社会因素影响，许多教育基本准则几乎被遗忘，但这个指南成为印尼教育的基石，时至今日仍然受到人们的推崇并不断发展。

（2）教学科目。在 1947 年印尼政府制定的教学计划中，小学的教学计划包含了 16 门教学科目，主要包括历史、艺术和语言等。印尼独立后，人们认识到建立民族认同感的重要性，这使得历史教育被提高到了一个重要地位。随后，在小学的授课科目里设置了历史教育，初中也设有印尼历史和世界历史科目。1984 年，新的印尼民族奋斗史首次被正式设置为学校课程中的必修科目。这种全国统一的课程设置方案在 2004 年之后的课程体系里被取消。1994 年课程体系即为最后一次由印尼教育部统一制定的课程设置方案。此后各地在教育领域都有更多的设置课程科目的自主权。

二、基础教育的现状

（一）基础教育入学情况

从各教育阶段的入学数据来看，2020—2021 学年，在校中小学生共有 45 210 000 人。其中，印尼小学学生人数为 24 840 000 人，占中小学总人数的 54.94%，初中人数达到 10 090 000 人，普通高中人数 5 010 000 人。[1] 小学教育阶段的受教育者主要为 7—12 岁的儿童。学生家庭经济情况是影响印尼基础教育入学率的重要原因。2004 年，13—15 岁的适龄儿童入学率最高仅为 74.25%。普通初中和宗教初中的入学率于 2001 年达到 76.14%，2002 年与 2001 年相比上升至 77.06%，此后 2003 年下降至 74.09%，2004 年回升到 74.25%。[2] 可见，印尼在努力提升初中入学率方面取得了一些成功，但与小学入学率相比仍然较低。普通高中、宗教高中的入学率也同样取得了很好的成绩。1992 年，高中入学率只有 36%，2000 年入学率达到了 40%，2004 年入学率达到了 49.85%，且这个数据持续提高。

（二）基础教育学校硬件设施情况

1. 基础教育学校数量

在基础教育学段中，各学段的学校数量不断增长。其中，小学数量最

---

[1] 资料来源于印尼国家数据中心。
[2] 资料来源于印尼教育部研究发展局教育数据中心官网。

多，高中数量最少；初中的学校数量增长率最高，小学的学校数量增长率最低。印尼基础教育 2018—2019 学年和 2019—2020 学年学校数量变化情况见表 5.1。

表 5.1 2018—2019 学年和 2019—2020 学年印尼
基础教育学校数量变化情况[1]

基础教育阶段	学校数量（所）		学校数量增长率（%）	
	2018—2019 学年	2019—2020 学年	2018—2019 学年	2019—2020 学年
小学	148 673	149 435	0.29	0.51
初中	39 637	40 559	1.74	2.33
高中	13 692	13 939	1.46	1.80

印尼政府在基础教育新生录取方面采取分区政策。这个政策成为加速推动教育服务公平化和教育质量的重要战略之一，印尼政府正推动扩大此政策的实施以满足教育设施的需求、师资力量的建设和配置、学生事务管理，分区体系在促进地方政府关注教育方面表现出很多优越性。

随着分区入学政策的实施，学校优先招收本区域内的学生，这就要求政府通过不断开办地方学校的方式接纳学生。但由于人口剧烈增长、学生上学意愿持续增强，政府难以提供足够多的学校满足受教育者的实际需求。为解决这一现实困境，私立学校成为基础教育阶段的重要补充。

表 5.2 显示了 2019—2020 学年印尼公立和私立学校在基础教育各学段中的占比，小学阶段以公立学校为主，公立学校占比 88.25%；初中阶段公立学校略多于私立学校，公立学校占比 58.17%；高中阶段公立学校与私立学校几乎持平，两者占比分别为 49.34% 和 50.66%。

---

[1] 数据来源于印尼教育与文化部官网。

表 5.2 2019—2020 学年印尼公立学校与私立学校在基础教育各学段的占比 [1]

学段	公立学校	私立学校
小学	88.25%	11.75%
初中	58.17%	41.83%
高中	49.34%	50.66%

2．基础教育教室数量与质量

教室是学生学习的场所，充足的教室数量是保障学生学习的必要条件。印尼 2017 年 17 号教育部文件规定，小学阶段一个班应容纳 20—28 个学生，初中至少每班 20—32 人，高中每班 20—36 人。表 5.3 呈现了 2019—2020 学年印尼基础教育各学段的学生总数、班级总数、教室数量、班级平均学生数。数据表明，小学阶段还有班级处于没有教室，必须与其他班级分享教室的状态。这种状况是由于学生人数增多而班级数量未能及时增加所导致的。初中与高中阶段基本不存在这个问题。

表 5.3 2019—2020 学年印尼各教育阶段学生人数、班级和教室情况 [2]

教育阶段	学生总数（人）	班级总数（个）	教室数量（间）	班级平均学生数（人）
小学	25 203 371	1 121 739	1 112 993	22
初中	10 112 022	347 047	387 606	29
高中	4 976 127	159 177	177 323	31

---

[1] 数据来源于印尼教育与文化部官网。

[2] 数据来源于印尼教育与文化部官网。

学校建筑是教与学过程中的重要外部环境，投入使用的教室应满足学生的安全和舒适标准。印尼正遭受着学校教学楼老化、教室损坏的严峻问题。2019—2020 学年的教育与文化部数据显示（见表 5.4），各基础教育学段都有超过 70% 的教室存在不同程度的损坏。在小学和初中阶段，教室损坏率甚至达到了 80% 以上。教育设施损坏主要与设计不佳、建筑老化、自然灾害等因素有关。为了提醒各地注意教育设施质量的问题，政府大力宣扬修缮教学设施，但是这些措施还不足以解决教室损坏的问题。总体来说，私立学校的教室质量高于公立学校。

表 5.4 2018—2020 年印尼基础教育阶段教育设施损坏程度（%）[1]

教育阶段	2018—2019 学年			2019—2020 学年		
	完好无损	轻度或中度受损	严重损坏	完好无损	轻度或中度受损	严重损坏
小学	27.40	63.91	8.69	13.59	78.79	7.63
初中	31.28	61.32	7.40	17.13	77.53	5.35
高中	44.53	51.36	4.12	27.10	70.20	2.70

3. 基础教育中的图书馆建设

图书馆是学校最重要的教学硬件设施之一，建设足够数量且符合标准的学校图书馆受到印尼相关部门的重视。表 5.5 的数据表明，2019—2020 学年，基础教育学校的图书馆数量与以往相比得到了很大提高，且随着学校数量的增加而增加。这与政府在 2014 年颁布的法令有关，该法令要求每一

---

[1] 数据来源于印尼教育与文化部官网。

所学校都有义务建立图书馆。尽管政府已经有所要求，但是仍然有学校没有图书馆。

表 5.5 2016—2020 年印尼公立学校各教育阶段的图书馆数量（个）[1]

教育阶段	2016—2017 学年	2017—2018 学年	2018—2019 学年	2019—2020 学年
小学	81 714	94 550	87 968	96 466
初中	18 510	19 293	20 004	21 898
高中	5 626	6 118	6 445	6 980

　　表 5.6 揭示了基础教育各学段公立、私立学校图书馆的建设情况，总体来说，基础教育各阶段的公立和私立学校，除了公立高中图书馆数量比例高于 100%，其余拥有图书馆的学校比例大多尚未达到 100%。从学段上看，学校建有图书馆总体比例最高的是高中，其次是初中，比例最低的是小学。从学校性质上看，与私立学校相比，公立学校的小学、初中、高中校建图书馆的数量更高。这表明，小学阶段的学校图书馆建设覆盖率有待加强，私立学校也应进一步完善图书馆设施。

表 5.6 2019—2020 学年印尼基础教育阶段公立、私立学校图书馆数量和比例 [2]

教育阶段	公立学校		私立学校	
	数量（个）	比例（%）	数量（个）	比例（%）
小学	96 466	73.15	12 585	71.68
初中	21 898	92.81	14 068	82.92
高中	6 980	101.48	6 545	92.69

---

[1] 数据来源于印尼教育与文化部官网。

[2] 数据来源于印尼教育与文化部官网。

（三）基础教育的师生情况

1．基础教育学生数量与性别比例

在学生数量方面，2017—2018 学年小学生的总数是 25 486 500 人，2018—2019 学年小学生总数 25 238 200 人，2019—2020 学年小学生总数 25 203 400 人。初中学生数量在这三个学年分别达到 10 125 700 人、9 981 200 人、10 112 000 人。高中在 2017—2018 学年学生总数达 4 783 600 人，2018—2019 学年学生总数达 4 845 100 人，2019—2020 学年达到 4 976 100 人（见表 5.7）。

表 5.7 2017—2020 年印尼基础教育各学段的学生人数 [1]

学段	2017—2018 学年	2018—2019 学年	2019—2020 学年
小学	25 486 500	25 238 200	25 203 400
初中	10 125 700	9 981 200	10 112 000
高中	4 783 600	4 845 100	4 976 100

比起私立学校，大多数学生更加倾向于选择公立学校，因为公立学校有来自政府的补助，学生需要缴纳的学费更低，这成为公立学校更具吸引力的原因之一。表 5.8 表明，2019—2020 学年基础教育各学段公立与私立学校的学生占比情况。在小学、初中和高中阶段，学生主要分布在公立学校，学生在公立学校的占比分别为 85.80%、73.00%、73.11%。可见，印尼的基础教育以公立学校为主，私立学校为辅。

---

[1] 数据来源于印尼教育与文化部官网。

表 5.8 2019—2020 学年印尼基础教育各学段公立、私立学校的
学生占比（％）[1]

学段	公立学校	私立学校
小学	85.8	14.2
初中	73.00	27.00
高中	73.11	26.89

教育平等不仅是所有人都享有受教育权，同时也要促进男性与女性的受教育机会均等。印尼学生的男女比例仍存在一定差距，但相差并不悬殊。总体上看，2019—2020 学年，除高中阶段外，其他学段的男生比例要高于女生。其中，小学的男女比例为 1.09：1，初中的男女比例为 1.06：1。而在高中阶段，女生比例高于男生，男女比为 1：1.23（见表 5.9）。

表 5.9 2019—2020 学年印尼基础教育各学段学生的性别占比（％）[2]

学段	男生占比	女生占比
小学	52.17	47.83
初中	51.36	48.64
高中	44.87	55.13

2．基础教育教师数量与质量

印尼教育与文化部 2020 年的统计数据表明，在基础教育各学段中，小

---

[1] 资料来源于印尼国家统计局官网。

[2] 数据来源于印尼教育与文化部官网。

学阶段的教师数量最多，达到 1 580 207 人；次之为初中，达到 675 733 人；再次之为高中，达到 321 914 人（见表 5.10）。

表 5.10 2019—2020 学年基础教育各学段学生、教师总数及生师比情况 [1]

教育阶段	学生总数（人）	教师总数（人）	生师比
小学	25 203 371	1 580 207	16：1
初中	10 112 022	675 733	15：1
高中	4 976 127	321 914	15：1

生师比是用来衡量教育质量的指标之一，生师比越高通常意味着教育质量越差。这是因为当一位教师管理的学生越多，每位学生受到的关注和监督就越少，学生学习的有效性越低，从而导致教学质量下滑。2008 年的政府条例第 17 条规定，小学、初中和高中最理想的生师比是 20：1。总体上看，印尼基础教育各学段的生师比较为理想。生师比虽然不对学生取得优异成绩产生决定性作用，但其确实对课堂管理、学生不良学习行为干预有重要影响。将生师比控制在合理范围内，是提高课堂教学质量的有效方式。

教师的学术素养与教学能力是保证教育体系高质量发展并拥有竞争力的重要因素之一，因此高质量的中小学师资队伍对印尼基础教育的发展起到至关重要的作用。印尼政府采取诸多措施提高教师队伍的整体素质，其中指标之一是要求教师在上岗前获得教师资格证。2007 年教育部规定了教师从业资格和教学能力的标准。该条令要求小学、初中、高中教师至少要有四年制专科学位或者学士学位，达到学历要求的教师被教育与文化部认定为具有教学资格的教师。基于教育与文化部的数据，2019—2020 学年满足条件的教师比例达到了 2 654 945 人，占比 91.76%，从 2017—2018 学年至

[1] 数据来源于印尼教育与文化部官网。

2019—2020 学年的总体发展趋势来看，获得教学资格的教师数量稳步提升，虽然这种提升仍不足以全面衡量教师的教学能力和水平，但确是一个表明教师队伍整体素质得以提高的指标（见表 5.11）。

表 5.11 2017—2020 年印尼具有教学资格的教师人数及其占比 [1]

学年	2017—2018	2018—2019	2019—2020
教师人数	2 438 520	2 599 375	2 654 945
占比	89.86%	89.33%	91.76%

　　表 5.12 表明，合格教师 [2] 比例的增加主要集中在小学和职业中学阶段。但高中合格教师比例有所下降，从 2018—2019 学年的 97.95% 下降到 2019—2020 学年的 89.93%，其主要原因之一可能是有相当一部分教师进入退休年龄不再参与教学。初中阶段合格教师比例略有下降，属正常波动范围。小学合格教师比例从 2018—2019 学年的 88.35% 提升到 2019—2020 学年的 91.02%，表明小学阶段的师资质量有一定提升。

表 5.12 2018—2020 年印尼各基础教育学段合格教师的占比（％）[3]

学年	2018—2019	2019—2020
小学	88.35	91.02
初中	94.45	93.84
高中	97.95	89.93

[1] 数据来源于印尼教育与文化部官网。

[2] 这里的合格教师指的是拥有四年制专科学历或学士学位和更高学历的教师。

[3] 数据来源于印尼教育与文化部官网。

第二节 基础教育的特点和经验

一、基础教育的特点

在印度尼西亚政府、学校的努力和支持下，印尼基础教育日渐成熟完善，逐步形成相对稳定的教育模式，并呈现出重视学生道德教育、正规教育为主导的多种教育途径并存和重视学生印尼语学习的特点。

（一）重视学生的道德教育

印尼基础教育重视对学生的道德教育，具体体现为：在"潘查希拉"思想指导下，对学生进行道德教育，目的是塑造学生的良好道德品格。"潘查希拉"思想包括信仰神道、人道主义、民族主义、民主和社会公正五项基本原则，该思想是印尼的立国基础，同时也是道德教育的指导思想。印尼通过立法的形式来保证"潘查希拉"思想的落实。1950年的教育法明确提出"潘查希拉"和宪法是教育的基础。印尼力图通过公民教育和宗教课程培养遵纪守法、具有"潘查希拉"精神、具备知识与技能以及拥有良好道德品格的公民。

（二）以正规教育为主导的多种教育途径并存

印尼基础教育由正规教育和非正规教育组成，正规教育分为小学、初中和高中三个学段。非正规教育是对正规教育的补充，满足公民现实的教育需求，通过补习班、协会或社会学习活动中心等形式对学生进行技能教育、青年教育、学前教育等，在政府指定的校外教育机构进行学习，所获成绩可以与正规教育实现互认。有的非正规教育由家庭或社会组织自发形成，接受非正规教育的学生通过国民考试后，亦可以与正规教育实现互认。[1] 在多种教育途径中，正规教育占据主导地位，分为公立办学和私立办学，随着教育层次的提高，呈现出私立学校占比越大的特点。公立学校由政府的教育与文化部进行管理，私立学校则由宗教事务部管理，私立学校包括国民学校、国际学校和宗教学校。在小学阶段，公立小学在学校中的占比高于私立小学。初中阶段私立初中的占比大幅度上升，公立初中仍多于私立初中。高中阶段私立高中的占比超过公立高中，公立和私立在高中办学中的占比基本各占一半。

（三）重视印尼语的学习

印尼作为一个多民族国家，拥有多种民族语言，但印尼语国语地位的确立和巩固与国家重视印尼语语言教育有着重要关系。印尼独立后，国家意识到同一语言对于民族内聚力形成的重要性，在基础教育阶段十分重视学生印尼语语言的习得和运用。1950 年国家颁布宪法规定国语为印尼语，教学用语也从以往的荷兰语改为印尼语。为确保印尼语的有效普及和日常使用，政府规定从基础教育开始学习印尼语，并规定印尼语是唯一的教学语言。同时为考虑到语言推广的渐进性，规定小学一到三年级可以使用地方语言作为过渡性教学语言，其他学段上课一律使用印尼语。印尼语是国家通用语言和学生学习的基础，同时印尼语课程也是小学阶段课时最多的课程。印尼语从基础教育开始的有效推广和普及，对增进印尼各岛屿的联系以及各民族之间的交往发挥了重要作用。[2]

---

[1] 郑阳梅. 印度尼西亚国家教育概况及其教育特色研究 [J]. 广西青年干部学院学报，2015，25（3）：56-62.

[2] 唐慧. 试论印尼语国语地位的确立与巩固 [J]. 世界民族，2010，81（5）：37-43.

二、基础教育的经验

经过独立后七十多年的发展，印度尼西亚基础教育取得了很大成就，建立起属于印尼的教育体系，学生的受教育权得到保障，学生辍学率问题得到明显改善。学习和借鉴印尼在发展基础教育过程中的实践经验，有利于更好地发展本国教育。

（一）建立平等互利的国际互动关系

平等互利的国际关系有利于教育事业的发展。印尼虽然是东南亚最大的经济体，但是由于教育经费缺乏、贫富差距过大以及教师质量不高等问题，基础教育的发展受到影响。不少发达国家在外交战略和现实需求的推动下，为印尼提供基础教育的援助，包括澳大利亚实施的印尼学童创新项目和伊斯兰学校学习项目、美国实施的分权化基础教育项目等，[1] 有效提高印尼基础教育的质量。随着印尼综合国力的提高和教育事业的发展，印尼从以往的单一受援国逐渐转向与提供援助的发达国家建立平等互利和双向互动的合作伙伴关系。良好的国际互动关系能够增强印尼基础教育发展的内生动力和自身推力，为印尼基础教育的可持续发展提供可能，使之朝着良好的态势发展。[2]

（二）为教育提供广泛的社会支持

印尼通过社会融资、课程培训等方式为基础教育提供广泛支持。印尼

---

[1] 田海丁. 美国对东南亚国家教育援助观察——以印度尼西亚为例 [J]. 管理观察，2018，677（6）：84-86.

[2] 王建梁，卢宇峥. 澳大利亚对印尼基础教育援助探析——以印尼学童创新项目为例 [J]. 比较教育研究，2021，43（2）：41-48.

政府对基础教育进行统筹，颁布法规政策、教育方针和实施指南，但印尼基础教育仍存在发展不均衡、教育经费短缺等问题。为解决教育经费短缺的问题，印尼北加里曼丹省地区拓宽社会对教育的投资渠道，通过设立基金对教育进行融资。西努沙登加拉省的乡村学校为学生家长和社区成员提供讲座和短期培训课程，提高他们对教育权利的认识和教育技能。[1]通过非政府组织和社会等力量，加强社会对基础教育的支持，补充政府在基础教育方面人力、物力和财力上的不足。

（三）地方特色纳入课程学习

印尼课程改革关注本国国情和文化特征，将地方课程纳入学生的课程学习。印尼在 20 世纪 90 年代进行了中等教育改革，侧重课程结构的调整。相较于以往的课程结构，增加了地方课程，即要求每个省份的学校课程由 80% 的国家课程和 20% 的地方课程组成。国家课程包括"潘查希拉"和宪法教育课程、印尼语课程、科学与技术课程、宗教课程等，地方课程则根据各地区的现实情况设置环境教育课程、当地文化课程、农业课程等。[2]印尼作为一个多民族国家，考虑地方民族、语言、文化、宗教，因地制宜设置地方课程，体现了印尼重视对本国民族文化的保护和传承，有利于增强学生对本国文化的认同感和自豪感，还能帮助学生更好地适应本国社会，值得其他国家思考和借鉴。

---

[1] 王建梁，卢宇峥. 澳大利亚对印尼基础教育援助探析——以印尼学童创新项目为例 [J]. 比较教育研究，2021，43（2）：41-48+64.

[2] 张丹. 印度尼西亚独立以来的教育发展研究 [D]. 贵阳：贵州师范大学，2017：34.

第三节 基础教育的挑战和对策

一、基础教育的挑战

印尼作为东南亚的发展中国家，其基础教育仍然存在一些突出的问题，分述如下。

（一）弱势群体识字率低下

识字率是实现社会可持续发展目标的指标之一。2011—2021 年，印尼识字率总体呈上升趋势。根据印尼国家统计局数据，2020 年，15 岁以上印尼公民的识字率达到了 96%。2021 年男性识字率达到 97.43%，这个数字远远高于女性的 94.65%。从区域角度来看，城市的识字率达到 97.82%，农村达到 93.65%。从各省发展情况来看，巴布亚的识字率最低，达到 78.89%。其次是西努沙登加拉省和南苏拉威西省，分别达到 87.39% 和 92.49%。印尼统计局数据显示，截至 2021 年，印尼 15 岁以上公民的文盲率是 3.96%，也就是说每 100 人中，大约有 4 人不识字。为了提高印尼公民识字率和算数能力，尤其是覆盖边缘弱势群体比如残疾人、边远乡村的农民、贫困人口，印尼政府实施了很多消除文盲的项目。

（二）辍学现象仍然存在

2020 年，印尼 1 000 个小学学生中就有一个辍学，1 000 个初中生中有 10 个辍学。辍学比例最高的是 16—18 岁群体，100 个孩子中就约有 22 个辍学。此外，残疾人群体仍然很多未接受过教育，或小学辍学，或仅仅小学毕业。

15 岁以上公民的受教育时长平均为 8.9 年，相当于初三年级的水平。2022 年，中小学辍学率增加。表 5.13 显示，2022 年印尼高中的辍学率在 1.38%，这意味着 1 000 个居民中就平均有 13 个在高中阶段的教育中辍学，该辍学率较其他基础教育阶段更高。与上一年的 1.12% 比较，上升了 0.26%。2022 年的初中辍学率达到 1.06%，这一比重也比上一年 0.90% 的辍学率增加了 0.16%。小学的辍学率达到 0.13%，这一比例也比上一年的 0.12% 增加了 0.01%。

表 5.13 2016—2022 年印尼基础教育各学段的辍学率（%）[1]

学段	2016	2017	2018	2019	2020	2021	2022
小学	0.76	0.53	0.51	0.37	0.11	0.12	0.13
初中	4.6	1.76	1.67	1.07	1.04	0.9	1.06
高中	4.98	3.35	2.94	1.76	1.13	1.12	1.38

从受教育者的特征来看，受教育水平较低的社会群体主要是女性、农民、残疾人，其中差距最大的在残疾群体与非残疾群体的教育水平上。比起男孩，印尼女孩辍学概率更大，尤其是在小学教育阶段。印尼 13—15 岁孩子小学毕业率达到 96%，而 19—21 岁学生的中等教育毕业率只达到 63.95%。[2] 教育层次越高，能够完成学业的印尼公民比例越低。解决 7—18 岁孩子辍学问题已经成为印尼的国家战略。

（三）教育区域发展不均衡

印尼目前的社会整体教育水平已经有所提高，但尚未实现全民覆盖。

---

[1] 数据来源于印尼国家数据中心。

[2] 资料来源于印尼国家数据中心。

因经济情况导致的教育区域发展不均衡的现象更加剧烈，基础教育层次越高，教育区域发展不均衡的情况越严重。"2020—2024 国家中期建设计划"在教育建设方面的首要任务仍然是提高教育质量和教育公平化，社会大众的教育水平仍有较大提升空间。尽管政府已经采取了很多措施以提高全国的教育质量，但是这种努力并不足以使学生整体素质得到更大提升。印尼自从 2000 年开始参与国际学生评估项目，结果显示印尼的教育体系已经变得更加包容、开放、渠道多元。但是评估的平均值表明，2018 年印尼学生在阅读能力、数学能力和科学能力方面的表现与 2015 年相比有所下滑，其中下滑最明显的是阅读，从 2015 年的 397 分下滑至 2018 年的 371 分。[1] 成绩不合格学生比例较高、复读学生比例高、学生缺课情况严重已成为印尼基础教育面临的急需解决的问题。

印尼宪法规定，"每一个印尼公民都有获得教育的权力。然而事实上，对于印尼东部地区的民众来说，获得受教育的机会并不容易，他们仍面临着严峻的教育资源缺乏的问题。印尼是一个多岛屿构成的国家，教育的均衡发展需要付出很大的努力。教育质量可以从印尼各省的社会发展指标来看。社会发展指标主要从寿命、生活标准和知识三个方面来衡量。这三个方面的水平可以展示出各省百姓在收入、卫生、教育的发展情况。印尼国家统计局 2022 年报告指出，巴布亚省的社会发展指标最低，其次是西巴布亚省和东努沙登加达省。与此同时，社会发展指标最高的是雅加达市和日惹市，指标相差超过了 20 个点。这些数据表明印尼爪哇地区与印尼东部区域发展非常不平衡，而这种不平衡也造成了教育的发展不均衡，主要体现在三个方面。第一，教育软硬件设施不足。在教育领域，教育软硬件设施除了互联网、图书馆、教师、实验室等，还包括学校的地理位置、教室的舒适度、从学生家到学校的距离等。教育设施大大影响着教育的质量，教

---

[1] 资料来源于印尼国家数据中心官网。

育设施还没有覆盖整个印尼东部区域。第二，网络建设水平还较低下，很多区域没有覆盖互联网。即使是在已经建设了很多教育设施的印尼东部，上网仍不容易。第三，教育人力资源的质量和数量都不足。印尼东部教育资源不均衡的原因是师资严重缺乏，根据印尼《共和报》显示，印尼全国的公立中小学学校编制师资缺口在 781 000 人，但 2022 年印尼地方报送经过印尼国家公务员部和改革局确认的编制仅有 319 000 人。[1]

二、基础教育的对策

印度尼西亚各界和政府一直努力致力于解决教育中存在的问题。通过实施文盲消除计划，提高识字率；政府和社会共同参与解决教育不均衡问题，共同为印尼的基础教育保驾护航。

（一）实施文盲消除计划提高识字率

在过去的几年中，印尼文盲率持续下降。这与各方的创新协同分不开。首先，印尼国家统计局及时更新文盲数据。通过国家统计局的监测，扫盲的完成情况、文盲的分布状况得以及时掌握。参考文盲分布状况，政府教育部门针对各地状况制定相应扫盲政策并实施扫盲项目。其次，提高教育和文字学习的质量，尤其是在文盲率偏高的区域。印尼教育部通过局部体系逐个消除文盲聚集点。在 5 个省的文盲密集县建立扫盲中心点，实施扫盲项目，分别是巴布亚省、西努沙登加达省、西苏拉维西省、东努沙登加达省和南苏拉威西省。这种在各文盲密集点建立扫盲中心消除文盲的做法大

---

[1] 数据来源于创业校园官网。

大降低了文盲率。教育部结合各地实际情况和当地风俗实施扫盲项目，例如在一些偏远的传统部落中实施基础识字项目。再次，大力发展教育网络，在扫盲工作上增强各部门间的协同合作。此外，通过印尼高校的实习项目开展与高校之间的合作，还与各社会教育机构、各县教育局、非正式教育组织等合作开展扫盲工作。

（二）政府和社会共同参与解决教育不均衡问题

尽管印尼政府已经实施了免费教育政策，但基础教育阶段仍存在辍学现象。为此，印尼政府采取了以下措施。第一，提供助学金。为贫困家庭孩子提供教育经费，孩子们不用为上学买书、校服和各种学习用品而发愁。事实上，印尼设置了奖学金项目，遗憾的是，因为各种原因，助学金仍然存在没能发放到真正急需的孩子们手上的情况。第二，在偏远落后地区建立更多学校。印尼教育发展不均衡，印尼大城市的学校很多，但偏远地区的学校很少，学生需要走几十千米的路程去上学，且路况恶劣，因此偏远落后地区需要修建学校以保证学生的就学。第三，为偏远地区输送教师。偏远地区的师资较为缺乏，印尼需要实施大规模的项目来保证偏远地区的教师的基本生活需求，这些项目既可以由政府组织实施，也可以通过非营利组织的志愿者项目进行。第四，建立专门针对辍学孩子的教育服务组织。家庭观察员组织是一个致力于帮助失学儿童获得教育的一个群体，志愿者们帮助辍学孩子重返校园，社会人员可以作为志愿者参与或者捐资帮助辍学儿童。

印尼政府和很多致力于印尼教育均衡发展的活动家都努力通过各种方式促进印尼教育的发展。"学习并分享项目"就是一个致力于在印尼东部发展教育的计划项目。该项目成员专门帮助生活在印尼东部的孩子们享有高质量的教育。除了针对教育欠发达地区实施的特殊计划，政府也通过实施从小学到初中的免费教育来消除教育的不均衡。政府给每所城市学校和乡村学校都修建了各种教学所需设施包括体育设施。此外，为学习成绩优秀的孩子提供奖学金，给家庭条件不足的孩子提供助学金。

第六章 高等教育

印度尼西亚高等教育从 20 世纪初开始发展，迄今已有一百多年的历史，经历了较为漫长曲折的探索，最终走上了国际化的发展道路。从荷属东印度公司统治时期的殖民主义教育，到建国后曲折的高等教育探索，印尼高等教育在政策、体制、资源配置等方面逐步完善，越来越多的印尼高校走出国门，受到世界广泛关注。

第一节 高等教育的发展和现状

一、高等教育的发展

印度尼西亚高等教育的发展历经了萌芽阶段、起步阶段、发展改革阶段和国际化阶段四个时期，[1] 在艰难曲折的发展中不断探索前进，尤其是在摆脱殖民统治取得独立后，印尼高等教育进入了较为平稳的快速发展时期，其高等教育体制与配套设施不断健全完善，并积极同国际知名高校开展交

---

[1] 杨超有，刘荣愉. 印尼高等教育的发展与改革历程 [J]. 东南亚纵横，2013（2）: 54.

流合作，部分印尼高校国际知名度也因此得到提升。

（一）萌芽阶段（20世纪初至20世纪40年代中期）

20世纪初，荷兰殖民者出于自身利益的考虑，在雅加达等一些大城市开办印尼语和荷兰语学校。前者招收印尼当地人，用以提高土著的劳动技能；后者招收荷兰殖民者子女及少量印尼贵族子弟。这是印尼现代教育的发端。这一时期的印尼高等教育十分落后，绝大多数普通百姓无法接受正规教育。[1]

1920年，荷兰殖民政府在万隆创办了第一所高等院校——高等技术学校（今万隆理工学院）。次年，印尼开国总统苏加诺进入该校深造，成为该校为数不多的印尼学生之一。印尼的第二所高等院校是荷兰殖民政府于1924年在雅加达创办的高等法律学校。

尽管早在19世纪中期，荷兰殖民政府已在雅加达成立了爪哇医师培训学校（今印度尼西亚大学医学院），然而该校的办学目标是通过两年的中等教育培育出天花疫苗接种人员，因此仅是暂代了高等教育院校的育人职责与使命。[2] 至于1913年成立的荷属东印度医科学校则是如今印尼首屈一指的医科大学——艾尔朗卡大学——的前身。

荷兰殖民政府在印尼成立各类高等院校，此举的初衷是为了更好地服务其殖民统治，却在客观上为印尼培养出了一批接受过西式教育的精英，其中的大多数印尼人在后来成为反荷独立斗争的革命者。表6.1为荷兰殖民时期印尼高校学生人数情况。

---

[1] 唐慧，陈扬，张燕，等. 印度尼西亚概论 [M]. 广州：世界图书出版公司，2012：183.

[2] 资料来源于加查马达大学官网。

表 6.1 荷兰殖民时期印尼高校学生人数 [1]

年份	高等技术学校	高等法律学校	高等医科学校	总数
1928—1929	75	138	46	259
1938—1939	168	375	543	1 086

日占时期，印尼高等教育遭遇巨大冲击，多所推行西式教育的印尼高校被迫关闭。不过，在建设"大东亚共荣圈"的野心驱使之下，日本侵略者很快就又重新开放了部分高校，其中就包括雅加达医学院（今印度尼西亚大学医学院）、万隆工学院（今万隆理工学院）。[2]

日本侵略者在印尼高校推行带有强烈军事色彩的殖民教育，打击一切形式的爱国主义活动，残酷镇压学生的反抗运动。在这个时期，印尼高校涌现出了多位知名革命人士，其中大多来自雅加达医学院，比如苏贾默科、马哈尔·马尔佐诺、哈桑·萨迪金等。[3]

此外，日本侵略者还规定学校只能使用印尼语或日语开展教学。然而事实上，由于日语尚未来得及推广，只能使用印尼语进行教育，这在客观上推动了印尼语的普及，[4] 同时也在一定程度上提升了本国人民的民族文化认同感，为国家高等教育的未来发展奠定了初步基础。不过由于日本在印尼的殖民统治仅维系了三年左右就被推翻，所以其在印尼推行的一系列政治、经济、文化层面的政策并未能给印尼的高等教育事业带来深刻、积极的影响。

这个时期的印尼，国内局势动荡，政治、经济、外交和军事方面皆遭

[1] 黄元焕，温北炎，杨安华. 印尼教育 [M]. 广州：广东高等教育出版社，1989：113.

[2] 今印度尼西亚大学医学院在荷兰殖民时期的前身是爪哇医师培训学校，在日占时期的前身是雅加达医学院；今万隆理工学院在荷兰殖民时期的前身是高等技术学校，日占时期的前身是万隆工学院。

[3] 资料来源于加查马达大学官网。

[4] 梁敏和. 印尼教育简史、现状及面临的问题 [J]. 东南亚研究，2003（1）：77.

到外部势力的封锁和打击，在如此恶劣的国内外形势下，印尼高等教育的发展可以说是举步维艰。1920 年开始到 1945 年独立的 26 年间，印尼各大学的学生总数为 3 242 人，平均每所大学每年培养的学生不足 27 人，远远不能满足社会经济发展的需要，[1] 高等教育的发展处于萌芽阶段。

（二）起步阶段（20 世纪 40 年代末至 60 年代）

直到 1949 年 12 月 19 日，印尼政府正式成立加查马达大学，这是真正意义上的印尼第一所国立大学，具有浓厚的民族主义教育色彩，不仅使用印尼语进行教学，全体师生也基本是印尼人。当时的印尼政府认为，阻碍印尼高校发展的原因是现有的高校并未由政府统一管理，而是隶属于卫生部、教学部等部门，或是私人筹办，建立一所国立的综合性大学迫在眉睫，加查马达大学也就由此诞生了。

随着 1949 年 12 月 27 日荷兰承认印尼国家独立并移交主权，其在雅加达、泗水、望加锡等多个城市创办的高校皆划归印尼政府管理。1950 年，印尼政府将雅加达的印尼高校进行合并，组建成国内第二所国立大学——印度尼西亚大学。1954 年，印尼政府才建立了第三所国立大学——艾尔朗卡大学。

获得真正独立的印尼政府将高等教育当作维系各群岛上不同民族的纽带。20 世纪 50 年代起，印尼政府迅速在各省份开设大学，并在各大城市创办国立高校，如知名的安达拉斯大学、巴查查兰大学、哈沙努丁大学以及北苏门答腊大学。同时，印尼政府开始探索高等师范教育模式，在万隆、玛琅、巴东等城市纷纷设立了师范教育学院。[2] 这个时期的印尼高等教育发

---

[1] 黄建如. 20 世纪东南亚高等教育回顾 [J]. 高等教育研究，2000（3）：97-102.

[2] 此类院校一般都隶属大学，比如玛琅师范教育学院就是泗水艾尔朗卡大学下设的学院。资料来源于加查马达大学官网。

展并不局限于国立院校和师范院校，私立院校和伊斯兰院校的发展也得到了政府支持。1961 年，印尼第一部高等教育法颁布，规定了国家高等教育的使命：教学、科研、社区服务。该法案规定了高等教育的方针，把高等教育机构分为国立和私立两类。国立高等教育机构由政府主办，私立高等教育机构由政党、社团或私人以法团（基金会）的形式主办。[1] 根据该法案，印尼还成立了私立高等学校委员会以加强对私立院校的管理。成立于独立前夕的印尼第一所私立高校——伊斯兰高等学校，于 1946 年 4 月 10 日重新开办，两年后正式更名为印尼伊斯兰大学，并经历了多次院系重组与院校合并，如今已成为印尼私立高校中的佼佼者。

据统计，1963 年，印尼大学增至 243 所，其中 88 所公立高等院校（包括 28 所国立大学和 60 所部属高等院校），155 所私立高等院校，学生人数达 169 000 人（见表 6.2）。

表 6.2 1963 年印尼高校数和学生数情况 [2]

类别	学校数（所）	学生数（人）
国立大学	28	115 000
部属高等院校	60	9 000
私立高等院校	155	45 000
合计	243	169 000

考虑到私立高校数量的迅速增长所带来的教学质量问题，1967 年起，印尼政府在全国多地设置私立高校协调会，以促进私立高校之间的协调交

---

[1] 郑明霞. 印尼独立以来高等教育发展与变革研究 [D]. 厦门：厦门大学，2013：19.

[2] 潘懋元. 东南亚教育 [M]. 南京：江苏教育出版社，1988：135.

流，并为私立高校的毕业生设置全国统一考试，以检验其能力水平 [1]。

这一时期，印尼的高等教育事业蓬勃兴起，为其高等教育的发展奠定了坚实基础，基本上实现了由为荷兰殖民政府服务向为印尼政府服务的转变。开始接受西方欧美等国的教育模式，并逐步改变原来荷兰殖民者的教育模式，发展具有印尼本土特色的高等教育模式。印尼高等教育自身功能也由单一教学向多元教学、科研和社会服务转变。[2]

（三）发展改革阶段（20 世纪 70 年代至 90 年代）

随着苏哈托上台，印尼进入新秩序时期，政府逐步扩大对外开放、放宽外商投资。经济结构得到改善，并保持较快稳定增长。印尼政府推行了6 个五年建设计划 [3]，以及"八年全面建设计划"，为印尼高等教育的发展提供了较为稳定的经济基础与制度保障，印尼高等教育随之步入较为快速的发展改革时期，呈现蓬勃、开放的发展态势。在此阶段，印尼高等教育事务由印尼教育与文化部下设的高等教育总司统筹负责，[4] 在推动高等教育发展方面主要采取了以下措施：把高等教育纳入五年建设计划内，使之按计划稳步发展；制定高等教育发展主题计划；改革文教部机构，成立高等教育司；改善国立大学的设施和教学设备；改革教学大纲和提高教学质量；监督私立大学的发展并提高其教学质量。[5]

此外，这一时期高等教育的蓬勃发展与印尼政府陆续推行的 3 个高等教育长期战略规划密不可分。为了解决调整重组时期的若干问题，印尼政府

---

[1] 资料来源于加查马达大学官网。

[2] 杨超有，刘荣愉. 印尼高等教育的发展与改革历程 [J]. 东南亚纵横，2013（2）: 56.

[3] 第 6 个五年建设计划因 1997 年爆发的亚洲金融危机、苏哈托下台等最终不了了之。

[4] 资料来源于印尼教育与文化部官网。

[5] 冯增俊，卢晓中. 战后东盟教育研究 [M]. 南昌：江西教育出版社，1996: 392.

开始实施第一个高等教育长期战略规划（1975—1985 年）,[1] 该规划指出，国家高等教育机构由公立高校和私立高校两个部分组成，并强调高等教育和社会发展的相关性，指出高等教育必须与地区和国家的发展建立紧密联系。同时在高等教育组织管理方面引入学分制、学生学业评估制度、学生贷款制度和教职员工晋升制度，提高了高等教育的组织与管理效率。[2]

1985 年，印尼政府推行第二个高等教育长期战略规划（1986—1995 年），其发展重点便是巩固之前所取得的成就，特别是改进机构能力、基础设施、管理效能和生产力。在此期间，国家高等教育的重点是高等职业教育和研究生教育，其实施效果虽然没有达到预期，但是在 1985—1995 年，印尼私立高校入学人数年均增长达到 9%，1995 年印尼 1 228 所私立大学学生数近 2 000 000 人，而 72 所公立大学人数则是 436 000 人。[3]

同时，随着印尼经济的快速发展，就业岗位迅速增加，国立大学难以完全满足国家人才的培养需求，故教育与文化部积极推动地方政府、社会机构、私人开办高等院校，因此，尽管发展的时间并不长，印尼全国各地的私立高校的数量在 20 世纪 80 年代翻了几番，共计 1 000 多所，远超国立高校。[4] 私立高校的极速扩充固然有利于为印尼年轻人提供更多的求学机会，却也面临着教育质量参差不齐的问题，对此，印尼在 1994 年成立国家高等教育鉴定委员会定期对所有高等院校及其专业进行评估，包括课程、教师的质量和数量、教育设备及基础设施、学生管理、人力资源、高校财政等诸多方面。鉴定结果分为 A（杰出）、B（优秀）、C（良好）和未通过四个等级。[5]

[1] 王丽娜，石磊，于旻生. 印度尼西亚开放大学研究 [M]. 北京：中央广播电视大学出版社，2015：6.

[2] 郑明霞. 印尼独立以来高等教育发展与变革研究 [D]. 厦门：厦门大学，2013：20.

[3] 郑明霞. 印尼独立以来高等教育发展与变革研究 [D]. 厦门：厦门大学，2013：20-21.

[4] 资料来源于加查马达大学官网。

[5] 陈扬. 印度尼西亚共和国教育发展报告 [R]. 重庆：重庆国际战略研究院，2019：41.

印尼政府颁布的第三个高等教育长期战略规划（1996—2005 年）[1] 确定了三个需要解决的主要问题：一是为了应付高等教育的动态变化而需要更多的动态管理模式；二是将质量作为高等教育发展的基本衡量标准；三是通过高等教育发展促进社会流动和社会公平。此规划主要集中在三个核心项目：实施高等教育管理的新范式，加强质量，促进区域平等和社会公平。此规划制定的前提是假设国家经济同过去十年一样，国家经济将以每年6%—8% 的速度持续增长。但不幸的是，1997 年东南亚爆发严重的金融危机，1998—1999 年，印尼经济分别出现了 13% 和 1% 的负增长，到 2002 年才缓慢增长，国家经济的衰退导致了政局的不稳定，继而使实施中的各类国家战略被搁置，包括高等教育相关政策。[2]

苏哈托执政后期，其集权统治和家族政治在印尼社会各层面长期积累的弊端和矛盾逐渐显露，并在 1997 年亚洲金融危机的爆发下迅速激化，而这反映在高等教育层面的最直接结果就是由于过度集权导致的体制僵化，高校的流动资金由政府统一管理，高校自主权因此受到制约，发展也受到一定影响。

值得一提的是，在苏哈托政权的倒台过程中，学生运动发挥了先锋力量的作用，据印尼科学院调查，1998 年学生运动多达 2 292 起，而 1997 年仅 154 次，1998 年 5 月 1 日至 2 日，游行示威的学生与军警冲突事件就有14 起。[3] 学生们的诉求之一就是实现高校自治，因此 1999 年高等教育法人化应运而生，印尼政府连续颁布了 1999 年第 60 号《关于高等教育的政府条例》和第 61 号《关于公立大学转为法人实体的政府条例》，由此开启了印尼高等教育法人化改革阶段。

---

[1] 第三个高等教育长期战略规划因 1997 年爆发的亚洲金融危机最终被搁置。

[2] 郑明霞. 印尼独立以来高等教育发展与变革研究 [D]. 厦门：厦门大学，2013：21.

[3] 杨晓强. 后苏哈托时期的印尼民主化改革研究 [M]. 厦门：厦门大学出版社，2015：63.

（四）国际化阶段（21 世纪初至今）

为响应国家高等教育改革号召，印度尼西亚大学、加查马达大学、茂物农学院、万隆理工学院 4 所高校在 2000 年正式转型为法人实体，并纳入国有法人实体，即既强调高校本身具有的自治法人实体地位，又要求高校仍归属于国家，其办学性质更倾向于一种"半公立高校"。在此后的三四年，北苏门答腊大学、印尼教育大学、艾尔朗卡大学也相继转型，同样成为国有法人实体性质的高校。截至 2006 年，印尼全国仅有上述 7 所公立高校实现了法人化改革，被政府视为各大高校改革的典范。[1]

印尼政府在《2003 年国家教育制度法》中首次把"法人实体"这一术语写入国家法律，并在《2009 年教育法人机构法》中对其做进一步解释。政府不仅要求印尼各级各类高校逐步向法人实体转型，更将其分为中央政府教育法人实体、（省级）地方政府教育法人实体和社会教育法人实体三种类型，其中，前两者针对的是公立学校，后者则是针对私立学校。[2]

然而，高校法人化改革进程并不如印尼政府所期望的那样一帆风顺，大幅上涨的国立高校学费普遍增加了学生与家长的经济负担，这自然引起民众不满与反对。其改革阵痛期一直持续到 2010 年宪法法院废除《2009 年教育法人机构法》。

印尼政府着力推动高校法人化改革的根本原因之一是为了缩减其在高等教育方面的财政支出，以缓解亚洲金融危机带来的不利影响，而在政策的实际落实过程中，不可避免会遇到各种阻碍。事实上，改革进程是一个先易后难、先外围后中心、先微观后宏观的不断取得突破性进展的过程，印尼的高等教育法人化改革也恰好印证了这一点。2012 年印尼政府颁布《2012 年高等教育法》，废除了原先的"国有法人实体性质的高校"说法，改

---

[1] 李昭团. 印度尼西亚高等教育法人化改革研究 [J]. 扬州大学学报（高教研究版），2014，18（3）：27.

[2] 李昭团. 印度尼西亚高等教育法人化改革研究 [J]. 扬州大学学报（高教研究版），2014，18（3）：27.

称为"具有法人实体性质的国立高校"并沿用至今。

根据2021年有关规定，此类高校在招生时有一定比例限制，通过国立高等院校统一入学考试录取的人数至少占总录取人数30%，而通过自主选拔录取的人数则不得超过总录取人数50%。截至2022年10月，印尼全国共有21所公立高校成为具有法人实体性质的国立高校（见表6.3）。

表6.3 印尼具有法人实体性质的国立高校名单（截至2022年10月）[1]

序号	国立高校	所在城市	政府条例
1	印度尼西亚大学	雅加达 / 德波	《2000年关于确定印度尼西亚大学为国有法人实体性质的高校的政府条例》；《2013年关于印度尼西亚大学章程的政府条例》
2	加查马达大学	日惹	《2000年关于确定加查马达大学为国有法人实体性质的高校的政府条例》；《2013年关于加查马达大学章程的政府条例》
3	茂物农学院	茂物	《2000年关于确定茂物农学院为国有法人实体性质的高校的政府条例》；《2013年关于茂物农学院章程的政府条例》
4	万隆理工学院	万隆	《2000年关于确定万隆理工学院为国有法人实体性质的高校的政府条例》；《2013年关于万隆理工学院章程的政府条例》
5	北苏门答腊大学	棉兰	《2003年关于确定北苏门答腊大学为国有法人实体性质的高校的政府条例》；《2014年关于北苏门答腊大学章程的政府条例》
6	印尼教育大学	万隆	《2004年关于确定印尼教育大学为国有法人实体性质的高校的政府条例》；《2014年关于印尼教育大学章程的政府条例》
7	艾尔朗卡大学	泗水	《2006年关于确定艾尔朗卡大学为国有法人实体性质的高校的政府条例》；《2014年关于艾尔朗卡大学章程的政府条例》

---

[1] 资料来源于《罗盘报》官网。

续表

序号	国立高校	所在城市	政府条例
8	巴查查兰大学	万隆	《2014 年关于确定巴查查兰大学为具有法人实体性质的国立高校的政府条例》
9	蒂博内哥罗大学	三宝垄	《2014 年关于确定蒂博内哥罗大学为具有法人实体性质的国立高校的政府条例》
10	哈山努丁大学	望加锡	《2014 年关于确定哈山努丁大学为具有法人实体性质的国立高校的政府条例》
11	十一月十日科技学院	泗水	《2014 年关于确定十一月十日科技学院为具有法人实体性质的国立高校的政府条例》
12	三——大学	梭罗	《2020 年关于具有法人实体性质的国立高校三——大学的政府条例》
13	安达拉斯大学	巴东	《2021 年关于具有法人实体性质的国立高校安达拉斯大学的政府条例》
14	布拉维查亚大学	玛琅	《2021 年关于具有法人实体性质的国立高校布拉维查亚大学的政府条例》
15	巴东国立大学	巴东	《2021 年关于具有法人实体性质的国立高校巴东国立大学的政府条例》
16	玛琅国立大学	玛琅	《2021 年关于具有法人实体性质的国立高校玛琅国立大学的政府条例》
17	日惹国立大学	日惹	《2022 年关于具有法人实体性质的国立高校日惹国立大学的政府条例》
18	三宝垄国立大学	三宝垄	《2022 年关于具有法人实体性质的国立高校三宝垄国立大学的政府条例》
19	泗水国立大学	泗水	《2022 年关于具有法人实体性质的国立高校泗水国立大学的政府条例》
20	锡亚亚夸拉大学	亚齐	《2022 年关于具有法人实体性质的国立高校锡亚亚夸拉大学的政府条例》
21	印度尼西亚开放大学	南唐格朗	《2022 年关于具有法人实体性质的国立高校印度尼西亚语开放大学的政府条例》

随着 21 世纪全球化的深入发展，各国高等教育也纷纷进入国际化发展阶段。印尼政府深刻意识到高等教育国际化必是大势所趋，其重要性不容忽视。因此，印尼政府在其颁布的第四个高等教育长期战略规划中提到了高等教育的目标是提升国家竞争力，并强调了高等教育国际化有利于增强国家竞争力。[1]

二、高等教育的现状

（一）高等教育行政管理部门与组织运行

2014 年佐科组建第一个任期内阁时，将高等教育事务从教育与文化部划归至另一个部门——研究技术部，研究技术部也因此更名为研究技术与高等教育部。而在 2019 年佐科开启第二个总统任期后，便将高等教育事务重新划归于教育与文化部管理，并在两年后合并教育与文化部、研究技术部两个内阁部门，组建为教育文化与科技部，下设高等教育与科技总司，这也从侧面说明了印尼高等教育改革事业未竟，相关体制机制建设尚未成熟，未来仍需不断探索。

根据《2019 年关于教育与文化部组织架构与工作条例》相关规定，高等教育与科技总司主要负责制定并贯彻落实学术性高等教育政策 [2]，其具体职能包括以下六个方面：制定学术性高等教育政策，落实大学生教育事务、高等教育机构以及高等教育人力资源方面的相关政策，负责私立高校办学许可，评估并汇报学术性高等教育的发展情况，发挥总司的行政职能，落实教育文化与科技部部长授予的其他职责。

---

[1] 杨超有，刘荣愉. 印尼高等教育的发展与改革历程 [J]. 东南亚纵横，2013（2）：57-58.

[2] 高等教育类别包括学术教育、职业教育和专业教育。

印尼中央政府在国家收支预算中编列高等教育经费，地方政府根据当地实际情况从地方收支预算中分配资金支持当地的高等教育，同时鼓励商业界和企业界积极资助高等院校。国家收支预算和地方收支预算中的高等教育经费主要用于国立高等院校的运营费，教师和教育力量的支出以及院校投资和发展；私立高等院校的教师专业补贴的补足部分、教授荣誉补贴以及院校投资和发展；大学生接受高等教育的费用补助。[1]

此外，中央政府会定期根据高等教育国家标准的完成情况、专业种类和地区物价指数制定高等教育运营费标准，以此作为给国立高等院校分配预算和确定大学生缴纳费用的依据。中央政府的教育预算中涵盖了划拨给各所国立高等院校的运营补助资金，其中，这笔资金里的 30% 经费可 作为国立高等院校和私立高等院校的科研基金使用。[2]

（二）高等教育机构发展现状

1. 高等教育机构类型

印尼高等教育类型可细分为学术教育、职业教育和专业教育三大类。其中，学术教育是授予学士学位以及更高学位的高等教育；职业教育主要是实施大专课程和应用科学学士课程的高等教育；专业教育是学士（含应用科学学士）课程之后的高等教育，培养学士课程或同等学力毕业生的特殊技能，其更高层次是专家教育，专家教育分为等同于硕士教育的初级专家教育和等同于博士教育的高级专家教育。[3]

印尼高等教育机构主要分为六类，即大学、综合性学院、高级学校、

---

[1] 陈扬. 印度尼西亚共和国教育发展报告 [R]. 重庆：重庆国际战略研究院，2019：38.

[2] 陈扬. 印度尼西亚共和国教育发展报告 [R]. 重庆：重庆国际战略研究院，2019：38.

[3] 陈扬. 印度尼西亚共和国教育发展报告 [R]. 重庆：重庆国际战略研究院，2019：21-23.

专科院校、社区学院以及工艺学院。大学是在各学科门类里主要开展学术教育并可开展职业教育的高等院校，符合条件的还可以开展专业教育。综合性学院是在一些学科门类里主要开展学术教育并可开展职业教育的高等院校，符合条件的还可以开展专业教育。高级学校是在一个学科门类里主要开展学术教育并可开展职业教育的高等院校，符合条件的还可以开展专业教育。专科院校是在一个或几个特定的学科分支里开展职业教育的高等院校。社区学院是在一个或几个特定的学科分支里开展一类大专或二类大专层次职业教育的高等院校，其职业教育要基于当地的优势或满足特定需求。工艺学院是在各学科门类里开展职业教育的高等院校，符合条件的还可以开展专业教育。[1] 印尼高等院校类型及其承担教育种类情况、高等教育课程类型与学制情况见表 6.4 和表 6.5。

表 6.4 印尼高等院校类型及其承担的教育种类 [2]

高等院校类型	学科范围	学术教育	职业教育	专业教育
大学	各学科门类	√	√	√
综合性学院	一些学科门类	√	√	√
高级学校	一个学科门类	√	√	√
专科院校	一个或几个学科分支		√	√
社区学院	一个或几个学科分支		√	
工艺学院	各学科门类		√	√

---

[1] 陈扬. 印度尼西亚共和国教育发展报告 [R]. 重庆：重庆国际战略研究院，2019：23.

[2] 陈扬. 印度尼西亚共和国教育发展报告 [R]. 重庆：重庆国际战略研究院，2019：23.

表 6.5 印尼高等教育课程类型与学制

高等教育类型	学位课程	学制（年）	提供教育且授予文凭的代表性机构
学术教育	学士课程	4	大学、综合性学院、高级学校
	硕士课程	2	
	博士课程	3	
职业教育	一类大专	1	大学、综合性学院、高级学校、工艺学院、专科院校、社区学院
	二类大专	2	
	三类大专	3	
	四类大专	4	
专业教育	专业教育	1—2	大学、综合性学院、高级学校、工艺学院
	专家教育	4—6	

　　截至 2020 年 12 月，印尼全国共有 4 593 所高校，其中 122 所国立高校，3 044 所私立高校，主要集中分布在爪哇岛上，其中西爪哇省高校数量最多，达 597 所。[1] 依照主管部门的不同，国立高校还可以进一步分为高等教育主管部门（目前是教育文化与科技部）管理的高校和其他国家部门（如国防部、财政部、警察总局等）管理的高校。私立高校也受到高等教育主管部门的协调监管（见表 6.6）。[2]

　　[1] Direktorat Jenderal Pendidikan Tinggi, Kementerian Pendidikan dan Kebudayaan. Statistik pendidikan tinggi 2020[R]. Jakarta: Setditjen Dikti, Kemendikbud, 2020: XXIII.

　　[2] 陈扬. 印度尼西亚共和国教育发展报告 [R]. 重庆：重庆国际战略研究院，2019：23.

表 6.6 2020 年印尼高等教育机构数量（所）[1]

高等院校 类型	国立高校数量		私立高校数量	合计
	高等教育部属	其他部属		
大学	63	21	583	667
综合性学院	12	139	120	271
高级学校	—	1 104	1 361	2 465
专科院校	—	58	772	830
社区学院	4	2	32	38
工艺学院	43	103	176	322
合计	122	1 427	3 044	4 593

2. 高等教育机构专业数量

截至 2020 年，印尼全国高校共计开设 29 413 个专业，涵盖了艺术、人文、数学与自然科学、宗教、农业、经济、卫生、社会、技术以及教育，其中，全国范围内开设数量最多的专业是教育学（6 032 个，占比 21%），其次是技术学（5 390 个，占比 18%），最后是社会学（4 302 个，占比 15%）。2020 年印尼高等教育机构专业数量见表 6.7。

---

[1] Direktorat Jenderal Pendidikan Tinggi, Kementerian Pendidikan dan Kebudayaan. Statistik pendidikan tinggi 2020[R]. Jakarta: Setditjen Dikti, Kemendikbud, 2020: 28-31.

表 6.7 2020 年印尼高等教育机构专业数量（个）[1]

高等院校 类型	国立高校专业数量		私立高校专业数量	合计
	高等教育部属	其他部属		
大学	5 780	956	9 280	16 016
综合性学院	558	1 666	900	3 124
高级学校	—	2 912	3 935	6 847
专科院校	—	98	957	1 055
社区学院	12	5	59	76
工艺学院	832	779	684	2 295
合计	7 182	6 416	15 815	29 413

总体上看，印尼大学开设的专业最多，社区学院开设的专业最少，私立高校开设的专业比国立高校更加丰富。可见，私立大学专业设置的灵活度更大。

3．高等教育机构录取方式

印尼高中学生主要通过五种途径升学，分别是国立高等院校入学全国选拔、国立高等院校统一入学考试、国立工艺学院入学全国选拔、国立工艺学院统一入学考试以及国立或私立高校自主选拔。各类考试的考试时间、报考条件、考试内容与形式各不相同。

（1）国立高等院校入学全国选拔。国立高等院校入学全国选拔制度始于2008 年，由高等院校考试院负责组织，是针对符合条件的应届高三学生举

[1] Direktorat Jenderal Pendidikan Tinggi, Kementerian Pendidikan dan Kebudayaan. Statistik pendidikan tinggi 2020[R]. Jakarta: Setditjen Dikti, Kemendikbud, 2020: 48-51.

行的一场全国性选拔，一般在每年的 1—2 月举行。

这种选拔方式并非全国统一考试，而是以考生在高中第一学期至第五学期的成绩单作为录取依据，并且考生所在高中的等级评估、毕业生去向、学术成就都会被纳入考量范围。此外，每个考生可自主选择报考一所国立高校的两个专业，或者报考两所私立高校，该考试不收取报名费用。

（2）国立高等院校统一入学考试。国立高等院校统一入学考试是高等院校考试院在全国范围内统一举行的高等院校选拔考试，近三年的高中毕业生或接受过同等教育的考生均可报名，但年龄不得超过 25 周岁。考生可报考的院校包括国立高校、国立伊斯兰高校、国立工艺学院。考试时间一般安排在国立高等院校入学全国选拔结束之后，即每年的 5—6 月。需要注意的是，三年内在国立高等院校入学全国选拔中被录取的考生不得报考统一入学考试。

在报名参加统一入学考试之前，考生必须先通过机考笔试获得成绩后才能报名。机考笔试考试同样由高等院校考试院统一组织，采取在线考试的模式，考生可自主选择考场，有效打破了空间限制。考试科目分为科学技术（比如数学、化学、生物等工科）、社会人文（比如历史、地理、社会学等文科）、混合科目三大类，主要考察考生的学术能力和学术潜力。从 2019 年起，统一入学考试就以机考笔试成绩作为主要评估标准，而部分国立高校的艺术和体育专业则会要求考生提供相应作品作为最终成绩的判断依据之一。

（3）国立工艺学院入学全国选拔。国立工艺学院入学全国选拔的选拔方式与国立高等院校入学全国选拔一致，区别在于报考院校是提供职业教育的国立工艺学院或国立农业工艺学院。考生可报考的专业为四类大专专业或三类大专专业。

（4）国立工艺学院统一入学考试。国立工艺学院入学考试于 2019 年 12 月起正式更名为国立工艺学院统一入学考试。该考试的形式同样采用机考笔试，考试内容分为工科、商科、混合科目，考生可报考全国所有国立工艺学院的四类大专专业或三类大专专业，在正式入学后将接受职业教育。

（5）国立或私立高校自主选拔。私立高校和许多国立高校拥有自主招生权。例如，印度尼西亚大学的入学选拔考试、加查马达大学的入学笔试。虽然考试内容和形式未做统一规定，但自主选拔考试形式通常采用笔试，考试范围也接近统一入学考试。

4．高等教育机构招生情况

高等教育毛入学率是衡量一个国家高等教育发展水平的基本指标之一，与经济发展程度呈正相关。[1] 印尼高等教育毛入学率总体仍呈上升趋势。2021年印尼高等教育毛入学率达到31.19%。印尼力争2024年高等教育毛入学率提升至37%，并且教育文化与科技部已下拨350亿印尼盾预算用以合并小型私立高校，进而提高教学质量，吸引更多学生就读。[2] 印尼2006—2021年高等教育毛入学率见图6.1。

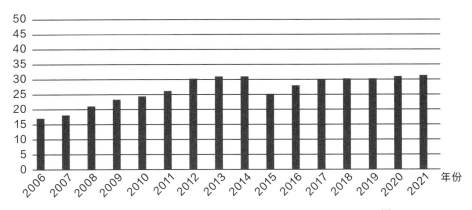

图6.1 2006—2021年印尼高等教育毛入学率（％）[3]

[1] 巩雪、李波、严会芬．高等教育毛入学率及其性别差异与经济发展程度关系的比较分析 [J]．湖北广播电视大学学报，2016，36（3）：11.

[2] 资料来源于SINDOnews官网。

[3] 2006—2014年数据来源于联合国教科文组织官网，统计对象为18—23岁的高等教育适龄人口；2015—2021年数据来源于印尼国家统计局官网，统计对象为19—23岁的高等教育适龄人口。

在招生性别比例方面，自 2012 年印尼高等教育毛入学率女性占比实现反超后，其增长势头愈发强劲，比重连年上升，呈现出女性高等教育毛入学率明显高于男性的趋势，在 2016 年达到 30.05%，首次超过 30%，更是在 2021 年达到历史以来最高值 33.42%，比男性高出 4.42%。此外，相关数据表明，女性接受高等教育的比例仍不断提高，且保持较快增长。可见，随着时代的发展，印尼女性高等教育水平得到显著提升，女性接受高等教育的权利得到巩固与加强。

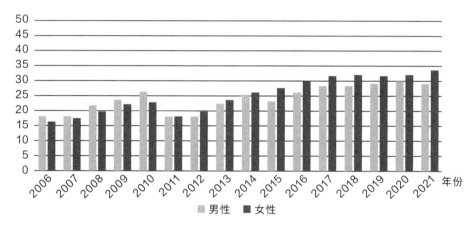

图 6.2 2006—2021 年印尼高等教育毛入学率性别分布情况（%）[1]

5. 高等教育机构师资力量

根据教育工作性质的不同，印尼高等院校教师可分为常任教师与非常任教师。常任教师的学术职务层级可分为助教、讲师、副教授和教授，非常任教师的学术职务定级则由各高校自主决定。高校不可随意授予教授职称。

《2020 年印尼高等教育统计数据》显示，2020 年印尼全国高校共有教师

[1] 2006—2014 年数据来源于联合国教科文组织官网，统计对象为 18—23 岁的高等教育适龄人口；2015—2021 年数据来源于印尼国家统计局官网，统计对象为 19—23 岁的高等教育适龄人口。

312 890 人，高等教育在读学生人数是 10 646 895 人，该年应届毕业生人数为 1 535 074 人，生师比约为 34∶1。从整个高等院校教师群体来看，私立高校教师人数远多于国立高校教师。从高等教育机构类型来看，大学的教师人数与学生人数远超其他高等教育机构，见表 6.8。

表 6.8　2020 年印尼高等院校教师与学生数（人）[1]

高等院校类型	国立高校教师数		私立高校教师数	合计	学生数（新入学＋已注册）	生师比	应届毕业生数
	教育部属	其他部属					
大学	66 151	10 436	110 395	186 982	7 550 760	40.4∶1	1 001 367
综合性学院	5 636	11 985	9 150	26 771	869 545	32.5∶1	106 012
高级学校	—	17 686	45 982	63 668	1 544 550	24.3∶1	259 193
专科院校	—	1 207	10 874	12 081	144 072	11.9∶1	41 455
社区学院	62	26	120	208	4 050	19.5∶1	1 000
工艺学院	8 804	7 996	6 380	23 180	533 918	23∶1	126 047
合计	80 653	49 336	182 901	312 890	10 646 895	34∶1	1 535 074

6．高等教育质量保障机构

（1）印尼国家高等教育鉴定委员会。当前，经教育文化与科技部授权，由印尼国家高等教育鉴定委员会负责定期对所有高等院校及其专业进行评估，包括课程、教师的质量和数量、学生条件、教育设备及基础设施、学生管理、人力资源、高校财政等方面。其前身是成立于 1994 年的国家鉴定委员会，并于 1996 年开始针对本科课程进行鉴定，随后评价对象逐步扩展

---

[1] Direktorat Jenderal Pendidikan Tinggi, Kementerian Pendidikan dan Kebudayaan. Statistik pendidikan tinggi 2020[R]. Jakarta: Setditjen Dikti, Kemendikbud, 2020: 172-219.

到硕士课程、博士课程、文凭课程、开放大学提供的远程课程以及其他高等教育机构。[1]

为促进高等教育质量鉴定结果更加公正、透明、有效，同时符合时代的发展，印尼国家高等教育鉴定委员会出台了《2020 年关于鉴定机制条例》，规定了新的高等教育质量鉴定方法，主要采用综合监测技术的课程鉴定方法与高校鉴定方法。总体来说，新的鉴定方法比以往更加注重专业化、全方面评价，以成果和产出为导向，持续质量改进。此外，条例出台后将使用全新的鉴定结果：优秀、良好、合格、未通过，以替代过去所用的 A（杰出）、B（优秀）、C（良好）和未通过 4 个鉴定等级。其中，在该条例颁布之前已获得 A、B、C 级鉴定结果的高校仍保持原有等级不变，直到下一次参评时再依据新的鉴定方法进行新的等级评定。而未通过鉴定或有意重新进行鉴定的高校可在本次鉴定报告出具的一年之后向国家高等教育鉴定委员会提交鉴定申请。

印尼国家高等教育鉴定委员会官网 2022 年最新数据显示，获得优秀等级的高校共 17 所、良好等级 106 所、合格等级 664 所；仍持有 A 级鉴定结果的高校共 83 所，B 级鉴定共 810 所、C 级鉴定共 995 所；未通过鉴定的高校则是 157 所（见表 6.9）。

表 6.9 2022 年印尼国家高等教育鉴定委员会高等教育鉴定结果（所）[2]

高校类型	A 级	B 级	C 级	优秀	良好	合格	未通过	合计
国立宗教院校	6	47	10	1	7	6	0	77
私立宗教院校	0	33	258	0	9	261	100	661
部属国立高校	7	59	1	2	12	12	1	94
国立高校	38	42	0	6	11	11	0	108

[1] 郑佳. 印度尼西亚的高等教育质量保障：历史进程与体系建设 [J]. 世界教育信息，2018，31（23）：51.
[2] 资料来源于印尼国家高等教育鉴定委员会官网。

高校类型	A 级	B 级	C 级	优秀	良好	合格	未通过	合计
私立高校	32	629	726	8	67	374	56	1 892
合计	83	810	995	17	106	664	157	2 832

此外，2021 年印尼全国获评优秀等级的专业共 627 个、良好等级 486 个、合格等级 3 239 个，其中，获评优秀等级的国立高校共有 444 个专业，私立高校则有 183 个专业；仍有 A 级专业 3 381 个，B 级专业 10 278 个、C 级专业 3 645 个；未通过鉴定的专业 583 个，其中，国立高校有 27 个专业未通过鉴定，私立高校则有 556 个专业未通过鉴定。[1]

（2）印尼高等卫生教育鉴定机构。印尼高等卫生教育认证机构成立于 2015 年 3 月，是印尼首家有资格对所有卫生学专业展开鉴定的独立认证机构。该机构的成立得益于教育与文化部高等教育总司在 2009—2014 年推行的卫生专业教育质量项目，以及七大卫生专业组织与卫生机构协会（医学、牙科、护理、助产、营养、制药、公共卫生）的大力支持。事实上，其运行经费来自于鉴定项目，并没有政府补贴，同时需要接受国家高等教育鉴定委员会的监管。2021 年，印尼统计数据表明，部属国立高校、国立高校、私立高校的卫生专业鉴定结果远远优于国立和私立宗教院校（见表 6.10）。

表 6.10 2021 年印尼高等卫生教育认证机构卫生专业鉴定结果（所）[2]

高校类型	A 级	B 级	C 级	优秀	良好	合格	未通过	合计
国立宗教院校	5	11	2	0	0	2	0	20
私立宗教院校	0	0	0	0	0	1	0	1

[1] 资料来源于印尼国家高等教育鉴定委员会官网。

[2] 资料来源于印尼高等卫生教育认证机构官网。

续表

高校类型	A 级	B 级	C 级	优秀	良好	合格	未通过	合计
部属国立高校	131	233	13	15	58	17	0	467
国立高校	392	211	11	62	30	13	0	719
私立高校	118	1 547	600	15	235	237	0	2 752
合计	646	2 002	626	92	323	270	0	3 959

受印尼高等卫生教育鉴定机构成功经验的启发，印尼有关单位正在筹划成立技术学、心理学、会计学领域的类似鉴定机构。

7. 印尼高校的世界大学排名情况

（1）英国 QS 世界大学排名。英国 QS 全球教育集团统计数据显示，截至 2022 年，印尼仍未有大学进入 QS 世界大学排名 200 强名单；稳定入围世界大学 500 强的是印度尼西亚大学、加查马达大学、万隆理工学院这三所高校；艾尔朗卡大学首次以 465 的排名进入世界大学 500 强。印尼高校近 6 年的具体排名见表 6.11。

表 6.11 2017—2022 年入围 QS 世界大学 500 强的印尼高校

年份	亚洲排名	世界排名	入围高校
2017	67	325	印度尼西亚大学
	85	401	万隆理工学院
2018	54	277	印度尼西亚大学
	65	331	万隆理工学院
	85	402	加查马达大学

年份	亚洲排名	世界排名	入围高校
2019	57	292	印度尼西亚大学
	74	359	万隆理工学院
	74	391	加查马达大学
2020	59	296	印度尼西亚大学
	70	320	加查马达大学
	66	331	万隆理工学院
2021	57	254	加查马达大学
	59	305	印度尼西亚大学
	62	313	万隆理工学院
2022	56	254	加查马达大学
	59	290	印度尼西亚大学
	67	303	万隆理工学院
	110	465	艾尔朗卡大学

（2）英国泰晤士高等教育世界大学排名。从英国泰晤士高等教育公布的2022年度世界大学排名来看（见表6.12），印尼入围高校中名次位列第一的是印度尼西亚大学。排在末位的印尼电信大学在2019、2020连续两年获得印尼教育与文化部颁发的"印尼第一私立高校"荣誉称号。

表 6.12 2022 年入围泰晤士高等教育世界大学排名的印尼高校

排名	入围高校
800—1 000	印度尼西亚大学

续表

排名	入围高校
1 001—1 200	万隆理工学院
	印尼教育大学
1 201+	艾尔朗卡大学
	印尼建国大学
	布拉维查亚大学
	蒂博内哥罗大学
	加查马达大学
	哈山努丁大学
	茂物农学院
	巴查查兰大学
	三一一大学
	十一月十日科技学院
	印尼电信大学

（3）印尼教育与文化部国内高校排名。印尼教育与文化部更新国内高校排名的主要参考数据是韦伯麦特里克斯网世界大学排名。[1] 对此，结合 2021 年 QS 世界大学学科排名，表 6.13 和表 6.14 总结了印尼十大国立高校和十大私立高校及其优势学科。

---

[1] 西班牙网络计量研究中心在每年的 1 月及 7 月发布该排名。由于其结果是以世界各国的大学自身官方网站公开信息为评价依据，故常出现各高校名次浮动较大的情况。

表 6.13 2021 年印尼十大国立高校及其优势学科

国立高校	教育与文化部排名[1]	韦伯麦特里克斯网排名[2]	优势学科
加查马达大学	1	813	商务管理、金融会计、计量经济学、法律
茂物农学院	2	1 089	农林类
十一月十日科技学院	3	1 091	机械工程、计算机科学与信息系统、电子电气工程
印度尼西亚大学	4	657	法学、政治学、现代语言学、地理学
艾尔朗卡大学	5	1 323	法学、商务管理、医学
万隆理工学院	6	1 649	计算机科学、商业与经济学、工程学
三一一大学	7	1 998	—
蒂博内哥罗大学	8	2 002	商务管理
任抹大学	9	2 064	—
布拉维查亚大学	10	1 221	农业与林业学、商务管理

表 6.14 2021 年印尼十大私立高校及其优势学科

私立高校	教育与文化部排名[3]	韦伯麦特里克斯网排名[4]	优势学科[5]
印尼电信大学	1	1 416	计算机科学与信息系统
印尼建国大学	2	1 947	计算机科学与信息系统
日惹穆罕默迪亚大学	3	2 231	国际关系学

[1] 资料来源于 kumparan 官网。

[2] 数据来自 2021 年 1 月韦伯麦特里克斯网排名。

[3] 资料来源于 kumparan 官网。

[4] 数据来自 2021 年 7 月韦伯麦特里克斯网排名。

[5] 仅印尼电信大学与印尼建国大学入围 2021 年 QS 世界大学学科排名，因此其他私立高校的优势学科均参考自各校官网。

续表

私立高校	教育与文化部排名	韦伯麦特里克斯网排名	优势学科
印尼伊斯兰大学	4	2 269	文化社会学
古纳德玛大学	5	2 697	机械工程
萨蒂亚·瓦卡纳基督教大学	6	2 897	神学
日惹阿玛查亚大学	7	3 395	信息技术
努斯万托罗大学	8	3 416	信息技术
默库布纳	9	3 907	电气工程
贝特拉基督教大学	10	3 978	建筑学

8．国际交流与合作培养

（1）留学交流情况。根据联合国教科文组织统计研究所公布的最新数据，2019 年印尼学生的出国留学率为 0.6%，其他国家学生赴印尼的留学率为 0.1%。其中，2019 年印尼出国留学人员前 10 位目的国分别是澳大利亚（13 880 人）、马来西亚（8 440 人）、美国（7 984 人）、日本（4 722 人）、英国（3 087 人）、德国（2 460 人）、沙特阿拉伯（1 551 人）、荷兰（1 373 人）、土耳其（1 218 人）和加拿大（1 101 人）；2018 年前往印尼留学的前 10 位生源国依次为马来西亚（1 745 人）、东帝汶（1 650 人）、泰国（996 人）、印度（947 人）、中国（515 人）、萨摩亚（218 人）、阿鲁巴（181 人）、韩国（141 人）、利比亚（110 人）和日本（103 人）。[1] 可见，印尼出国留学规模以及赴印尼留学规模都相对较小，而两者相比之下，印尼出国留学规模更大，且多以欧美发达国家为主要目的地，而赴印尼留学的生源国多为发展中国家。

（2）提供留学奖学金项目。首先，面向建交国家和地区的公民提供奖

---

[1] 资料来源于联合国教科文组织统计研究所官网。

学金项目。Darmasiswa 奖学金项目由印尼外交部、教育文化与科技部共同牵头，向来自与印尼建交国家的公民提供赴印尼留学奖学金。该项目始于 1974 年，一开始仅面向东盟国家招生，1976 年起逐渐把招生范围扩大至欧美地区，20 世纪 90 年代初，范围进一步扩大至所有同印尼建立外交关系的国家。截至 2022 年，全球共 135 个国家和地区的公民可申报印尼 Darmasiswa 奖学金项目。获得该奖学金项目的外国留学生将在印尼进行为期一年内的印尼语、艺术和文化课程学习。进行项目报名时，留学生可从支持该项目的 72 所印尼高校中进行自主选择，并按通知要求参加印尼驻本国大使馆举行的面试，最后由教育文化与科技部统筹入围人员名单，并在 Darmasiswa 奖学金项目官方网站进行公示。

其次，面向发展中国家的留学生提供奖学金项目。发展中国家伙伴关系奖学金创立于 2008 年，由印尼教育文化与科技部高等教育与科技总司负责，旨在向来自发展中国家的留学生提供赴印尼攻读本科（四年）、硕士（两年）、博士（三年）学位的奖学金。而在攻读之前，留学生需在就读高校的语言中心进行为期一年的印尼语课程学习。此外，政府也在不断推进该奖学金项目同更多的印尼国立高校和私立高校建立合作，不仅是为了提升印尼高等教育质量，也是为了提升印尼高等院校在国际上的知名度。截至 2022 年，印尼共有 23 所高校支持该奖学金项目申请。

最后，为印尼学生出国留学提供奖学金项目。2021 年 5 月，印尼教育文化与科技部部长纳迪姆正式公布了印尼国际学生流动奖学金，旨在为印尼学生提供前往世界各国名校开展 1—2 学期交流学习的机会。该项目隶属"独立学习"教育改革运动中的"独立校园"培养计划[1]，不但获得印尼财政部支持，并在启动之初就同来自 31 个国家的 73 所高校建立合作。2021 年来自 98 所印尼高校（包括公立和私立）的 970 名学生成功通过该项目前往

---

[1] 印尼教育文化与科技部部长纳迪姆上任后不久，便在全国推行"独立学习"教育改革运动。"独立校园"培养计划是该运动中一个具体实施方案。

欧洲、亚洲和美洲 28 个国家和地区的 59 所高校进行交流学习。

（3）中印尼之间高等教育合作。中国是赴印尼留学生的主要生源国之一，目前两国留学教育发展态势良好。2016 年中国-印尼高校智库联盟正式成立，进一步加强了两国高校与智库的交流合作，为鼓励双方大学之间建立沟通平台、完善智库对话与合作机制搭建了桥梁。[1] 此外，为推动中印尼合作研究，推动两国人文交流与互信合作，除了北京外国语大学成立的中国-印度尼西亚人文交流研究中心以外，还有华侨大学、福建师范大学、华中师范大学、广东外语外贸大学在内的多所名校也开设了印度尼西亚研究中心。

2023 年 3 月 23 日，山东省 7 所高校与印度尼西亚 7 所高校共同签署友好合作倡议书，成立中国（山东）—印度尼西亚高校国际合作联盟。

第二节　高等教育的特点和经验

印度尼西亚高等教育发展的时间并不长，且由于历史和现实的种种原因，目前仍处于缓慢发展阶段。其发展特点和经验分述如下。

一、高等教育的特点

（一）起步晚、潜力大

印尼高等教育从 20 世纪初开始发展至今，虽历经坎坷、曲折发展、速

---

[1] 刘进，林松月 . "一带一路" 沿线国家的高等教育现状与发展趋势研究（二十）——以印度尼西亚为例 [J].
世界教育信息，2019，32（2）：56.

度缓慢，但从总体来看，仍是朝着高等教育现代化、普及化的方向前进，并正逐渐形成以产业和市场需求为导向的创新型人才培养模式。

印尼作为世界第四人口大国和东盟最大的经济体，更应牢牢把握人口红利的发展机遇期，着力提高人口整体素质，积极推动向人才红利转变，高等教育是其中尤为关键的一环。2020 年印尼人口普查数据显示，只有 8.5% 的人口接受过高等教育 [1]，这表明印尼高等教育仍具有广阔的增长和发展空间。

（二）仍处于大众化阶段

近年来，印尼高等教育毛入学率呈稳步上升趋势，尽管早已从精英教育阶段迈入高等教育大众化阶段，且政府计划 2024 年高等教育毛入学率达到 37%，但这一目标数值仍与进入普及化阶段的标准存在较大差距。[2] 未来很长一段时间，印尼的高等教育仍将继续处于大众化阶段。

从近十年印尼高等教育毛入学率性别分布情况来看，印尼女性在高等教育人群中所占比重更大，表明女性受教育程度普遍上升。另据世界经济论坛发布的《2021 年全球性别差距报告》显示，2020 年印尼女性受教育程度分值为 0.97 分 [3]，印尼在教育领域的性别接近平等。而印尼在高等教育入学率上已超过全球平均分 0.927 分，以 1.00 分完全平等的指标位列世界第一。

另外，印尼私立高校的竞争优势并不如国立高校，考生们往往优先报考国立高校，这就导致私立高校的生源不太稳定。然而实际上，印尼一半以上的大学生就读于私立高校。以 2020 年印尼高等教育数据为例，全

---

[1] 数据来源于《罗盘报》官网。

[2] 根据马丁·特罗的高等教育发展三阶段理论，国际上通常认为，高等教育毛入学率在 15% 以下时属于精英化阶段，15%—50% 为高等教育大众化阶段，超过 50% 则进入普及化阶段。

[3] 0.00 分表示男女性别不平等，1.00 分表示男女性别平等。

国高等院校在读学生总人数是 10 646 895 人，其中私立高校学生人数占比 51.13%，不仅如此，私立高校数量也接近国立高校数量的两倍。[1]

（三）持续推进法人化改革

进入 21 世纪以后，印尼政府开启了高等教育法人化改革进程，此举起初意在减少印尼政府高等教育财政支出，尽快从亚洲金融危机中恢复经济。其间多次经历了民众的排斥和争议，印尼政府颁布的《2012 年高等教育法》，不再过度提及法人实体，而是重点强调经营管理高校自治。[2] 从近 20 年的统计数据来看，佐科执政时期印尼高等教育法人化进程明显加快，从 2014 年的 11 所公立高校成为具有法人实体性质的国立高校，到 2022 年的 21 所（见图 6.3），其增长速度是往届政府所力不能及的。这也从侧面说明印尼法人化改革已卓有成效且趋于稳定，能够较好地顾及高校、政府和社会三方的切身利益，找到共同发展的平衡点。

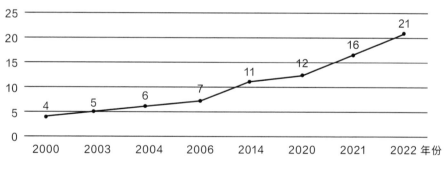

图 6.3 2000—2022 年印尼具有法人实体性质的国立高校数量（所）[3]

---

[1] Direktorat Jenderal Pendidikan Tinggi, Kementerian Pendidikan dan Kebudayaan. Statistik pendidikan tinggi 2020[M]. Jakarta: Setditjen Dikti, Kemendikbud, 2020: XXVII-XXVIII.

[2] 莫海文，李晓峰，赵金钟. 东盟国家教育政策发展研究 [M]. 广州：华南理工大学出版社，2020：35.

[3] 数据来源于《罗盘报》官网。

二、高等教育的经验

（一）制定发展战略规划

印尼政府显然已经意识到本国高等教育发展的重要性与薄弱之处，并采取了针对性措施。佐科政府提出的"2045 黄金印尼"的宏伟目标——到印尼独立 100 周年时，即 2045 年，印尼将迎来前所未有的人口红利黄金期，并跻身全球第四大经济体。在围绕上述目标展开的一系列战略部署中，基于职业培训的人力资源开发被纳入了"三大计划"，人类发展与掌握科技知识在"2045 印尼四项发展基石"中居于首位，这充分表明了高等教育对印尼国家事业发展的必要性，以及印尼政府对提高人力资源质量的重视程度。

印尼智库机构 KSI（Knowledge Sector Initiative）曾对此做出规划，表示只有满足市场需求的高等教育才能更好地推动印尼实现 2045 计划，届时，科研经费占印尼 GDP 总量的 2%—3%，而具有法人实体性质的国立高校将转变为研究型大学或创业大学，其办学资金也不再依赖于国家预算 [1]。

（二）创新人才培养模式

当前，全球正处于数字化时代，数字技术的出现不仅推动了世界科技革命和产业变革，也为各国高等教育的发展变革注入了新鲜活力。数字化管理、数字化培养、数字化转型等新鲜事物逐渐走进了印尼人民的日常生活。

为了进一步创新人才培养模式，提升高等教育质量，印尼教育文化与

---

[1] Knowledge Sector Initiative. Buku putih: sains, teknologi, dan pendidikan tinggi menuju indonesia 2045[R]. Jakarta: Akademi Ilmu Pengetahuan Indonesia, 2017: 96-99.

科技部部长纳迪姆结合印尼高等教育发展情况与人才培养需求，于 2020 年提出了"独立校园"培养计划，旨在为攻读学士学位或应用科学学士学位的学生提供丰富的锻炼机会，帮助学生在踏入职场前找到自身爱好与专长，从而实现更充分的就业。除了前文提到的印尼国际学生流动奖学金项目，该计划的具体内容还包括：工作实习 / 实践、交流生、基础教育支教、自主创业、人道主义项目、农村建设实践、科研、跨专业自学。2021 年共计约 5 万印尼大名学生参与了该项目，政府计划 2022 年该项目参与人数预计能够达到 15 万人。[1] 对此，政府正着手同知名企业建立合作，为大学生提供实习证明，从而吸引更多的大学生参与该项目。

（三）鼓励发展高等职业教育

随着印尼进入工业化发展阶段，印尼政府急需填补基建和技术人才的短板和空缺，比如航空航天、半导体材料、新能源、机械工程等研究方向 [2]。因此，印尼政府立足基本国情，围绕国家工业发展规划大力支持高等职业教育发展。2018 年佩塔米纳大学 [3] 与印尼市政协会签署合作协议，帮助印尼地方市政建设能源基础设施，并发挥所长赋能社会。[4] 印尼大学专业证书机构与职业教育总司开展协同合作以评估职业教育质量，尤其是技术、信息、通信和旅游等热门学科领域。[5]

印尼人类发展与文化统筹部部长穆哈吉尔·艾芬迪表示，在"工业 4.0"技术的影响下，预计东盟国家将有 83% 的企业将改用远程工作模式，54% 的企业将采用数字化技术，50% 的技术将转向自动化，这将使劳动力需求在

---

[1] 资料来源于印尼美都新闻官网。

[2] 韦红. 中国与印度尼西亚人文交流发展报告（2021）[M]. 北京：社会科学文献出版社，2021：204.

[3] 该私立高校成立于 2016 年 2 月 1 日，由印尼国家石油公司 Pertamina 牵头成立。

[4] 资料来源于《罗盘报》官网。

[5] 资料来源于 SINDOnews 官网。

五年内从 67% 减少到 53%。换言之，到 2025 年将有 8 500 万个工作岗位被取消。与此同时，未来五年将催生 9 700 万个全新的工作岗位。为了应对这种情况，50% 的工人需要提高自身技能，另有 40% 需要转岗。印尼政府正在着手提高多个项目的教育质量，同时还致力于提高教师素质，并推动职业教育和培训的发展。[1] 为了解决就业问题，印尼已经启动了职业教育改革，同时调整工业需求和教育产出，使之相互匹配。中国在这个领域的成就和经验将成为印尼的重要借鉴，印尼也将在中国–东盟合作框架下与中国展开深入的教育合作。

中国作为职业教育与工业发展相结合的成功典范，一直是印尼建立职业教育合作的最佳对象，两国不仅依托"一带一路"倡议合作框架开办中印尼"鲁班工坊"、成立黎明（印尼）海丝学院，也在职业技术学院层面积极开展交流。例如，成立烽火产业学院培训中心（印度尼西亚）、举行中国（山东）–印度尼西亚职业教育合作对话会、新冠肺炎疫情期间线上举办 2022 印尼"中文 + 职业技能"本土师资培训等。

第三节 高等教育的挑战和对策

目前，印度尼西亚高等教育仍处于大众化阶段，接受高等教育的群体比例较低，相关配套政策也尚未完善。与其他东盟国家的高等教育发展程度相比，印尼高等教育的发展程度落后于新加坡、马来西亚、泰国，且缺乏世界一流大学和一流学科建设。对此，印尼政府已注意到上述问题，正在采取改革体制机制、加大资金投入、发挥部门带动作用等办法推动高等教育更好发展。

---

[1] 吕慎，陈冠合. 共建"一带一路"国家教育合作愿景——中国–东盟教育交流周实现机制化功能 [N]. 光明日报，2021-10-14（014）.

一、高等教育的挑战

（一）辍学率居高不下

2020—2021 年，印尼高校大学生人数减少了 20%—30%。[1] 究其原因，一方面，是政府的防疫要求导致延期入学；另一方面则是新冠肺炎疫情使印尼经济陷入衰退，部分大学生家庭因支付不起学费而辍学，这就导致办学经费主要依靠学费收入的私立高校深受影响。[2] 对此，印尼总统佐科曾于 2022 年 1 月 10 日以视频方式出席斗争民主党成立 49 周年庆祝大会时发表讲话称，2021 年印尼政府总共向 110 万名大学生提供总金额达 9.4 万亿印尼盾（约合 41.4 亿元人民币）的印尼大学智慧卡补助金。[3]

（二）高校科研经费少

从印尼国家统计局公布的 2021 年印尼 GDP 来看，印尼高等教育的预算支出仅占 GDP 的 0.029%，尽管已做出调整，但仍远低于其他国家。世界银行 2019 年报告显示，印尼研发支出占 GDP 的比例仅 0.08%，远低于世界平均值 3.663%，甚至与邻国马来西亚（1.30%）、新加坡（2.18%）相差甚远。而在所有研发支出中，私人研究投资仅占 26%，这与私人研发占研发总支出 73% 的泰国形成了鲜明对比。[4]

---

[1] 资料来源于 SINDOnews 官网。

[2] 资料来源于 SINDOnews 官网。

[3] 资料来源于泗水之声官网。

[4] 数据来源于《印尼媒体报》。

（三）国际化水平较低

截至 2022 年，印尼入围 QS 世界大学排名 500 强的大学仅有 4 所，其中只有印度尼西亚大学和加查马达大学曾入围过世界大学 300 强。与此同时，印尼入围 THE 世界大学排名的高校名次也并不令人满意，从 2023 年最新数据来看，曾在 2019 年跻身 601—800 排名区间的印度尼西亚大学如今已跌至 1 001—1 200 区间，而这已经是印尼在 THE 世界大学排名中的最好成绩。此外，印尼出国留学人数往往高于赴印尼留学人数，但从整体来看，两者的规模都比较小。

二、高等教育的对策

（一）政府提供高等教育补助

印尼总统佐科在 2014 年上台执政后，便推出了"印尼智慧卡"，即通过为家庭经济困难的学生提供补助，帮助贫困家庭减少教育支出，从而有效降低辍学率。起初其覆盖范围仅限小学至高中阶段的学生，后在 2019 年扩大范围至大学生，并称作"印尼大学智慧卡"。

2021 年，印尼政府大幅提升了印尼大学智慧卡补助金额，年度预算从原先的 1.3 万亿印尼盾提高至 2.5 万亿印尼盾。学费补助由原先的每学期每人 240 万印尼盾调整为根据学生就读院校专业的等级鉴定结果进行划分，即 A 级专业最高可补助 1 200 万印尼盾，B 级专业最高可补助 400 万印尼盾，C 级专业最高可补助 240 万印尼盾。生活费补助则不再是每个月的 70 万印尼盾，而是根据学生学籍所在地的经济发展水平划分，每月 80 万印尼盾至 140 万印尼盾不等。上述提升高等教育补助金的举措，给那些贫困家庭的学生带来了希望，学生只要成绩足够出色，便不会再因经济拮据而辍学。

（二）多方募集资金助力科研

2020 年，印尼教育文化与科技部部长纳迪姆公开表示，2021 年高等教育的预算金额将提高至 4.95 万亿印尼盾，比往年预算增加了 70%，此举意在帮助高校毕业生找到心仪且薪资待遇合适的工作岗位，高校教师更加了解社会及产业的需求，高校课程更加注重培养学生的团结协作与解决问题的能力。[1]

印尼将继续推动"独立校园"培养计划，并通过对等资金的合作形式，与私人研发机构展开合作等吸引更多的研发投资。截至 2022 年 2 月，政府已成功募集 2.3 亿印尼盾的对等资金，并同有关产业签署了 2.96 亿印尼盾的投资合同。此外，经过政府积极动员，相关产业、非政府组织、地方政府等单位都加大了对"独立校园"培养计划的支持力度，高校的研究和创新经费也因此翻了一番。[2]

（三）开设更多国际合作项目

印尼教育文化与科技部已经意识到高等教育国际化并不能就此停下，必须采取相应措施解决问题。故该部门不再局限于以吸引国际留学生赴印尼学习为目标，而是向更多的印尼大学生提供出国留学的机会，期望这些学生在学成归来后能够更好地服务社会，助力国家建设与发展。

据报道，印尼 9 所国立大学已开设能够获得双学位的国际本科班。印尼学生在国内完成大一和大二课程后将前往海外合作院校修习最后两年的

---

[1] 资料来源于《罗盘报》官网。
[2] 资料来源于《印尼媒体报》官网。

学业，并最终分别获得国内和国外两所大学学位。[1] 这 9 所高校分别是印度尼西亚大学、加查马达大学、茂物农学院、万隆理工学院、艾尔朗卡大学、十一月十日科技学院、蒂博内哥罗大学、日惹国立大学和楠榜大学，其中，除了楠榜大学以外，其他 8 所高校都已成为具有法人实体性质的印尼国立高校。

[1] 资料来源于《罗盘报》官网。

第七章 职业教育

职业教育是印度尼西亚教育系统中的重要一环。在印尼独立之前，当地就已经出现了带有职业教育特色的教育方式。印尼独立以后，社会经济建设的迫切需要使印尼格外重视职业教育的发展，形成了能力本位、注重实践的教学特点。但与此同时，印尼职业教育的发展也面临着发展方向不均衡、高质量教员和行政管理缺位、基础设施落后、校企合作不足、人力资源素质提升的全球化挑战、劳工待遇亟待改善等问题。

第一节 职业教育的发展和现状

一、职业教育的发展

印尼的职业教育历史可追溯至殖民时期。殖民者在为印尼带去西式教育体系、建立服务于殖民体系学校的同时，也推动了印尼本土职业教育事业的发展。印尼赢得民族解放和国家独立后，其职业教育事业肩负起了促进国家经济发展的责任和使命，获得了国家更加广泛的关注与支持。在不同的历史发展阶段，印尼的职业教育发展呈现出了不同的面貌和时代特征。

（一）殖民时期的职业教育（1602—1945 年）

在殖民时期，荷兰与日本殖民者已经在印尼群岛建立了职业技术教育学校。1602—1910 年为印尼被荷兰殖民时期。荷兰人在印尼群岛所建立的学校多与 1901 年起推行的"道义政策"相关。这一时期所建立的职业技术学校学制长短不一、授课内容也不尽相同，大致可分为女子学校、技术学校、农业学校和商贸学校四类。女子学校的办学目标主要是培养学生料理家务的能力，同时也在课程中讲授作为妇女的基本准则，为学生将来嫁作人妇做准备。荷兰人开设有不同的学校分别招收毕业于荷兰语学校和印尼语学校的学生。技术学校的办学目标则是教授特定的手工业、建筑业或矿业等职业技术。许多学校是夜校或者仅在下午上半天课，也有学校实行种族隔离制度，仅招收欧洲学生。农业学校以农业技术为主要教学内容，也有学校的课程内容涉及林业，培育相应领域的管理人才。商贸学校授课内容往往是文学与经济学，以培育商贸领域的管理人才为目的。总体而言，荷兰殖民时期的职业教育与荷兰在印尼殖民势力不断扩张和深入具有密切的联系。其机构设置和课程教学直接为荷兰殖民体系服务。

1902—1945 年为日占时期。荷兰人所开办的学校多受战争波及而关闭。日军占领印尼群岛之后，各级学校重新开启，荷兰人所开办的一部分技术学校也被合并到日本殖民者所管理的职业学校当中。一些学校的办学目标也发生了变化，例如有的女子学校开始培养幼儿园教师。[1]

日本殖民者在印尼推行带有军国主义色彩的"皇民"教育，规定禁止使用荷兰语，设日语为必修课程，要求学生用日语宣誓、学唱日本军歌、向东京皇宫方向敬礼、在体育课生进行军事训练，同时强迫学生进行义务劳动，例如打扫车间、搜集战时物资等。[2] 日本殖民政府要求所有教师必须

[1] 资料来源于印尼教育与文化部职业高中管理局官网。
[2] 刘思雯. 印度尼西亚职业技术教育发展研究 [D]. 桂林：广西师范大学. 2014: 9.

经过统一的军国主义培训，从而以学校作为媒介传播所谓的"大东亚共荣圈"思想。日本殖民者采取了禁用荷兰语等一系列遏制性的举措，破坏了荷兰殖民期间构建起来的教育体系基础，其结果是印尼不得不重新开始探索自身的教育发展道路[1]。在这个背景下，职业教育异化为日本政府用以奴役印尼人民，榨取战争资源的工具。

（二）独立以后的职业教育（1945—1999 年）

印尼赢得独立之后，建设国家成为其首要任务。为此，印尼对荷属东印度时期所建立的基本教育体制进行了改造。1969—1998 年，印尼政府相继推出 6 个五年计划对本国的职业教育进行重建。

印尼在 1945 年宣布独立之后便意识到了通过教育来培养人才的重要性。为了解决人力资源真空的问题，印尼政府对教育事业的发展给予了充分的重视。在其宣告独立之后的艰难民族斗争过程当中，退守日惹的印尼共和国政府就在日惹苏丹皇宫内建立起了加查马达大学。[2] 总体而言，这一时期印尼所采用的教育体制依旧是荷属东印度时期的延伸。人力资源的开发既包括各级正式教育，同时也包括在工作岗位和行业内的直接培训。印尼政府主要通过确保财政投入的方式来保障职业教育的发展。

在 1969 年第一个五年计划之前，印尼已经形成了职业教育学校的机构性基础。当时在印尼已经建有共计 691 所职业教育学校，[3] 但是这些学校虽然抱有提供技术培训的宗旨，但是实际上却没有明确的教学目标。教师、学生及其家长也多将这些学校当作一个接受更高等级教育的垫脚石，而并不是为进入职业生涯所做的准备，许多职业技术学校的毕业生并不能达到

---

[1] 刘思雯. 印度尼西亚职业技术教育发展研究 [D]. 桂林：广西师范大学. 2014: 9.

[2] 资料来源于印尼教育与文化部职业高中管理局官网。

[3] 资料来源于印尼教育与文化部职业高中管理局官网。

职场所需要的技能要求。所以印尼政府在这一时期确立的职业教育目标是利用高效的教育方式培养出具有民族自豪感、参与国家建设的毕业生，以满足国家建设的需要。为此需要建立起有效、高效，并且和国家需要密切相连的职业技术教育体系，通过传授给职校毕业生以实用的知识和技能来为他们创造工作机会，并通过兼顾质与量的人才培养来对国家发展起到积极的推动作用。职业教育的重心在于推动学生们走向各行各业，直接为他们走上工作岗位做铺垫。

印尼第一个五年计划（1969—1974 年）对先前的教育系统的缺陷进行了反思，并对职业教育系统进行了全面的改造，以便为国家输送高质量的人力资源。这一改造基于以下三点：其一，在各个产业的扩张需求之间取得平衡；其二，充分考虑人民大众的教育需求和期望；其三，教育内容包括广义上为进入职场所需的各种技能。

第二个五年计划（1974—1979 年）在职业教育的发展方面采取了更进一步的策略：其一，创造工作机会；其二，创造支撑农业产品并为将来产业发展做准备的专门产业；其三，改善人民的社会教育；其四，全国平衡发展。[1] 在这一时期，缺乏训练有素的技术人才依旧是印尼国家工业化的阻碍，特别是在高等级技术人才方面。因此，第二个五年计划依旧致力于改善并发展职业教育，以为国家经济发展助力。

第三个五年计划（1979—1984 年）首先要解决的是印尼职业教育师资问题。当时印尼职业教育教师需要 24 000 名教师，但实际人数只有 12 750人，减去 3 750 名所教内容和其专业方面并不相符的教师，实际上能从事有效的教学工作的教师只有 9 000 人。经过官方系统培训的教师更少，相当一部分的职业教育教师实为"自学成才"。这种现象是由多方面的因素造成的。首先，职业学校教师在当时的薪资待遇和社会地位都比较低。其次，

---

[1] 资料来源于印尼教育与文化部职业高中管理局官网。

印尼官方培养职业技术教师的项目并不完善。最后，当时职业技术教师的教育机制缺乏专业指导，导致培养出的人才和学校的实际需要不符。面对这一情况，印尼教育与文化部对教师的培养进行了全面规范，对教师就职前和就职后所必须接受的培训做出了明确规定，并推动形成了一些职业教育师资培养的中心机构。[1]

这一时期面临的另一个问题是时代环境的变化带来的对教育系统变革的需要。一方面，人民大众对于职业教育产生了新的需求，对教育项目种类的选择有了新的偏好；另一方面，时代的发展推动了技术的变革，由此需要对课程内容和形式进行定期更新。为了应对这一情况，印尼职业教育对课程系统进行了大规模更新，以5—10年为一个周期。而课程标准的实施过程则讲究因时制宜，根据当时的实际情况灵活处理。经过一系列变革，1984年职业高中课程体系发生如下变化：其一是对课程构成占比的要求进行了调整，其二是规定职业高中必须在教授公共课的同时还要教授专业课，其三是要求教学过程中将理论同实践相结合，其四是要求学生第一年不分专业一同上课，其五是要求实行学分制，其六是要求学校提供职业生涯指导。为配合这些措施的落实，印尼政府对职业教育学校进行了机构设施上的扩充，在师资和管理方面也进行了优化。[2]

在第四个五年计划期间（1984—1989年），印尼职业教育更加以国家工商产业需求为导向，特殊的专门职业教育受到更多关注。前三个五年计划在职业教育方面的措施取得了一定成效，各种职业学校的学生数量都有明显增加。在第四个五年计划时期结束时，印尼职业高中的毕业生数量已经达到了1 129 316人。印尼政府也采取了多种措施以确保职业教育的师资质量。[3]

---

[1] 资料来源于印尼教育与文化部职业高中管理局官网。

[2] 资料来源于印尼教育与文化部职业高中管理局官网。

[3] 资料来源于印尼教育与文化部职业高中管理局官网。

在第五个五年计划期间（1989—1994 年），印尼培养中级技术工人的项目已初具规模，同时也形成了初步的分类，包括工程、农业、手工业和工艺等。印尼增加了职业高中的数量，推出了 4 项教师培养项目，同时也增加了职校学生和师资的数量。这一时期职校学生的数量达到了 1 341 196 人，其中458 440 人为国立职校的学生，882 756 人为私立职校的学生。教师的数量总体上也有所增加，并且经过国家统一培训的师资明显增加。[1]

这个时期的职业教育十分重视对学生未来步入职场后所需技能和素养的培养，不少学校和企业达成了协作培养协议。例如，印尼电信公司就为职校学生和待培训教师提供设施以供现场学习。与此同时，印尼职业教育还开展了一些国外合作项目，包括南澳大利亚技术与技术教育项目，澳大利亚北领地和加拿大政府的项目。[2]

在第六个五年计划期间（1994—1999 年），职业教育被放到了前所未有的重要位置，印尼的职业教育展现出了巨大的发展潜力。1982 年，印尼关于国家教育系统的第二号法案，将职业教育同九年义务教育并举，强调它在培养学生进入劳动力市场的过程中具有至关重要的作用。[3] 但是，印尼的职业教育依旧存在课程制定专业性欠缺、课堂教学脱离职场实际等问题，印尼职业学校的毕业生在劳动力市场的竞争中常处劣势。[4]

（三）进入 21 世纪后的职业教育（2000 年至今）

进入 21 世纪后，日渐完善的职业教育法律政策体系和国家经济社会发展对技术技能人才的迫切需求不断促进印尼职业教育的发展。2003 年颁布的《国家教育体系法》是印尼开展全国教育工作的根本法案，规定了包括职

---

[1] 资料来源于印尼教育与文化部职业高中管理局官网。

[2] 资料来源于印尼教育与文化部职业高中管理局官网。

[3] 资料来源于印尼教育与文化部职业高中管理局官网。

[4] 资料来源于印尼教育与文化部职业高中管理局官网。

业教育在内的各层次、类型的国民教育体系和制度保障。同年颁布的《劳工法》为国家职业培训体系提供了法律支持。2005 年颁布的《教师法》对包括职业教育在内的教育工作者的资质条件与相应管理等方面进行了规范。2016年，总统佐科·维多多签署了《职业高中振兴计划》，为职业教育发展的方向指引。2018 年，印尼专门制定了《国家职业高中、伊斯兰学校职业教育标准》，详细规定了包括毕业生能力、教育过程、教育设施、教育评估、教育管理、经营成本和教育工作者等方面的最低标准，作为开展高中阶段学校职业教育实践的最低水平，成为确保职业教育发展质量的基本遵循。[1]

二、职业教育的现状

（一）正规职业教育

印尼正规职业教育主要包括两大类型。一是教育与文化部管辖范围内的职业高中（包括职业高中和伊斯兰职业高中两种），学制一般为 3 年，也有个别学校可以延长到第 4 年，为学生提供一年制的职业文凭课程。学生完成规定课程并通过国家统一考试后，可以获得国家中等教育证书。毕业后，学生大部分会直接进入劳动力市场谋职或自行创业。二是由研究技术部管辖的职业文凭教育项目，按照学习年限，该类教育有 1—4 年制四种形式，学生结业通过考试可以获得相应的学历证书，其中，4 年制学生还可以获得应用本科学位。每一级职业文凭教育毕业生都可以直接就业，也可以继续攻读更高层次的职业文凭教育课程。其中，三年级职业文凭教育毕业生不仅可以升入四年级职业文凭课程，也可以通过平等考试攻读普通本科教育课程。[2]

---

[1] 刘亚西. 印度尼西亚职业教育系统的治理结构与实践样态 [J]. 职业技术教育，2020，41（27）：35-39.
[2] 刘亚西. 印度尼西亚职业教育系统的治理结构与实践样态 [J]. 职业技术教育，2020，41（27）：35-39.

1. 职业高中发展概况

印尼职业高中以私立学校为主,在地理分布上多集中于爪哇岛。根据印尼教育与文化部 2017 年的统计数据,印尼全国的职业高中数量已经达到了 13 710 所,其中 3 519 所是公立学校,占比 25.67%,剩下 10 191 所学校是私立学校,占比 74.33%。在地理位置上,爪哇岛上的职业学校数量分布最多,其中西爪哇省的职业学校数量最多,达 2 846 所,东爪哇省的数量次之,达 1 983 所,中爪哇省再次之,达 1 569 所。雅加达特区的职业学校分布也较密集,数量达 579 所。[1]

印尼私立学校学生占比更大。2018 年,印尼职业高中新入学人数达到了 1 721 547 人,其中 747 387 人是公立学校学生,占比 43.41%,剩下 974 160 人是私立学校学生,占比 56.59%,印尼职业高中在校学生总数为 4 904 031 人,其中 43.04% 为公立学校的学生,共计 2 110 751 人,56.96% 为私立学校的学生,共计 2 793 280 人。[2] 印尼全国职业高中在校生数量及比例见表 7.1。

表 7.1 印尼全国职业高中在校生人数及其占比 [3]

类型		公立学校		私立学校		总人数
人数和占比		人数	占比（%）	人数	占比（%）	
按性别	男	1 182 083	42.19	1 619 679	57.81	2 801 762
	女	928 668	44.17	1 173 601	55.83	2 102 269

---

[1] 资料来源于印尼教育与文化部官网。统计数据于 2018 年发布。

[2] 资料来源于印尼教育与文化部。

[3] 数据来源于印尼教育与文化部官网。

续表

类型		公立学校		私立学校		总人数
人数和占比		人数	占比（%）	人数	占比（%）	
按年级	10 年级	749 156	43.38	977 822	56.62	1 726 978
	11 年级	717 851	42.94	954 006	57.06	1 671 857
	12 年级	639 465	42.62	860 836	57.38	1 500 301
	13 年级	4 279	87.42	616	12.58	4 895
按年龄段	16 岁以下	434 392	44.61	539 471	55.39	973 863
	16—18 岁	1 597 236	42.81	2 133 508	57.19	3 730 744
	18 岁以上	79 123	39.68	120 301	60.32	199 424

此外，公立学校和私立学校中都有较明显的学生留级和辍学问题。2017年印尼职业高中总计有 13 664 名留级生，其中公立学校有 6 536 名留级生，占比 47.83%，私立学校有 7 128 名留级生，占比 52.17%。辍学人数为 73 388 人，其中公立职业高中有 22 276 名学生辍学，占比 30.35%，私立职业高中有 51 112 名学生辍学，占比 69.65%。当年毕业生总计 1 300 521 人，其中大部分来自私立高中，共计 749 948 人，占比 57.67%，而公立职业高中毕业生占比 42.33%，共计 550 573 人。[1]

在师资力量方面，私立职业高中教师数量较多，并且公立学校和私立学校教员大多拥有本科学历。印尼教育与文化部 2018 年统计数据表明，印尼职业高中老师总数已经达到 292 212 人，其中公立职业高中教师数量为 141 813 人，占比 48.53%，私立职业高中教师数量为 150 399 人，占比 51.47%。男教师总数为 140 393 人，女教师总数为 151 819 人。其中，共276 293 人具有本科及以上的学历，公立职业高中和私立职业高中中拥有

---

[1] 资料来源于印尼教育与文化部官网。

本科及以上学历的教员人数分别为 137 663 和 138 630 人。未获得本科学历的教员人数较少，总共仅有 15 919 人。此外，共有非教员职业高中员工 53 020 人。[1]

在教学设施方面，私立职业高中教室数量占比更大，但是公立学校和私立学校教室均有较明显的受损问题。印尼教育与文化部的 2018 年统计结果显示，印尼职业高中共有 162 426 间教室，其中公立职业高中拥有教室 66 147 间，占比 40.72%，私立职业高中拥有教室 96 279 间，占比 59.28%。[2] 教室数量和维护状态见表 7.2。

表 7.2　印尼职业高中教室数量和维护状态统计 [3]

类型	公立职业高中		私立职业高中		总数（间）
教室数量及占比	教室数量（间）	占比（%）	教室数量（间）	占比（%）	
状态良好	33 673	44.42	42 131	55.58	75 804
轻度受损	29 597	37.85	48 607	62.15	78 204
中度受损	1 362	36.53	2 366	63.47	3 728
重度受损	868	33.75	1 704	66.25	2 572
完全损坏	647	30.55	1 471	69.45	2 118

印尼教育与文化部对职业高中的其他设施状况也进行了统计。印尼职业高中的各类实验室的数量总体呈增长趋势，从 2015 年的 17 547 间增长到了 2017 年的 18 711 间，其中包括科学实验室 2 194 间，化学实验室 1 226 间，物理实验室 825 间，生物实验室 485 间，语言实验室 1 852 间和计算机

---

[1] 数据来源于印尼教育与文化部官网。

[2] 数据来源于印尼教育与文化部官网。

[3] 数据来源于印尼教育与文化部官网。

实验室 12 129 间。这些实验室中，状态良好的实验室共 8 764 间，而轻度受损的实验室共 8 934 间，中度受损的实验室有 397 间，重度受损的实验室有 282 间，另有 334 间实验室完全损坏。[1]

印尼职业高中共计有 8 851 所图书馆，其中大部分处于轻度受损的状态，共 4 248 所。状态良好的图书馆共 3 990 所，另有 230 所中度受损，188 所重度受损，195 所完全损坏。[2]

在卫生健康方面，印尼职业高中的相关设施较为欠缺。印尼职业高中的医务室数量总共 4 140 间，而其中仅有 1 939 间处于良好的状态，这个数字远小于不断增长的职业高中总数。[3] 在用水方面，只有大约一半的学校使用的是自来水或水泵，有 4 694 所学校使用的是不设保护措施的水井，282 所学校使用的是不设保护措施的泉水。[4] 尽管绝大多数学校拥有足够的水来满足日常所需，但是仍有 1 005 所职业高中用水不足，147 所学校则没有可使用的水。[5] 据印尼教育与文化部 2017 年统计数据，3 510 所职业高中没有学生厕所，且多数学生厕所都有不同程度的受损情况。[6]

2. 职业高中学制与课程设置

印尼职业高中的学制由印尼教育与文化部职业高中管理局进行统一规定。学生在职业高中学习的时长受其选择的职业技术门类的影响，既有 3 年学制的职业技术门类，也有 4 年学制的职业技术门类。

印尼职业高中的课程设置随不同的职业技术门类有容量上的差别，学

---

[1] 资料来源于印尼教育与文化部官网。统计数据为 2018 年发布。

[2] 资料来源于印尼教育与文化部官网。统计数据为 2018 年发布。

[3] 数据来源于印尼教育与文化部官网。统计数据为 2018 年发布。

[4] 数据来源于印尼教育与文化部官网。统计数据为 2018 年发布。

[5] 数据来源于印尼教育与文化部官网。统计数据为 2018 年发布。

[6] 数据来源于印尼教育与文化部官网。统计数据为 2018 年发布。

制为 4 年的职业技术门类总共要进行 6 648 个课时的课程教学，而学制为
3 年的职业技术门类课程教学时长则较短，总计 5 016 个课时。但是两种学
制的职业技术门类的课程设置具有相同的内容框架，都包括国家规定课程、
地区规定课程和职业技术专业课程三个部分，具有强调印尼民族文化教育，
强调国家需求和全球化趋势，强调德育、智育和技术教育共同发展的特点。

（1）国家规定课程。印尼职业高中的各个职业技术专业不论学制长短都
须设置一系列的国家规定课程。这些课程在内容上主要是对学生语言算数
等基础能力的培养，同时包括对学生的通识教育。这类课程的课时占比在
三类课程中排名第二，并且除印尼历史外，其他课程每学期都有分布。这
体现了印尼职业教育对学生基础能力素质和民族精神培育的重视。

各职业技术专业学生学习时长受各专业学制长短不同的影响而有所区
别。国家规定的课程包括 6 门，即建国五基与公民教育、宗教与德育教育、
印尼语、数学、印尼历史以及外语。学制 4 年的专业该部分课程总计时长为
1 870 课时，而学制 3 年的专业该部分课程总计时长为 1 734 课时。两者之
间的区别在于学制为 4 年的学生外语课程课时更多，但其他国家规定课程的
课时数量跟学制 3 年的学生并无区别。

（2）地区规定课程。除了国家规定的课程之外，印尼职业高中的学生还
需要接受两门地区性课程，即文化艺术和体育健康教育。这两门课程体现
了印尼职业教育对学生身体素质与心智审美能力的重视，也在一定程度上
体现了对民族文化的保护和传承。这两门课程的课时不论学制长短均为 252
个课时，其中文化艺术课程只在第一学年进行，而体育健康教育课程则在
第一和第二个学年开设。

（3）职业技术专业课程。印尼职业高中课程设置中占比最多的是职业技
术专业课程。同前两类通识性的课程不同，职业技术专业课程针对性更强，
更加直接地培养学生进入对应职业生涯所需要的实用技术能力。在内容上，
这一部分课程既包括理论性的学科知识传授，也包括更重视具体实操的职

业技术培养。这部分课程包括三个部分：专业领域基础、专业项目基础和专业能力。

第一部分是专业领域基础课程。这一部分课程在内容上偏重于向学生介绍对应职业技术领域所需要的学科理论知识。不同的职业技术专业的课程内容和数量都有所不同。例如，建筑技术专业的学生需要学习 3 门课程，包括物理、化学、数字模拟与通信课程；农业技术专业的学生这一部分需要学习 4 门课程，包括物理、化学、数字模拟与通信、生物课程；旅游专业的学生则需要学习应用自然科学、数字模拟与通信、旅游业 3 门课程。[1]

这一部分的课程体现了印尼教育系统在课程设置方面着重强调人才素质培养的教育宗旨，应用自然科学等课程能够在国家和地区规定的通识课程的基础上扩充学生的知识储备，并提升学生的综合素质。同时，课程设置也在一定程度上体现了对学生实际职业素养的培育目标。在印尼职业高中管理局所规定的职业高中课程结构中，几乎所有专业的学生都需要学习数字模拟与交流的课程，这体现出印尼职业教育除重视专门职业技术之外，也重视对学生信息技术应用能力的培养和交际能力等综合素质的提升。

第二部分是专业项目基础课程。这一部分的课程依旧具有较强的理论性，但在内容上更加针对相应的职业技术专业门类。部分课程已涉及特定职业技术的实际操作内容。例如，摄像专业的职业高中学生的课程包括电影史、电影艺术、电影制作和电影制片课程；农业专业的职业高中学生需要学习技术材料与技术图样、农场经营基础、动力与气候学课程。[2] 总的来说，这一部分的课程为学生学习职业技术的实践操作提供了更加具体的理论基础，并引导学生逐渐深入所学的职业技术领域。

第三部分是专业能力课程。职业高中理论性的课程全部都安排在第一个学年，这意味着所有职业高中的学生都会在第一和第二个学期完成专业

---

[1] 资料来源于印尼教育与文化部官网。

[2] 资料来源于印尼教育与文化部官网。

领域基础和专业项目基础课程的学习。从第二个学年开始，他们将会全身心投入到专业能力课程的学习当中。

专业能力课程带有很明显的实践性，学生通过这些课程能够更直接地接触到具体的职业技术。同前两部分偏理论性的课程不同，这一部分的课程实践性较强。在一定程度上为学生进入职场提供见习机会。例如，农业专业的职业高中学生需要学习农业机械、农田测量、灌溉和排水、农产品收割机械、机械化农业工具工作坊、创意产品与创业等课程；信息技术专业的学生在这一部分需要进行云电脑基础设施、云电脑平台、云电脑服务、物联网系统、网络安全系统、创意产品和创业课程的学习[1]。

专业能力部分的课程同前两个部分的课程组成了一个有机整体，按照专业化和实践性不断提高的顺序逐渐完善对学生职业技术专业能力的培养。值得注意的是，几乎所有专业的学生都会进行创意产品和创业课程的学习。这体现了印尼职业教育为提升毕业生就业率所做出的努力，同时也体现出印尼职业教育对创意产业的重视。

（二）非正规职业教育

印尼政府专门开发了与正规教育同等学力水平的非正规教育体系，旨在为因贫困、环境等诸多原因无法接受正规教育的学生提供补充教育。[2]其中职业教育项目主要有职业技能培训项目和同等教育中的 C 级职业培训包，前者主要是针对求职者和在职人员开展的就业技能培训，包括学徒培训、订单培训等；后者则是相当于职业高中的职业培训包课程，通过培训包平等测试后，可以以职业高中同等学力生身份进入更高一层的正规教育机构继续深造。[3]

---

[1] 资料来源于印尼教育与文化部官网。

[2] 非正规职业教育与成人教育之间的重合之处，将在第八章成人教育进一步展开陈述。

[3] 刘亚西. 印度尼西亚职业教育系统的治理结构与实践样态 [J]. 职业技术教育，2020，41（27）：35-39.

（三）非正式职业教育

非正式职业教育主要是指通过家庭教育或其他自学形式进行的教育活动。[1]此外，非正式职业教育开展渠道还包括社区学院和生涯中心、技能培训中心等。这些机构的特点在于：第一，时间周期较短；第二，更加偏重提升实践技能水平，其专业化程度低于职业高中；第三，其目的是以尽可能简单的方式对学生进行速成式的职业准备培训。

1．社区学院和生涯中心

印尼的社区学院和生涯中心是由印尼政府拨款赞助的短期临时职业技术培训项目。其目的是对那些尚未达到入职行业标准的职业高中毕业生进行业务水平能力上的提升。[2]

这种项目往往会跟职业高中进行合作，其课程内容也是理论教学和实践操作兼顾，并且对实践操作部分给予高度重视。项目开展的实际场所一般是在职业高中内部或者行业机构内部，以保证项目教学的实用性。[3]

2．技能培训中心

技能培训中心是印尼人力资源部为了促进就业，为各个教育层级的待业人员所提供的技能培训项目。这种项目对于受训人的教育水平并没有要求，项目内容也侧重于实际技能的培养和应用。在实际操作过程中，技能培训中心项目也常会和职业高中进行合作。[4]

---

[1] 刘亚西. 印度尼西亚职业教育系统的治理结构与实践样态 [J]. 职业技术教育，2020，41（27）：35-39.
[2] 刘思雯. 印度尼西亚职业技术教育发展研究 [D]. 桂林：广西师范大学，2014：18.
[3] 刘思雯. 印度尼西亚职业技术教育发展研究 [D]. 桂林：广西师范大学，2014：18.
[4] 刘思雯. 印度尼西亚职业技术教育发展研究 [D]. 桂林：广西师范大学，2014：18-19.

3．其他职业教育机构

除上述几类之外，还可见其他一些带有职业教育性质的培训机构，包括职业技术教育培训机构、民间私立的课程机构和培训中心。职业技术教育培训机构中也有一部分是由政府管理的，其目的在于提供学校教育以外的培训，包括对求职者求职过程的帮助和创业方面的培训。[1]

印尼有一定规模的私有企业也一般会有自己的新员工入职培训机制，目的在于在职业高中教育的基础上，更有针对性地对员工进行培训，从而使招募的人力资源符合企业发展需求。[2]

第二节　职业教育的特点和经验

一、职业教育的特点

职业教育是印度尼西亚国家教育体系的重要组成部分，国家以培养高质量职业技术人才，满足国家经济发展与人力资源市场需求缺口为指导思想，充分强调职业教育所具有的独特战略地位。在长期的历史发展过程中，印尼职业教育形成了以下特点。

（一）职业高中和普通高中齐头发展

印尼政府从宏观层面上对印尼职业高中的发展给予充分重视，并在资源

---

[1] 刘思雯. 印度尼西亚职业技术教育发展研究 [D]. 桂林：广西师范大学，2014：19.
[2] 刘思雯. 印度尼西亚职业技术教育发展研究 [D]. 桂林：广西师范大学，2014：19.

分配上的有所倾斜。印尼教育部明确表示,在印尼的教育系统当中,职业高中和普通高中同等重要,职业高中对于国家产业发展的促进作用尤其得到重视。印尼政府在组织结构上专设职业高中管理局,并对职业高中的发展增加了许多扶持政策,包括增设奖学金,在宣传上改善职业高中形象等。

印尼政府的高度重视也使印尼职业高中的发展取得了显著成效。印尼职业高中的师生数量都有明显的增长,它和普通高中相比也开始逐渐显出独特的优势。在2009年,印尼普通高中同职业高中的学生数量比为3:2。而在2014年职业高中的学生人数实现反超,占高中阶段学生总数的51%。[1]

(二)课程设置以国家需求为导向

印尼职业高中的发展始终以国家经济发展为导向,通过培养对应的高质量人才满足国家与社会的实际需求。印尼职业教育关注社会各方面所产生的人才需求,并以填补这种人才缺口为重要指导方略。例如,印尼政府近年便十分重视与海洋相关的产业,在各个方面都展现出更加充分利用其海洋资源的意愿和努力。相应地,印尼政府对海洋产业相关的职业高中给予了重点关注,建立了450所海洋产业相关的优势职业高中,并对这些学校的教室、车间、宿舍等基础设施进行了维护与更新。印尼职业高中管理局2015年提出要推动与海洋产业、粮食安全相关、旅游业和创意产业相关的职业高中的建设与发展。[2]

(三)秉持能力本位的教育理念

印尼职业教育始终秉持能力本位的教育理念。在办学方向上,以提升学

---

[1] 资料来源于印尼教育与文化部职业高中管理局官网。

[2] 资料来源于印尼教育与文化部职业高中管理局官网。

生的实际职业技能、培养学生适应实际工作和行业环境的能力及素养为办学导向。在课程设置上，印尼职业高中强调将理论和实践相结合，并在课程构成中加入学生通过实操练习获得的实践学分。印尼政府从师资源头上抓起，在师资培养、教学规章标准设置、课程内容等方面不断努力提高专业性和实用性，并通过专业能力测试的方式对毕业生的质量进行监测与管控。

（四）校企联合实现模式创新

为了提高职业教育的质量，印尼始终在摸索开展职业教育的新形式，并进行了许多办学模式上的创新。印尼政府在职业高中层面进行了两项重要的模式创新：教学工厂和职业高中技术园。其目的是为了提升进行自主创业的职业高中学生的综合能力素养，充分开发各地的发展潜力，提升地区优势产业的国际竞争力。

教学工厂本质上是职业高中和对应产业达成的教学合作伙伴关系，具有如下特征：教学工厂的位置设置在职业高中校园内，由合作产业提供生产设备，教学工厂具有类似于实际产业的生产系统，并且拥有由合作产业直派或者加以训练的监督员。与此同时，合作产业亦可在职业高中中进行选优直聘等活动。[1] 教学工厂理念对于职业教育的发展具有重要的战略性意义，它拥有着紧跟产业快速发展的机制，在提升职业高中等职业教育机构的毕业生的竞争力中发挥着重要作用。[2]

职业高中技术园则是将职业高中的教学工厂和各个产业联系起来的载体，旨在通过企业孵化，来为产业发展提供创新推动力。它还会为各个职业高中提供高质量的设施，包括企业孵化器、天使基金和种子基金等。这些技术园的资金来源多样，包括政府、学术研究组织，或是金融和商务组织。政

---

[1] 资料来源于印尼教育与文化部职业高中管理局官网。
[2] 资料来源于印尼教育与文化部职业高中管理局官网。

府通过建设技术园区开辟工作岗位，提升创新驱动力，同时，各项生活设施完备的园区也成为吸引职业高中优质毕业生的发展平台。印尼政府通过建造各种职业高中技术园，充分释放了职业高中的发展潜力。[1]

（五）教学过程结合地方特色

印尼职业教育强调要将职业教育同地方自然及社会环境、传统价值观，以及当地群众需求联系起来。此举意在对学生进行全面培养，并同时让职业教育更加贴近地方发展状况，满足地方发展人才需求并生成地方经济发展动能。除此之外，职业教育通过让学生熟悉地方自然资源，提高学生的环境保护意识和可持续发展意识。[2]

印尼职业教育同地方产业实现联动，让学生实地参与到同地方产业相关的教学及生产实践活动中来。例如，有参与相关项目的职业高中参与生产了液态化肥，提高了当地农业产量。[3] 这些项目不仅提升了职业教育同地方发展的相关度，同时也让学生获得了创新创业的宝贵经验。

二、职业教育的经验

印度尼西亚政府采取了一系列措施激发本国职业教育的发展潜力。除此之外，印尼的职业教育着眼于时代发展潮流和社会现实需要，大胆采取创新性的办学模式，以期使国家的职业教育同学生个体的职业生涯需要更加紧密地结合起来。

---

[1] 资料来源于印尼教育与文化部职业高中管理局官网。

[2] 资料来源于印尼教育与文化部职业高中管理局官网。

[3] 资料来源于印尼教育与文化部职业高中管理局官网。

（一）全面发挥政府宏观调控功能

印尼政府将职业教育的发展摆在了重要的战略位置，认为职业高中和普通高中在培养人才的方面具有同等重要的地位。印尼政府历史上的每一个五年计划都包含关于职业教育发展的内容，其财政预算中对于职业学校的资金支持也较为有力。

除了学校教育以外，印尼政府还以多样的形式对其国内职业技术教育体系加以补充，开设了许多短期的职业技术培训项目。这些项目多由地区政府以临时学习项目的形式开展，主要目的是为了降低当地的失业率。总体而言，印尼政府在提升劳动力就业质量和数量上都发挥着积极作用。

政府对于职业教育的教育系统和教育方针的改革也做出了极大贡献，规划出版了诸如《2020年全球化时代所需要的技能》《各个时代的职业高中》等文件，对印尼职业教育的发展历程加以梳理和总结，并对未来的发展目标和指导思想做出了较为清晰的规划。

（二）以自然资源为依托，积极谋求校企合作

印尼对于职业教育的大力发展体现出对丰富自然及人口资源的充分利用。职业高中在课程设置上引导学生了解所处地域的自然资源，从而实现课堂所授职业技术的创造性应用。

印尼储量丰富的自然资源和人口资源对国内外投资者都具有极大的吸引力，低廉的成本使得印尼在招商引资领域具有极强的竞争力。2010—2019年，印尼政府也开始积极制定更加宽松的政策。[1]统筹投资部的数据显示，印尼2019年和2020年吸引外资均有所增长。金属机械电子业、水电气供

[1] 许利平，薛松，刘畅. 印度尼西亚 [M]. 北京：社会科学文献出版社，2019: 235.

应、化学化工业和矿业都是外国投资热点。中国、新加坡、日本和荷兰都是重要的投资国。[1] 印尼在着力吸引外资的同时，其国内投资也具有相当的发展韧性，如2020年，虽受新冠肺炎疫情影响，印尼的国内投资依旧超出政府规划的目标数额。印尼统筹投资部数据显示，2020年印尼国内投资落实数额达到413.5兆印尼盾，占总投资落实数额的50.1%。[2]

大量的投资和伴随而来的产业发展扩大了印尼当地的人才市场需求，为职业技术教育产出的人才提供了大量的工作岗位。2020年印尼共计153 349个投资项目吸收了总计1 156 361名本土劳动力。[3] 印尼职业教育也有意识地同企业建立合作关系，从而为学生提供更多的实践机会和就业可能。

（三）坚持能力本位的教学方针

印尼的职业教育始终以培养学生的实际职业技能为根本导向，始终把帮助学生就业作为根本任务。印尼职业学校的课程标准在印尼职业教育的发展历程中经历了一个统一规范化、标准化和专业化的过程，同时印尼政府设置的标准具有灵活性，紧跟现实中产业革新的情况，进行自我更新迭代，同时在实际应用过程当中也强调要结合学校实际情况和学生实际需求进行灵活处理。

为提升学生的实践能力，在教学过程中特别重视将理论与实践相结合。在印尼职业学校的课程设置中，实践教学是必须进行的教学环节，并且其内容往往多于理论教学。即便是非正式的职业培训项目，筹办者也会确保参加人能够获得足够的实践学习机会。

这种能力本位的观念也体现在印尼职业教育与实际企业和产业的合作

[1] 资料来源于印尼统筹投资部官网。
[2] 资料来源于印尼《罗盘报》官网。
[3] 资料来源于印尼统筹投资部官网。

联动当中。不少职业高中选择与当地企业建立合作伙伴关系，进行设备资源的共享或者人力资源的定向培养。一些职业高中还与国外职业技术学校建立了项目合作关系。

第三节 职业教育的挑战和对策

一、职业教育的挑战

印度尼西亚职业教育在具有独特优势的同时，也面临一系列阻碍和挑战。总体而言，这些挑战既包括印尼职业教育自身发展过程中所亟待完善的内部缺陷，也包括全球化潮流下对职业教育所提出的更高的发展要求。印尼职业教育所面临的这些挑战体现出职业教育不断进行自我反思与革新、积极适应时代变革的特点。

（一）专业发展不平衡

尽管印尼政府关于促进职业教育发展的政策取得了显著成效，学校的数量呈现明显的上升态势，但是这些政策并没有解决职业教育中专业发展不平衡的问题。多地争相建造职业学校，但缺乏宏观层面上的整体规划，往往是追逐热门技术门类，造成了印尼职业学校发展出现结构性失调的现象。例如，2020 年的一项研究显示，印尼中爪哇的职业学校已经达到了1 490 所，其学生总数高达 688 784 人，但是其中 49.76% 的学生都是汽车工程专业的学生。职业教育发展中不受约束的畸形发展导致人力资源市场供求关系失衡，一些岗位供给过剩，如汽车工程的人才供给就已经超过需求

729 000 人，而一些产业则供不应求，如海洋产业、新能源产业、旅游业和创意产业都急需人才。[1]

印尼政府对劳动力市场中的供求关系失衡现象进行了较为全面的分析。印尼教育与文化部的文件指出，印尼 2016 年在商业管理方面人才盈余 229 699 人，而在工程技术、信息技术、旅游业、健康卫生产业、农业、渔业和艺术产业方面都有不同程度的人才紧缺。[2]

（二）高质量教员和行政管理人员缺位

职业学校数量的迅猛增长扩大了职业学校对教师的需求。特别是在一些地方院校，对优秀职业教育师资的需求更加紧迫。在人才市场对高质量人才的要求不断增加的背景下，充实职业学校的师资力量并提升职业学校的师资质量成为印尼职业教育至关重要的发展任务。

印尼政府针对这一情况也制定了相应对策。例如，印尼教育与文化部对职业教育师资各阶段所必须要接受的统一培训进行了明确规定，这种规定包括入职前的培训以及入职后的继续培训。这些举措取得了一定的成效。印尼官方的数据显示，全国经过了国家标准化培训的职业学校教师数量有明显增长。但是，印尼的职业教育师资仍然呈现出难以匹配职业学校数量增长的局面。[3]

同时，印尼职业学校的行政管理质量也亟待提高。据印尼教育与文化部 2010 年的统计数据显示，只有 30% 的职业学校校长具备合格的学校管理

---

[1] SUHARNO, PAMBUDI N A, HARJANTO B. Vocational education in Indonesia: history, development, opportunities, and challenges[J]. Children and youth services review, 2020, 115: 105092.

[2] 资料来源于印尼教育与文化部职业高中管理局官网。

[3] SUHARNO, PAMBUDI N A, HARJANTO B. Vocational education in Indonesia: history, development, opportunities, and challenges[J]. Children and youth services review, 2020, 115: 105092.

能力。[1] 这无疑会影响学校的发展前景。

（三）校企合作效果有待提高

尽管印尼始终坚持能力本位的教育，注重培养学生的实际工作所需要的技能，但由于产业日新月异，印尼职业学校的毕业生的能力依旧与岗位的实际要求有差距。一些学校的课程设置也依旧存在和实际需求不符或者专业性不足的问题。

印尼的许多职业高中都在不同程度上与实际企业有合作关系，但印尼的职业高中难以和企业达成长久持续的合作关系。[2] 一方面，企业所派往职业高中的指导教师往往只在学年末等特定时间段对学生进行指导，这使得校企联合培养项目并不能做到全方位接轨校本课程，只能实现特定情境下的短期培训；另一方面，职业高中所产出的毕业生数量常常大于企业实际用工需求，这意味着校企合作项目培养出的毕业生不一定能获得工作岗位。[3] 由此可见，校企合作在多方面仍然与职业高中的日常培养相分离，合作项目所培养出的毕业生不能完全满足实际工作岗位的需求。

印尼政府也制定了相应对策。例如，开放短期的培训项目培养毕业生作为求职者的素质和作为创业者的能力。但是总体来说，印尼职业教育尚需更加深入地对能力本位教育方针进行改良。

[1] SUHARNO, PAMBUDI N A, HARJANTO B. Vocational education in Indonesia: history, development, opportunities, and challenges[J]. Children and youth dervices teview, 2020, 115: 105092.

[2] SUHARNO, PAMBUDI N A, HARJANTO B. Vocational education in Indonesia: history, development, opportunities, and challenges[J]. Children and youth dervices teview, 2020, 115: 105092.

[3] MUNTHE F, MATAPUTUN Y. Analisis kerjasama sekolah dengan dunia usaha dan dunia industri dalam meningkatkan mutu lulusan sekolah menengah kejuruan[J]. Jurnal Penelitian Pendidikan Indonesia, 2021 9(2): 589-593.

（四）基础设施配备不完善

印尼的职业高中面临着明显的基础设施配备欠缺的问题。印尼教育与文化部 2018 年统计数据表明，印尼的职业高中中包括教学楼、实验室、图书馆和医务室等大部分关键基础设施都处于不同程度的受损状态。一些专业实验室的设备也较为陈旧。这种情况在较偏远地区的职业学校中体现得尤为严重。尽管印尼政府对职业高中有专门的资金支持，但是帮扶显然并不足够。然而，印尼职业学校的学费往往因实践教学所需的材料费用等因素更加高昂。[1] 印尼政府对于职业高中的发展仍然缺乏一个整体的宏观规划。

（五）人力资源素质面临全球化挑战

印尼是东盟中首屈一指的大国，其劳动力市场在面对全球化和地区合作带来的机遇的同时，也面临着各种风险与挑战，其中之一便是对劳动力素质要求的提升。

印尼商务部新闻发言人曾表示，加入国际合作会成为印尼经济发展的拉力因素，推动印尼经济更加高质量的发展。这对于印尼的职业教育也无疑是一种鞭策。全球化的趋势将印尼的劳动力市场推向世界，印尼职业教育必须拓宽眼界，加速适应瞬息万变的国际大环境，才能够确保持续为印尼经济社会发展输出高质量、高水平的劳动力。

（六）劳工待遇亟待改善

印尼急需改善的劳工待遇问题同样是印尼职业教育发展所面临的挑战

---

[1] SUHARNO, PAMBUDI N A, HARJANTO B. Vocational education in Indonesia: history, development, opportunities, and challenges[J]. Children and youth services review, 2020, 115: 105092.

之一。印尼职业教育毕业生面临着高失业率和低收入的风险。印尼政府官方数据显示，2019 年印尼失业率达 5.29%。尽管佐科政府设下目标希望在 2020—2024 年将失业率缩减至 3.60%—4.30%，但实际上这一数字依然维持在 5% 以上。[1] 值得注意的是，失业人口中具有中等教育学历的人口占比最高，其次则是具有高等教育学历的人口，这主要是由于学历和实际工作期望不吻合。劳动力的技能水平和工作岗位的用人需求不相匹配会影响劳动力市场的供需关系，导致人才过剩或稀缺，并同时带来低收入的风险。[2] 在这个背景下，印尼政府所推行的经济领域的改革措施并没有给出令印尼民众满意的解决办法。

二、职业教育的对策

面对职业教育发展过程中的挑战，印尼职业教育积极采取了一系列措施，以提高其产出人才的竞争力。在这一过程中，印尼政府强调与职业教育相关的各个实体都要切实参与到职业教育中来，这包括中央政府、地方政府、国有企业和私有企业。印尼政府强调发展职业教育的计划性，要求制定统一的职业教育发展策略。总体而言，这些措施针对国家发展需要培育重点专业，增强师资力量与行政管理水平，加强对于校园设施的管理维护，重视与实际产业的互动，同时也重视提升人才的创新水平和国际竞争力。

---

[1] 莱勒，韦宝毅. 印度尼西亚制造 4.0：挑战、应对以及对东盟和中国的启迪 [J]. 中国–东盟研究，2021（1）：3-17.

[2] 莱勒，韦宝毅. 印度尼西亚制造 4.0：挑战、应对以及对东盟和中国的启迪 [J]. 中国–东盟研究，2021（1）：3-17.

（一）培育重点专业并增设新专业

印尼政府有意识地通过设立相应产业的优质职业高中，规划职业教育发展重点产业来弥补职业高中专业发展不均的问题。印尼政府从重点发展领域中提炼出具有潜力的产业交由职业高中有针对性地培养专业人才，例如，在海洋资源开发和利用中，印尼政府纳入发展计划的专业就包括渔业、海上旅游业、交通运输和贸易服务产业等。相关部门 2015 年的报告显示，印尼有 450 所职业高中在海洋相关专业上得到政府扶持。[1]

政府提出的这一对策首先是对既有职业高中专业的改良与革新，使其在教学内容上贴近国家发展需要，在培养方针上贴近用人单位需求。例如，对于旅游业，相关部门对于课程方针重新进行评估，从旅游景点开发、游客偏好及旅游行为分析和市场吸引力等多重维度进行创新改良。[2] 对于既有专业无法满足的国家发展需求，印尼政府则拨款在校内开设新专业，并对发展潜力高的新专业因地制宜开展毕业生就业创业扶持工作。

（二）提高师资与学校管理者水平

印尼政府希望职业教育培养的人才具备高水平的职业技术和综合素质。在职业技术培养方面，印尼政府则要求职业教育尽可能地模拟学生毕业之后所面对的职业环境，在教学过程中使用实际工作中用到的工具与技术，要求教师的专业水平得到资质认证，从而提升学生的职业技术专业水平和在实际工作中熟练应用所学技术的能力。除此之外，印尼政府对于职业教育学校管理层也做出了人才水平的要求，对学校管理者应具有的素质提出了明确建议。

---

[1] 资料来源于印尼教育与文化部职业高中管理局官网。

[2] 资料来源于印尼教育与文化部职业高中管理局官网。

1．对师资的要求

除长期坚持的对专业水平的要求之外，印尼政府对从事职业教育的教师还提出了提高素养和教学工作的要求，包括全面视野、积极行动、充沛热情与团结协作。这四项要求旨在对教师的实际教学态度和方法进行引导，从而帮助职业教育教师培养国家所需要的技术与素质俱佳的高质量职业技术人才。[1]

第一，全面视野。印尼政府要求职业教育教师在教授技术的过程中，也要培养学生的内在品质，包括性格、态度等。这要求教师不将职业技术教育的教学工作视为机械地灌输知识的过程，而要以潜移默化的方式引导学生形成优秀的品格。[2]

第二，积极行动。印尼政府要求教师将第一点要求落实到行动当中，强调职业教育应因材施教，结合学生的实际能力采取不同的教学方式与策略。同时，职业教育教师在教学过程需要采用多样的教学方式，例如实际演示、实验教学等。[3]

第三，充沛热情。它要求教师真正地热爱所进行的职业教育事业。这一点实际上要求教师提高自身的思想觉悟，切实对所教学生的发展前景和人格培育负责。[4]

第四，团结协作。这里协作的对象指的是具体产业和企业。印尼政府希望通过教师和具体产业及企业的联系合作来实现产教融合，提升人才培养的专业化水平。[5]

---

[1] 资料来源于印尼教育与文化部职业高中管理局官网。

[2] 资料来源于印尼教育与文化部职业高中管理局官网。

[3] 资料来源于印尼教育与文化部职业高中管理局官网。

[4] 资料来源于印尼教育与文化部职业高中管理局官网。

[5] 资料来源于印尼教育与文化部职业高中管理局官网。

2．对职业学校管理层的要求

印尼政府对职业教育学校管理层的要求主要体现在对学校校长的遴选上。职业学校校长作为学校管理层的核心人物，必须具备相应的领导能力和过硬的个人素质。印尼政府将职业学校校长所需要的能力素质概括为四项资本，即才智资本、社会资本、软性资本和宗教资本。

才智资本和社会资本是遴选职业学校校长的基础素养。这主要体现在校长作为学校管理层领导对学校研讨会、工作坊等教学活动的组织能力上。印尼政府强调职业学校校长需要有足够的能力让这些教学活动充分发挥作用。[1]

软性资本指的是职业学校校长作为学校的管理者所具备的内在素质，包括情商、交际能力等。软性资本对才智和社会资本起到重要的补充作用，对校长的实际工作绩效和学校学生的实际培养成绩具有重要影响。[2]

宗教资本则体现了印尼职业教育体系中的宗教因素。印尼建国五基中，信仰神道被列为第一条。印尼政府对职业学校校长宗教信仰的要求体现了印尼按照一定的指导原则来发展职业教育。[3]

总体而言，印尼政府对职业教育学校校长的遴选要求体现出印尼职业教育事业对提升教育机构管理层水平的重视。这同印尼职业教育教学工厂等一系列办学模式创新是相辅相成的。印尼政府已经意识到进行卓有成效的人才培养不仅需要优质的教学人才，还需要能同职业教育发展相适应的管理型人才，而印尼职业学校所推行的一系列模式创新项目则更加需要有能力的管理者来进行规划。

---

[1] 资料来源于印尼教育与文化部职业高中管理局官网。

[2] 资料来源于印尼教育与文化部职业高中管理局官网。

[3] 资料来源于印尼教育与文化部职业高中管理局官网。

（三）利用信息技术进行学校管理

印尼职业技术教育提出利用信息技术系统进行学校管理，意图通过网络在线技术提高学校管理效率，并同时方便学校和产业及政府之间的联动，从而为印尼职业教育事业的发展开辟机遇。这种数字化改革创新覆盖了印尼职业学校管理的各个方面，着重强调数字管理系统建设过程中的 7 个因素，即可用性、可理解性、相关性、完整性、及时性、协调性和实务性。可用性要求数字管理系统中的信息数据在获取和使用上能为学校相关需求方提供便利。建成的信息管理系统应该能够便捷地为管理层提供所需要的各种信息和工具。可理解性则要求信息系统中的数据在理解上没有难度。通过获取便捷易懂的数据和信息，学校管理层才能够高效快速地做出最有利于学校发展的决策。相关性则要求信息管理系统中的信息合乎辅助学校管理这一目标，并贴合具体每一个学校的发展规划。完整性则是对线上系统信息的完整度做出要求，以确保所建立的信息技术管理系统可以为学校管理提供充足的信息。同时，这些信息的提供必须具有及时性，并且经过结构性的组织以达成系统上的协调性。由此，建成的线上管理系统才能够具有实务性，辅助职业学校管理层提升工作效能。[1]

印尼职业学校的线上管理系统由多个部分组合而成，包括学校概况信息系统、学校人事管理信息系统、学校学生综合管理信息系统、学校设施设备管理信息系统、学术活动管理信息系统、学校财务管理信息系统、学校社会信息服务系统和学校职涯指导信息系统。[2]

总的来说，建设印尼职业学校的线上管理系统是在充分认识到现代技术环境发展之后，为提高行政管理效率而做出的抉择。这一系统实际上在网络中用信息技术对学校的各项管理工作进行了整合，联通了学校内外，

---

[1] 资料来源于印尼教育与文化部职业高中管理局官网。

[2] 资料来源于印尼教育与文化部职业高中管理局官网。

具有在提高学校行政管理效率之外，促进学校教学工作和为毕业生就业提供丰富资源的功用。

（四）加强同产业之间的合作联系

印尼职业教育以提高学生的实际专业技能水平和培养学生未来职业生涯中所需要的能力素养为重要指导思想，历来对同产业之间的合作与联系给予高度重视。印尼职业教育通过与实际企业进行合作来加强其学生培养计划内容同毕业生就职后实际工作任务的相关度，从而使自身所培养的人力资源更加符合人力资源市场的需求。

印尼职业教育以职业高中为重要载体，加强同具体产业的合作联系。总的来说，这个过程是职业高中向对应企业寻求指导和资源，按照企业所给出的标准进行人才的专项培养。这种校企合作可以采用多种不同的形式。

首先，学校可以向企业提出合作，让企业实质上担负起类似学校教学顾问的任务。学校可以参考企业提出的要求对学生进行培养，从而帮助企业满足其人力资源方面的需求。学校向企业征求教学内容方面的建议并视情况采纳，从而提升所培养学生的综合素养，企业也得以利用学校的教学资源为自己扩充人才储备。与此同时，企业还能提供教学建议之外的办学资源。例如，企业可以面向职业高中举办类似于企业开放日的参观活动，从而让职业高中有更多的机会展开实地教学。企业还可以以更直接的方式派遣技术能手去职业高中进行客座教学，直接面授学生进入企业之后所需的专业技术。[1]

其次，学校可以同企业建立专项培养项目，以签署企业备忘录的形式

---

[1] 资料来源于印尼教育与文化部职业高中管理局官网。

建立特别的专项培养班。这种专项培养计划本质上依旧是企业需求和学校教学的结合，学校基于企业提出的需求和学校自身的教学目标搭建课程框架。与其他培养项目不同的是，这种专项培养项目带有更多为特定企业定向培养人才的针对性。学校和企业在对学生的联合培养过程中强调对实际工作环境的真实模拟再现。此外，学生可以得到定向就业的机会，在正式毕业之前也可以进入对应工作单位，全面了解其工作环境。

再次，企业可以为学校老师提供实地学习的机会，此举对于提升学校教师质量具有重要意义。实地学习可以为正式师范学校出身的学生提供学校中难以获得的知识和经验。通过实地考察或者向更有经验的教师学习，新手教师可以更加全面地认识到职业技术在应用过程中遇到的问题，从而提升自己教学过程的专业水平和实用价值。在形式上，职业高中同对应企业达成协议之后，便可以直接派遣接受培训的教师进入对应企业实地学习企业管理和生产的各个步骤，企业方面也会为教师提供锻炼的机会并派遣指导人员陪同。教师将在企业内学习企业运转的各个方面，并将所学所感代入到职业高中课堂上的模拟教学当中。由此，教师不仅提升了个人能力，同时成为企业和学校教学之间的桥梁，向学校实时传递当下产业所需要的人才要求，并帮助学生更好的为未来职业生涯做准备。[1]

最后，企业可以为学校学生提供实习的机会，以锻炼他们的工作能力。这类项目带有反哺本国职业技术教育的性质，主要是为了满足学校对学生进行培养的需要。学生实习的内容主要是学校所学知识的拓展延伸，从而对学校的教学成果起到加强巩固的作用。同时，学生也通过在实际企业内部进行学习而得到锻炼职场综合能力的机会。[2]

印尼的职业高中非常重视学校同企业的联合。值得注意的是，印尼职业教育管理局为了帮助规模较小、资源匮乏的职业高中实现这种联合，建

---

[1] 资料来源于印尼教育与文化部职业高中管理局官网。

[2] 资料来源于印尼教育与文化部职业高中管理局官网。

立了专门的校际帮扶机制，让拥有较多资源、办学资质优秀的职业高中同企业进行合作，再让这些职业高中同多所办学水平欠佳、难以独自同企业达成合作的职业高中进行合作，从而实现一定程度上的资源共享。与之相对应的，充当中间桥梁的这些职业高中在一定程度上需要为合作企业的利益服务，包括在一定程度上帮助对应企业进行推广。[1]

---

[1] 资料来源于印尼教育与文化部职业高中管理局官网。

第八章 成人教育

印度尼西亚开展成人教育的主要形式包括扫盲教育、同等教育和开放大学等，主要依托社区中心、高校等教育机构开展。根据印尼成人教育发展历史及当前发展现状，印尼成人教育早期阶段以扫盲教育为主，当前以开放大学等远程教育为主要发展模式。

第一节 成人教育的发展和现状

一、成人教育的发展

印度尼西亚成人教育的发展时间并不长，荷兰殖民政府虽然创立了一批西式学校，但受教育者仅限于部分群体，全民识字率很低，这给印尼建国后的发展造成了很大障碍。印尼的成人教育真正始于建国初期的大规模扫盲运动，此后根据联合国教科文组织的标准逐步拓展内容，发展为以扫盲教育为基础，以同等教育和开放大学教育为主要内容的成人教育体系。

（一）扫盲教育的发展

印尼自建国以来共实行三种层次、目标不同的扫盲运动，分别为全面扫盲计划（1945—1964 年）、扫盲素质计划（1965—2015 年）和国民阅读计划（2016 年至今）。教育与文化部成立了全国扫盲运动工作组，协调有关部门管理的各项扫盲活动。扫盲运动推行至今，其目标已经不仅限于提高印尼人的识字率，更重要的是提高整体教育质量、提高国民阅读兴趣、降低失学率。

1. 全面扫盲计划（1945—1964 年）

1945 年印尼独立后，为尽快摆脱落后的教育现状，政府推行大范围扫盲运动，着力提高民众的受教育水平，实施所谓"A、B 和 C 课程"。1946 年，印尼教育行政部门成立社区教育科后，扫盲工作全面开展。该扫盲计划延续至 20 世纪 60 年代。

（1）具体实施进程。1945 年印尼独立后，印尼政府制定 A、B、C 三种基础扫盲课程，其目的在于培养学生具备简单的读写算术能力，学生无需经过选拔，学习内容较简单。对教师的资质要求偏低，只要会读写并且有帮助他人的意愿，均可以成为教师。

1946 年，时任教育部部长基·哈加尔·德宛塔拉倡导提出"加快全民教育"这一概念，并推动 1946—1948 年成立完善社区教育司，在各省教育办公室成立一个社区教育处，在各区任命一名扫盲计划的负责人。1948 年，扫盲运动取得一定进展，苏加诺开始制定国家层面的扫盲计划，并成立调查委员会，对前期扫盲运动进行评估。1949 年，印尼设立实施大规模扫盲计划的专项资金，从中央到地方成立扫盲委员会与相关教育机构，并由国家发放补贴，支持私人机构开设基础扫盲教育课程。

（2）教材、教学计划与教育培训中心。1948 年，印尼政府对推行 3 年的扫盲教育总结经验，在初级扫盲课程中出版教材，名为《农民学识字》，普通民众可在 20—30 天完成学习，该教材对印尼扫盲教育起到了重要作用。由于本阶段扫盲计划的重点在于推广印尼语和教会民众使用文字，故扫盲计划在初级阶段围绕"识字"这一最低目标开展，大致分为三个阶段：练习识别元音，练习识别和记忆关键句，记忆单词并进行造句。为方便学生记忆，教材中每个关键词都附以图示。

扫盲进阶课程根据教学内容的复杂程度分为第一阶段和第二阶段。第一阶段学习计划包括：流利阅读并理解内容；通过反复记忆和听写练习写作；学习扫盲中未教过的其他字母；学习数字，并训练算术运算符号；学习测量和辨别尺度、纸币金额；学习辨别时间；学习简单的印尼语；学习简单的建筑技能。教师需要具备教授阅读、写作和简单算术的能力。本阶段使用的教材是《学习如何建造》一书，重点是培养学生完成整句阅读的能力。第二阶段学习计划的重点在于提高民众写作和阅读的流利度，培养日常生活所需计算能力，激发民众学习兴趣，通过自主阅读增加知识储备。

（3）成效与不足。总体来看，这一时期的扫盲计划在推行的近 20 年中，印尼文盲率大幅下降，成效显著。这一时期的扫盲计划的重点在于推广印尼语的使用，使其成为通用语，并教会目标人群使用文字。这项计划实施过程中也遇到了不少问题，如国家补贴资金迟发导致计划难以正常进行，教学场所、图书馆设施缺乏维护，影响教学质量等。

2．印尼扫盲素质计划（1965—2015 年）

在第一次全面扫盲运动进入尾声后，政府于 20 世纪 60 年代初宣布全国已完成"扫除文盲"的目标，为进一步深化全面扫盲运动，避免脱盲者复盲，印尼政府根据最新情况，陆续推出课程 A 计划、扫盲识字计划和素质识字计划等扫盲计划。

此次扫盲计划重点是解决复盲问题,由以往只注重学习识字、数字、语言和基础知识,转向对知识、技能和终身学习态度的培养。具体扫盲目标包括:学习拉丁字母和数字;全面推广印尼语;学习谋生所需知识、技能并树立终身学习态度。该阶段使用的方法是,在阅读和写作学习时,注重训练学习者所获得职业技能和培养对其职业领域相关技术方面的深入理解。在开展扫盲时不盲目扩大推行范围,而是选择对提高识字率有迫切需求的职业群体,如工厂工人、农场和种植园工人。该阶段负责扫盲工作的教师也有所挑选,重点选择在具体职业领域具有理论知识和实践经验的个体。教学过程中,教师将识字课程与专业技能配套教授,大量运用视听教具辅助教学。政府为加快扫盲素质计划实施,与企业合作,对工人进行扫盲和职业培训。

(1)课程 A[1] 计划。1970 年后,印尼政府经过数年扫盲工作实践意识到,导致民众阅读能力和文化水平下降甚至复盲的重要原因在于,扫盲教育仅停留在学校里,社会上缺少与民众生活相关的书籍。为改善这一情况,1974 年印尼校外教育局安排专业人员根据实际情况编写适合印尼民众学习的系列教材,并以此为蓝本于 1975 年出台课程 A 计划。该计划的主要目标是消灭三种文盲,即拉丁字母和阿拉伯数字文盲、印尼语文盲、基础教育文盲。印尼政府将执行主体调整为村级单位,由村长和居民参与管理。村长负责提供文盲居民数据,委任受过小学、高中教育的人在集中培训后担任教师。由于教育主题贴近受教育人群,教科书符合民众生活需求,该计划在执行中广受好评,取得了较为显著的效果。此后,该模式逐步推广为社区学习活动中心。

课程 A 计划包括"工作和学习",通过"边做边学"等模式,帮助学

---

[1] A 表示本课程为最初级扫盲课程。

习者在工作时习得相关知识和技能，同时围绕个体自身、家庭、周身环境、日常生活的各种事物和他们的社交生活开展特定的教学活动。该计划具有以下特点：一是开展规模较大，各地因地制宜；二是综合运用各种方式消除文盲；三是大量运用自主学习、小组学习、教师教学、工作实习等方式实施计划；四是学习内容总体一致，各市区也可根据当地实际情况开发教材补充学习；五是教材总体涵盖政治、经济、社会、文化、国防和安全意识形态等领域的基本概念。

为提高扫盲教育的教学效率，该计划按难度划分学习等级，从最熟悉或最接近日常生活的事物开始学习，然后发展到家庭生活、社会或环境，甚至更广泛的国家领域。使用的学习材料按难度划分分为 A1—A100，并配有海报、传单等与主题相关的补充材料。A1—A10 为基础识字和计算课程，学生必须按顺序学习；A11—A20 为高级识字课，根据学生的能力和需求进行学习；A21—A100 为难度更高的选学内容，包含不同谋生技能，学生可根据需要进行学习。

（2）扫盲识字计划。在以村级单位为主题开展课程 A 计划的同时，印尼以社区教育机构或地区相关教育机构同步推进扫盲识字计划，目标人群为 15—45 岁的青壮年。该计划根据教学内容难易程度可大致分为三类课程，包括基本识字课程（114 小时）、高级识字课程（60—66 小时）和独立读写课程（36—60 小时）。

该计划与课程 A 计划一样，使用 A1—A100 教科书，教学实施中根据教学目标使用不同的教材。初级课程使用 A1—A10 教材，目标是识别字母、简单的单词和 1 到 10 的数字。高级课程第一阶段使用 A11—A20 教材，以发展技能为目标，开始学习阅读、写作和简单的算术，流利阅读文章内容并练习写作。学习时间为 3 个月，每周 2—3 次课程。高级课程第二阶段使用 A21—A100 教材，目标为进一步提高写作和阅读速度，激发学生学习兴趣，提供谋生技能有关课程，学习时间为 3 个月。在这一阶段的学习中，教师需开设公民教育和社会常识、素质教育等提高公民素质的课程，并视情况帮助学生提高数学与写作能力。

（3）素质识字计划。1995 年，印尼教育机构进一步完善培训体系和实施方法，在扫盲计划的基础上，提出素质识字计划，也被称为功能性识字计划。该计划重点是提升民众读、写、观察和分析能力，将扫盲人群进一步细分为两类：一类是完全不识字的人，另一类是不懂印尼语和一些基础知识的人。针对这两类人群，该计划运用两种不同的教学方式，一种是素质识字方法，另一种是教授印尼语文字和一些基础知识。

1998 年，相关机构出版素质识字计划指导教师手册，明确提出素质识字计划的目标是发掘民众潜力，提高民众阅读、写作和算术能力以及培养生活必备技能，改善生活质量。

2005 年，政府在出版的《素质识字计划实施方案》中进一步明确，素质识字计划的目标包括使所有文盲公民具备基本的识字技能，解决日常生活中的识字问题等。

素质识字计划的实施过程主要基于四个原则。一是因地制宜，即考虑当地社会环境以及社区学生的特殊需求，根据当地特点以及学生普遍特点开展教学和学习活动。二是因人而异，即指导教师和学生需要根据自己的兴趣、需求、现实条件等因素设计学习计划和课程内容。三是参与式活动，即师生共同参与规划、实施和评估素质识字计划，由教师进行启发式教学，激发学生以讨论问题、对学生经历进行访谈、撰写当地故事、制作环境问题地图等方式参与教学活动。四是素质评价，素质识字计划成功与否的标准在于，是否切实提高了学生在日常活动中运用学习成果的能力，从而提高他们的生活质量。

2006 年，教育行政部门进一步出版《识字计划规范》，明确指出教师可根据社区基本能力及兴趣需求设计教学方法。设计时重点考虑要达到的目标、学习材料的特点、教育者的能力、可用时间以及参与者数量。备用方法包括语言体验法、综合分析结构法、音节法、字母法、音译法和关键词法。

3．国民阅读计划（2016 年至今）

自 2016 年起，印尼政府在前期扫盲计划的基础上，为了提升国民的阅读兴趣和读写能力，印尼教育与文化部根据《2015 年教育与文化部第 23 号法令》实施国民阅读计划。该计划覆盖全印尼家庭、学校和社区，包括家庭阅读计划、社区阅读计划和学校阅读计划，旨在协同所有机构并扩大公众参与度，推进印尼扫盲运动的进一步发展。

该计划延续了扫盲教育的目标，其中包括注重提高国民基础素养，特别注意提高国民阅读兴趣，降低失学率。其中与成人扫盲直接相关的为社区阅读计划，即以社区为执行主体，在公共场所提供各类阅读材料，加强社区扫盲，扩大公众参与度等。其原则是可持续、综合性和涉及所有利益相关者。该计划主要由教育与文化部主导，其他部门协同配合，推动全民参与。学校、家庭和社区均可以根据各自职能定位，设计相关学习活动。

国民阅读计划包含 5 个发展策略，即促进学习者的能力增长、增加优质学习资源的数量和种类、扩大学习资源的覆盖范围、促进公众参与和加强治理。以上策略适用于每个扫盲领域，各具特点。

（二）同等教育的发展

印尼同等教育，又名平等教育，在扫盲教育基础上启动，是针对没有机会在学校接受正规教育的公民开展的一种非正规教育服务。根据印尼 2019 年第 7 条教育与文化部法令规定：同等教育是一项优先对因某种原因无法进入小学、初中和高中接受正规教育的 7—18 岁公民的辅导工作，使其具备能够继续接受下一阶段的教育的知识。印尼 2003 年关于国家教育制度的法律第 13 条第 1 款规定，教育途径之一是非正规教育；第 26 条第 6 款规定，在政府或地区政府指定的机构中学习、接受平等教育并通过考试后，根据考试获得等级证书视为完成相关级别正规教育。为了推行同等教育，印尼政府对提供相关课程的教育单位发放财政补助，以减轻教育单位运营成本，支持其日常运营。

1991—2000 年，印尼教育部门根据此前成人扫盲教育的相关经验，启动同等教育的设计与课程开发，实施 A 级课程培训包和 B 级课程培训包计划。其中，A 级课程培训包相当于小学学历，B 级课程培训包相当于中学学历。2001 年，政府继续推出 C 级课程培训包，相当于高中学历。2003 年，同等教育被纳入国家教育制度法，同等教育的实施与评估有了相对正规化的管理，并于此后继续扩展至硕士生培训。在实践中，同等教育的 A 级课程培训包和 B 级课程培训包助推印尼完成了 9 年义务教育的普及，后续推广 C 级课程培训包后，参加印尼国家考试的人数增加 50%，同等教育取得了突出成效。2004 年，教育与文化部批准执行能力本位课程，并通过广泛开展跨部门合作来整合生活技能课程，与农业部、宗教部、海洋事务部、司法和人权部共同合作，为失业青年开发了有结业证书的 Paket B 课程。2005—2008 年，教育与文化部制定同等教育学生学习计划，并规范相关培养方法。2009 年，教育与文化部在第 44 号国家法令中明确制定了关于 A—C 级课程培训包的教育管理标准。2013 年，教育与文化部设立关于可提供同等教育的非正式教育机构的条例，并列入第 81 号法令中，以规范对教育机构的管理。2019 年，教育与文化部第 7 号法令规范有关同等教育、技术援助等拨款的要求，并提供相应技术指南。

同等教育的实施场所主要集中在社区学习活动中心。学习活动中心可以为社区提供多种多样的教育服务，有幼儿教育、素质识字计划、A—C 级课程培训包和商业技能学习小组等多种非正规教育项目。此外，学习活动中心还会配备一个社区阅读园。

同等教育中的学习内容与正规教育中学校的教学系统并不完全相同。与正规学校教育相比，同等教育的教学形式更为灵活。在同等教育中，教育机构除了提供基于文本的教学课程以外，还会根据地方实际情况提供实操技能课程，帮助学生就业。

同等教育的规划包括制定教学大纲和实施计划，其中包含学科标识、能力标准、基本能力、成就指标、学习目标、学习材料、时间分配、学习方法、学习活动、评估学习成果和学习资源等。教学大纲和实施计划是参照学生基础水平与学习能力制定的，采用模块化系统，强调自主学习。教学大纲作为制定学习计划的参考，由非正规教育机构根据学生能力标准和内容标准，结合课程 Paket A、Paket B 和 Paket C 编写。教学大纲的编写过程由教育行政机关按照权限级别进行监督，同等教育教材由区 / 市教育行政机关编制。

（三）远程教育及其发展

印尼远程教育随着教育技术和手段的不断发展，其教育主体和开展形式也随之变化。早期以广播函授为主，后转向电视函授和网络函授。教育与文化部设立开放大学作为推广远程教育的实施主体，此后逐步发展为成人教育乃至高等教育的重点领域。

1945 年，印尼启动第一阶段扫盲运动，因推广扫盲教育的师资力量不足，师资水平参差不齐，印尼政府便尝试使用广播技术手段对扫盲教师进行函授培训。

1950 年，印尼在万隆开展师资培训项目，并于次年在西爪哇省尝试通过广播的方式为那些难以获得教育机会的人员提供教育服务。

1955 年，为进一步解决师资短缺、教师教学水平不高等问题，印尼教学、教育与文化部正式面向教师实施函授文凭教育，通过远程教育开展教师培训。这一举措在当时取得了较好的效果，印尼远程教育得到了快速发展。

20 世纪 70 年代初，印尼的文盲率依然非常高，民众接受教育的机会也非常有限。扩建学校、扩大教师队伍来增加民众的教育机会对于当时的印尼政府来说存在很大的困难。基于此，在前期远程教师培训项目取得良好效果的实践经验下，印尼政府开始大力发展远程教育。比如，在小学阶段开展远程教育的试点项目，通过广播、印刷、非传统的教学方式来开展教学。1974年，应用通信卫星开展远程教育也起到了非常积极的作用。1978 年，教育传播与技术中心建立，为更多的中等学校提供了教育机会。印尼先后建立了 5 所开放高中，为那些没有机会进入传统学校学习的学生提供教育机会。

1980 年，印尼高等教育部开始在高等教育领域采用通信卫星开展远程教育。较为有名的包括印度尼西亚远程教育卫星系统，它是由加里曼丹、苏拉威西、马鲁古以及巴布亚岛等地通过通信卫星开展的远程教育项目，用以提升印尼的教育质量，特别是印尼东部地区的教育质量。同年，政府决定建立一所开放大学来为大量高中毕业生提供高等教育，该校就是后来成立的印度尼西亚开放大学。1982 年，高等教育董事会启动了高校教学证书项目，该项目面向高校教师开展远程教育，以提升高校教师的教学技能。这些培训主要是为了满足日益增长的教师需求而采取的应急措施。此外，印尼不仅在正规教育中探索远程教育的实施，也在非正规教育领域积极探索并实施远程教育，如农业教育、家庭教育、在职教育和社区教育等。

1984 年 9 月 4 日，依据印度尼西亚共和国总统令，正式成立印尼开放大学 [1]。印尼开放大学是印尼第 45 所国立大学，也是印尼唯一一所完全使用远程教育教学模式的大学。它建立的目的是为那些无法进入传统大学的人

---

[1] 印尼开放大学又名特布卡大学，办学宗旨是"使高等教育向所有人开放"，其办学愿景是"成为世界一流的开放大学"。其办学使命主要包括以下四个方面：第一，提高国家高等教育的能力；第二，改善公平接受世界优质高等教育的机会；第三，发展终身学习的文化；第四，传播科学研究和远程教育的成果，以支持国家和全球发展。

们提供教育，以期促进民众享有同等的接受高等教育的机会。作为印尼政府推动高等教育普及化的国家战略的重要组成部分，印尼开放大学在不影响现有大学和其他政府机构正常运行的前提下，利用远程教育资源开展教育教学活动，这是印尼高等教育体系的重要内容。它对提升印尼的整体人力资源水平和竞争力具有非常重要的作用。根据 2014 年印尼的国内高校排名数据，在全国 3 000 多所高等教育院校当中，印尼开放大学综合排名为第52 位，这也充分说明了其在高等教育体系中的重要地位。

2004 年，教育与文化部牵头成立印度尼西亚高等教育和研究网络，成员单位约 300 余所大学，旨在合作编写远程教育教材和制作相关课程，并鼓励传统大学开设远程教育课程。2012 年，印尼政府将远程教育分为单独模式（即开放大学）与混合模式，允许其他传统教育机构开设远程教学。2013 年教育与文化部颁发《高等教育远程教育实施条例》，将发展远程教育特别是远程高等教育列为政府优先发展事项，拟通过多所高校合作或单独办学等模式，建设协同配合的远程教育平台，从而提供更多优质教育服务。此后，包括印尼顶尖大学在内的传统教育机构先后面向印尼以及海外生源开设远程教育课程，推动远程教育体系逐步完善。但总体而言，这一时期远程高等教育仍以印尼开放大学为主体，传统大学更多将远程教育作为辅助教学手段。

新冠肺炎疫情进一步加速远程教育发展。2020 年新冠肺炎疫情暴发后，传统教育机构遭受重创，大量线下教学活动被迫转为线上进行，客观上推动了远程教育的发展。2020 年，教育与文化部颁发《关于预防新冠肺炎疫情在高等教育中传播的通函》，要求教学活动开展时应保持距离，鼓励高校开展远程教育。到 2020 年 3 月，800 余所大学宣布将线下教学转移至线上，其他层级教育机构和校外教育机构也均通过线上渠道开展教学任务。同时印尼开放大学作为远程教育的主要平台，在这一年也先后推出远程阅览室等项目，面向包含本校学生在内的公众免费提供数字学习材料；向其他传统大学在学习管理系统方面提供援助；为学生提供额外的互联网配额；为师生免费提供互联网接入服务；为学生提供完全在线的学术和管理服务等。因此，在这一时期，远程高等教育得到很大幅度的提升。

二、成人教育的现状

随着数年扫盲教育的持续推进，印度尼西亚文盲率和复盲率均有一定程度下降，教育普及化和公平性得到改善，但作为发展中大国，其相关数据在国际领域甚至在东盟国家内仍属于较低水平。社区学习活动中心作为扫盲教育和同等教育的执行机构已成为印尼成人教育的重要载体，此外，以印尼开放大学为代表的远程教育特别是远程高等教育在印尼教育体系中的作用愈发重要，并积累了丰富经验。

（一）扫盲教育成果显著

根据印尼教育与文化部统计的 1994—2022 年文盲率数据可知，随着扫盲计划的持续推进，印尼人口的文盲率不断下降。从年龄阶段上看，45 岁以上人口的文盲率占比最大，降幅也最大；15—44 岁人口的文盲率占比最小（表 8.1）。扫盲教育仍需继续开展。

表 8.1　1994—2022 年印尼人口文盲率（%）[1]

年份	10 岁以上	15 岁以上	15—44 岁	45 岁以上
1994	12.74	14.84	6.90	36.06

[1] 数据来源于印尼国家统计局官网。

年份	10 岁以上	15 岁以上	15—44 岁	45 岁以上
1995	13.74	15.95	7.45	37.80
1996	12.65	14.66	6.89	34.54
1997	10.93	12.59	5.54	31.00
1998	10.58	12.11	5.15	29.74
1999	10.21	11.63	4.63	28.83
2000	10.08	11.42	4.50	28.54
2001	10.73	12.11	4.78	30.31
2002	9.29	10.49	3.75	26.84
2003	9.07	10.21	3.88	25.43
2004	8.53	9.62	3.30	24.87
2005	8.09	9.09	3.09	22.83
2006	7.61	8.55	2.89	21.09
2007	7.26	8.13	2.96	18.94
2008	6.95	7.81	1.95	19.59
2009	6.59	7.42	1.80	18.68
2010	6.34	7.09	1.71	18.25
2011	6.80	7.56	2.31	18.15
2012	6.28	7.03	2.03	17.17
2013	5.46	6.08	1.61	15.15
2014	4.39	4.88	1.24	12.25
2015	4.27	4.78	1.10	11.89
2016	4.19	4.62	1.00	11.47
2017	4.08	4.50	0.94	11.08
2018	3.93	4.34	0.86	10.60

续表

年份	10 岁以上	15 岁以上	15—44 岁	45 岁以上
2019	3.70	4.10	0.76	9.92
2020	3.62	4.00	0.80	9.46
2021	3.63	3.96	0.73	9.24
2022	3.34	3.65	0.75	8.48

（二）同等教育地位提升

同等教育的教学形式更加灵活，这种不限制时间与空间的学习计划为学生提供了诸多便利。当前，学生需参加全国同等教育考试，所获文凭可以用来参加下一个级别的课程学习。例如，某位学习者在小学阶段接受了非正规教育，但计划在初中阶段参加正规学校教育时，可凭课程 A 计划证书到正规初中上学。随着印尼教育的发展，同等教育已成为民众接受教育的第二选择，而不只是获得文凭的最终手段。同等教育的初衷旨在支持印尼 12 年义务教育计划，除了满足教育需求和确保社区所有成员获得均等的受教育机会外，还是义务教育的一种重要形式。

（三）远程教育影响力不断拓展

印尼开放大学作为印尼专门从事远程教育的主要机构，其发展现状可作为评估印尼远程教育的重要依据。作为亚洲第一所接受国际开放与远程教育协会质量评审的开放大学，印尼开放大学的教学质量和水平在国际上得到了较高认可。

第一，在学生就读学院方面，根据 2022 年的印尼开放大学官方统计数据，截至 2022 年 11 月 15 日，开放大学注册学生共计 412 697 人。其中，社

会与政治科学学院的注册学生数量最多，为 140 385 人，占全校学生总数的
34.02%；其次是师范教育学院，130 939 人，占总数 31.73%；最后是经济学
院，116 078 人，占总数的 28.13%。这三个学院的学生人数占到开放大学学
生总数的 93.88%（见表 8.2）。

表 8.2 印尼开放大学各学院学生人数及其占比 [1]

学院	人数	占比（%）
师范教育学院	130 939	31.73
数学与自然科学学院	21 190	5.13
社会与政治科学学院	140 385	34.02
经济学院	116 078	28.13
研究生院	4 105	0.99
总计	412 697	100.00

第二，在性别方面，2022 年的学生性别数据显示，在印尼开放大学就
读的女性占多数，约是男性数量的 2 倍（见表 8.3）。

表 8.3 印尼开放大学学生性别情况 [2]

性别	人数	占比（%）
女性	263 997	63.97
男性	148 700	36.03
总计	412 697	100.00

[1] 数据来源于印尼开放大学官网。

[2] 数据来源于印尼开放大学官网。

第三，在学生职业类型方面，开放大学作为成人高等教育学校，大部分学生都具有从业经历，占到注册学生总数的 89.64%，仅有 10.36% 的学生无业。在学生的职业类型分布中，有工作但无具体描述的学生占比最多，为 34.59%；其次是从事教师职业的学生，占比 31.40%；再次是个体户学生，占比 12.95%；军人就读开放大学的人数最少，占比仅为 0.02%（见表 8.4）。

表 8.4 印尼开放大学学生职业类型情况统计 [1]

职业类型	人数	占比（%）
教师	129 582	31.40
公务员	21 754	5.27
警察	9 789	2.37
军人	92	0.02
个体户	53 438	12.95
企业家	12 536	3.04
工作（无具体描述）	142 732	34.59
无业	42 774	10.36
总计	412 697	100.00

第四，在学生来源地方面，印尼岛屿众多，印尼开放大学以远程教育为主要教学手段，学生来源地较为分散，主要以爪哇岛和苏门答腊岛为主，分别占 48.48% 和 25.74%，这两个岛屿也是印尼经济基础较好的地区。海外学生占比较少，仅占到学生总人数的 0.63%（见表 8.5）。

---

[1] 数据来源于印尼开放大学官网。

表 8.5　印尼开放大学学生来源情况 [1]

所在岛屿	人数	占比（%）
苏门答腊岛	106 240	25.74
爪哇岛	200 056	48.48
加里曼丹岛	45 978	11.14
巴厘岛	9 745	2.36
努沙登加拉岛	14 130	3.42
苏拉威西岛	22 269	5.40
马鲁古群岛	4 514	1.09
巴布亚岛	7 185	1.74
海外	2 580	0.63
总计	412 697	100.00

第五，在学生年龄分布方面，25 岁以下的学生占比最大，为 54.04%；25—29 岁这一年龄段次之，占比 19.54%；再次是 30—34 岁的学生占比 10.38%。可见，接受开放大学教育的学生大多为 34 为以下的青年人。44 岁以上的人口占比最少，仅为 3.33%（见表 8.6）。

表 8.6　印尼开放大学学生年龄情况 [2]

年龄段	人数	占比（%）
< 25	223 039	54.04
25—29	80 655	19.54
30—34	42 855	10.38

[1] 数据来源于印尼开放大学官网。

[2] 数据来源于印尼开放大学官网。

续表

年龄段	人数	占比（%）
35—39	32 233	7.81
40—44	20 164	4.89
> 44	13 751	3.33
总计	412 697	100.00

第六，在学生受教育程度方面，印尼开放大学的学生绝大多数为本科生，攻读应用学士学位，占比高达97.43%；接受专科教育的学生占比低至1.58%；接受研究生教育的学生最少仅为1.00%，其中硕士生占比0.97%，博士生占比0.03%（见表8.7）。

表 8.7 印尼开放大学学生受教育情况 [1]

受教育程度	人数	占比（%）
专科教育	6 503	1.58
本科生 / 应用学士	402 089	97.43
硕士生	3 998	0.97
博士生	107	0.03
总计	412 697	100.00

第七，在各地区留学生分布数量方面，选择赴印尼开放大学读书的留学生来自世界各地，主要集中在东亚及东南亚地区，可见其办学影响力较广。在留学生中，以邻国马来西亚最多，学生数量共计972人，占比37.67%，这主要是因为马来西亚与印度尼西亚有相似的语言环境，留学生更

---

[1] 数据来源于印尼开放大学官网。

容易适应开放大学的课程。学生数量在100人以上的留学生居住地区从高到低排序为：日本（304人）、中国香港（229人）、沙特阿拉伯（208人）、中国台湾（200人）、韩国（184人）、新加坡（154人）。[1]

第八，在学习项目和授课内容方面，参加小学教师教育的学生人数最多，共有93 927人，占比22.76%；排在第二位的是学习管理学的学生，共有85 556人，占比20.73%；排在第三位的是法学专业的学生，共有47 880人，占比11.60%；排在第四位的是幼儿教育教师教育，共有学生28 150人，占比6.82%；排在第五位的是会计专业，共有学生24 276人，占比5.88%。学生参与人数在100以下的学习项目有3个：环境研究共有学生87人，占比0.02%；管理科学博士共有学生65人，占比0.02%；公共管理博士共有学生42人，占比0.01%。可见，参与教师教育项目学习的学生人数较多，博士生项目学习人数最少。[2]

第二节 成人教育的特点和经验

印度尼西亚的成人教育扎根于其自身地理、人文、社会等条件，隶属于印尼整体教育体系，因此成人教育形式与课程内容均需基于本国的国情、教情与民情，具有一定的独特性。另外，从历史发展轨迹上看，因印尼成人教育源于建国初的扫盲运动，并不断调整吸纳前期经验，呈现出了渐进式变革和融会贯通的特点。

---

[1] 资料来源于印尼开放大学官网。

[2] 数据来源于印尼开放大学官网。

一、成人教育的特点

（一）高度重视道德教育

印尼将"潘查希拉"的道德教育融入了整个教育体系，成人教育概莫能外。在扫盲的最初阶段，即要求在全国范围内推广印尼语，同时在语文、社会科学等课程设置中增加德育内容，重点是向印尼民众传播"潘查希拉"建国五项原则。在远程教育各阶段，印尼教育与文化部也将道德教育作为课程的重要组成部分，要求印尼公民在接受专业教育的同时要完成道德教育。此外，包括家庭、教会、社会公共组织、传播媒介（如报纸、电视、广播、电影）等也对道德教育的开展具有重要推动作用。

（二）渐进式改革教育计划

印尼成人教育基本根据本土资源禀赋如教育基础差、人口分布高度碎片化等特点，在既往教育实践基础上不断进行完善，呈现出明显的渐进式改革的特点。历次扫盲运动均在前次运动基础上，总结不足与经验，再制定扫盲计划。例如，1945 年全面扫盲计划暴露出课程材料不符合民众需求、国家缺乏专项补贴计划等问题，在 1965 年启动的扫盲素质计划中均得到完善：由教育与文化部推动设立专项资金，并根据民众需求和实际情况进行课程设计调整。印尼政府基于历次扫盲运动的经验，推出旨在提升全民文化素质的同等教育和远程教育等。印尼各成人教育模式之间相互影响，如完成扫盲教育计划的社区文化中心在此后成为实施同等教育以及早期远程教育的主体之一。

（三）高度关切实现社会公平

印尼本土岛屿众多，中心岛屿以外的民众生活水平偏低，高等教育阶段该情况更为严重，全国主要高等教育机构基本聚集在中心岛屿上，教育资源分配不均衡。基于此，印尼设计和推行成人教育，将教育公平、教育普及化程度作为制定计划、设计课程、实际执行以及后期评估的重要参考。教育与文化部在开放大学目标设置和招生等环节，也要求向印尼全国开放，甚至向边缘岛屿有一定倾斜，以期通过教育公平进一步实现社会公平。

（四）注重社会广泛参与

印尼成人教育注重社会参与。首先，成人教育广泛面向印尼全国。历次扫盲运动均面向全体民众开展，旨在实现全国扫盲，其后续的全民阅读计划以及同等教育也以提升全民文化素质、培养全民终身学习意识为目标。其次，发动社会各界广泛参加成人教育。扫盲教育第二阶段将执行主体下放到村镇和社区，由基层人员发动群众参与，对成人职业技能培训更是同相关行业的组织深度配合，建立长期合作关系。最后，重视相关课程的参与度。印尼素质识字计划明确指出，参与式活动为计划实施核心原则之一，即在规划、实施和评估全过程中让包括指导教师和学生在内的所有人参与其中。远程教育也将社会广泛参与作为其发展的重要助力，自 2004 年起即由教育与文化部牵头，呼吁全国其他高等院校参与到远程教育课程设计和录制中，为远程教育的快速发展提供了重要力量。

（五）因地制宜与因人施教

印尼成人教育的目的在于完成全民扫盲任务，同时使从业者掌握其所从事行业的必备工作技能，因此，最早在进行课程设计时便高度重视因地制宜、因人施教。在扫盲识字计划的课程设计中，明确根据学生的实际情况规划和编写教材，学生可在学习完基础课程后，根据自身需求选择下一阶段的学习内容。在素质识字计划中，明确将因地制宜、因人施教列为教师和从业者必须遵守的原则，要求教师开展教学活动必须考虑实地社会环境和学生的相关需求。在同等教育以及开放大学的课程设置也高度重视学生学习的实际情况，给予学生自主选课的权利，学生可根据课程的学习情况计算学分以完成教育计划，提高了成人教育的学习效率。

二、成人教育的经验

（一）扩大教育参与度有助于提高教育可及性

印尼的扫盲运动与远程教育早期普遍存在执行主体相对单一的问题。如扫盲运动早期以政府或有政府背景的机构为主，由政府统一拨款支持，虽取得了一定成效，但随着时间推移，特别是政府资金投入的增速下降，很容易出现计划被迫停滞的现象，难以实现社会的广泛参与。在经历两个阶段的全国性扫盲运动后，印尼政府意识到提高相关教育活动的参与度是提高扫盲教育成效的关键。此后，印尼政府将执行主体下放至村镇和社区，同时广泛发动学校、企业、公共机构等主体共同参与成人教育，在教材编写中也积极邀请学生共同汇编学习材料，激发学生学习主动性和阅读兴趣，对此后扫盲运动的全国推行起到较大作用。在远程教育的发展历程中，1984年，印尼开放大学成立后，很长一段时间内以教育与文化部同开放大学一对一结伴建设为主导，尽管其间也有同300余所高校共同开发教学材料等合作参与形式，但总体并未注重远程教育的参与，这与当时信息技术的发展程度以及印尼基础设施建设也有较大关系。此后，随着印尼政府对远程教育，特别是开放大学的重视程度不断提高，吸纳传统高校参与远程教育，甚至吸纳社会企业开设远程教育平台也成为扩大远程教育规模的必须选择。2012 年后，印尼政府出台多项规定，要求传统高校积累线上教学资源，并鼓励各高校互相合作开发线上教育资源。2020 年新冠肺炎疫情暴发后，印尼政府也积极呼吁中、小学校以及高等教育机构将线下教学转移至线上教学，鼓励开放大学向全印尼民众提供便利的远程教育资源，客观上提高了远程教育形式的社会参与广度，从而极大提升远程教育及开放大学的影响力。

（二）注重教育评估

印尼开放大学成立时间较晚，但其对质量评估的重视程度较高。该校成立之后不久即由校方牵头成立质量保障体系委员会，此后又成立质量保障中心等组织，全面评估、研判学校各项教学活动以提升教育质量。开放大学结合国际较为流行的亚洲开放大学协会质量保障框架，研发形成开放大学质量保障体系，其内容包括学校发展、人力资源开发、行政管理、学生管理、教学设计与开发、课程设计和开发、对学生的支持与评价等。开放大学同教师、合作单位等主体定期进行沟通与协调，及时调整质量保障体系，并在质量保障体系运行过程中持续监测与评价。在校方的不断努力下，印尼开放大学成为亚洲第一所接受国际开放与远程教育协会质量评审的开放大学，教学水平和教学质量得到国际广泛认可。

（三）为学习者树立终身学习的理念

印尼在扫盲计划推进过程中，逐步确认成人教育的主要目标为终身学习，通过持续性的强化学习来避免扫盲人群复盲，具体实施中选择对提高识字率有迫切需求的职业群体，并不断强化其学习主动性。同时在培训过程中，通过多次阶梯式的学习教育，提升学习者对相关职业领域技术知识的深入理解。政府同农业、种植业、工业领域的相关机构开展合作，推动相关机构持续开展对从业人员的学习培训，促进终身学习。此后，在扫盲教育及同等教育中，教育机构将学习群体区分为迫切需要提高识字率的完全文盲和需要后续跟进学习的人群，从而面向不同文化程度的群体有针对性地开展成人教育，从制度上促进终身学习。现阶段印尼成人教育大力发展同等教育和远程教育，扩大非正式教育领域也有助于提高终身学习的可及性。

（四）成人教育与传统教育互为补充

长期以来，印尼受限于其教育基础弱、地理交通不便、方言多样等因素，正规教育体系难以向全印尼领域推广教育培训。在历次扫盲运动及远程教育的实践经验启发下，印尼逐步将成人教育特别是同等教育与远程教育纳入现有教育体系，为大量未能进入正规教育体系的成年人提供受教育机会。经过数十年的成人教育，印尼非正规教育同传统教育体系基本形成互补，特别是面向职业技术方面的培训极大程度提升了印尼劳工的竞争力。

第三节 成人教育的挑战和对策

一、成人教育的挑战

（一）教育资源配置不均

印尼作为群岛国家，其包括教育资源在内的资源辐射范围有限。在印尼政府面向全体国民推行成人教育时，首先解决的便是如何突破地理因素的限制，将提供的教育资源向各边缘岛屿投放。在远程教育技术得到广泛应用后，成人教育的资源投放较此前有所便利，但仍面临通信基础设施架设不足等难题。此外，岛屿众多还导致边缘岛屿的民众对中央政策感知度低，政府对教育必要性的宣传难以长期有效影响边缘岛屿民众。

（二）教育基础设施落后

印尼成人教育的基础设施相较于正规教育机构而言，建设程度更加不足。尽管在历经数次扫盲运动后，成人教育在全国范围内基本以社区文化中心为主阵地，但其硬件基础设施严重不足。此外，在软件基础设施建设方面，成人教育的教材、课程编排设计、师资力量等方面也非常不足。例如，现有教材未能及时根据时代变化作出调整，实用性下降明显；大部分师资力量集中在爪哇岛（特别是雅加达），资源分配非常不均，且教师的教学能力层次不齐，缺乏足够教学资源。如何强化教育基础设施建设成为印尼后续推行成人教育的一大难题。

（三）成人接受教育的积极性较低

一方面，印尼因历史和传统文化等因素，很多民众对接受教育缺乏主动性。民众认为受教育与其维持日常生计并不相关，对成人教育特别是扫盲教育认识存在一定偏差。这种思想观念对接受教育特别是除扫盲外更高层次的教育缺乏积极性，成为政府推行成人教育的深层阻碍。另一方面，成人教育在各国均面临如何与成人日常工作生活秩序相协调的难题。在印尼，以农民接受成人教育为例，当播种和收获季来临时，人们往往更愿意做农活而非上课。对于沿海的渔家来说，在渔季丰收的时候，人们会去捕捞或加工鱼类而非接受成人教育。而在经历一段时间的搁置后，也很难再有动力和精力重拾相关课程。

二、成人教育的对策

（一）大力发展远程教育，解决资源配给困难

印尼政府注重快速发展开放大学，通过开放大学建立全国网络化教育系统和开发面向成人的在线教育资源，全面整合远程教育的技术和资源，为学生提供从函授辅导、广播辅导、在线辅导和传真辅导等各种形式的学习服务，尽可能帮助更多的学生完成成人教育。针对教育资源地域配给不均的问题，印尼政府加速教育资源在不同地区流动，并推动正规教育机构支持成人教育。

（二）加快成人教育机构建设，发动社会力量广泛参与成人教育

印尼在国家层面教育政策中明确提出鼓励地方社区参与教育发展，由政府同联合国计划发展署合作，调动社区参与社区内教育的规划、发展和活动，同时积极同教育领域或其他领域的企业、社会组织开展合作，推动其积极参与到社区内成人教育等合作中，以提高针对成人教育的资源投入。

（三）通过政策引导和制度设计，提高学生学习兴趣

印尼在机构设置、政策引导以及规范制定等多个方面广泛着力，如先后成立多个专门机构参与推行扫盲计划，成立社区文化中心、社区阅览室等基层文化单位，以提高扫盲教育对民众的可及性和教学效率。教育部门还联合出版《素质识字计划的实施方案》，将因人、因地施教纳入扫盲教育管理规范等。印尼政府在同等教育和开放大学中也高度重视政策引导，包括出台专项法令和提供激励政策等。

（四）将成人教育划入国家整体教育体系，提高成人教育的认可度

印尼政府将扫盲教育与同等教育根据课程内容和难易程度划分为不同等级，将其与正规教育进行衔接，对完成相应教育阶段的民众提供文凭证书，明确将开放大学发展作为国家高等教育发展的重要助力，并将成人教育明确列入国家规定的非正规教育体系，提高成人教育的认可度，鼓励公共机构以及企业等接受开放大学毕业学生。

第九章 教师教育

　　教师是教育教学活动的重要主体之一，教育事业高质量发展离不开优质的师资队伍。教师队伍对教育事业的发展至关重要，教师教育是保障教育质量的重中之重，尤其是对于印度尼西亚这样教师队伍规模庞大、极具多样化的国家来说，教师队伍的发展对于教育事业的进步和国家社会经济发展等发挥着重要作用。进入 21 世纪以来，印度尼西亚各级各类教育的快速发展加大了社会对高质量师资的需求，为了进一步扩大师资规模，提高教师教学能力和教学质量，加强师资队伍建设，政府格外重视教师教育的发展，对教师教育体系和制度进行大力改革，并取得了一定效果。

第一节 教师教育的发展和现状

一、教师教育的发展

（一）殖民时期的教师教育

1．荷兰殖民时期

在殖民时期，荷兰政府在为印尼引入现代教育系统方面发挥了重要作用。当时建立的是具有歧视性隔离的教育体系，其根据社会阶层的不同建立了面向不同学生群体的学校。

这一时期，在学校上课的教师大都通过了教师培训学校的正式培养。然而，在不同级别和类型学校任教的教师由不同类型的培训学校培养。小学分为两类：第一类被称为荷兰内地小学，学生主要来自印尼当地贵族阶层的子女，以及部分荷兰人的子女，其教师在高等教师师范学校或荷兰国民师范学校接受过教育。第二类为普通小学，学生主要来自印尼原住民，其教师在民众师范学校接受过教师教育课程。而中学的教师是通过中等教育证项目培养以获得教学资格。虽然殖民时期的教师学校在本质上具备隔离性，但由荷兰政府在该殖民地发展的教师教育系统在某种程度上满足了当时印尼教师教育的需要。

2．日本殖民时期

在荷兰殖民主义之后，日本人接管了印尼。尽管日本殖民的时期并不长，但日本在印尼建立了一些类似荷兰殖民时期的学校，荷兰殖民时期隔离性、异质性的学校教育体系被整合到统一的学校教育体系中。为了培养学校教师，日本政府在印尼建立了专门的教师学校。荷兰殖民时期发展起来的宿舍制度和对教师候选人的严格选拔在日本殖民时期得到了继承。然而，日本在印尼建立的教师教育具有强烈的军国主义特征，此时教师学校的教学质量低于荷兰殖民时期。

除了殖民地的教师教育制度带来的影响外，伊斯兰教在印尼教师教育的发展中也产生了重要影响。穆斯林为当时正在发展的伊斯兰学校培养了大量教育工作者，早年由穆斯林建立了众多教师教育机构，如雅加达伊斯兰学校、日惹伊斯兰教学校、日惹穆阿利明伊斯兰教学校、西爪哇马加林卡伊斯兰学校、伊斯兰教贡托尔学校、伊斯兰加里曼丹普通学校、伊斯兰巴东班普通学校、伊斯兰巴东班、巴东的伊斯兰学院。[1]

（二）独立时期的教师教育

1. 教师教育进步期（1950—1969 年）

1945 年印尼独立后，教育部和宗教部主管教师教育。教育部为培养小学教师举办的教师教育机构是师范学校 SGC，在学生完成初等学校后进行，为期 2 年；师范学校 SGB，在学生完成初等学校后进行，为期 4 年；师范学校 SGA，在学生完成初等学校后进行，为期 6 年；以及师范学校 SPG，在学生完成中等学校后进行，为期 3 年。[2] 这种师范学校是印尼国家教师教育系统的主要机构之一，其中大多数由国家管理，也有一部分归地方管理。

---

[1] BUCHORI M. Evolusi pendidikan di Indonesia: dari Kweekschool sampai ke IKIP, 1852—1998[M]. Yogyakarta: Insist Press, 2007: 39-46.

[2] 这四所学校的区别在于培养时间的长短和课程设置的内容不同。SGC、SGB、SGA 是针对小学教育阶段的教师教育机构，培养时间依次为 2 年、3 年、6 年，课程设置也逐渐丰富深入。SPG 则是针对初中毕业生的教师教育机构，为期 3 年，课程设置相对更全面，包括更多的学科和教学技能的培养。

同时，教育部也通过高等教育教师教育机构，即教师教育学院和教师教育机构来培养教师。与普通师范学校不同，高等教育教师机构提供的是高级教师培训课程，也是培养教育领袖和决策者的重要机构之一。[1]

印尼宗教部门负责监管和管理印尼的宗教教育，包括宗教教师的培训。宗教部开展教师教育主要是为伊斯兰学校的宗教教师培养候选人，此外，它还为宗教法庭等社会专业领域的工作者培养候选人。教师教育机构的数量是根据社会对教师数量的需要而设计的。为了培养宗教教师，印尼宗教部门一般实行密集培训，学生要经过严格选拔，被安排集中住宿，培养他们作为教师的特质和技能。培训内容基本上包括宗教知识和教育技能两个部分。宗教教师需要对宗教知识有深入的了解，同时，也需要一定的教育技能，熟悉教育法律规定以及教育方法和策略。总的来说，印尼宗教部门的教师教育强调宗教知识和教育技能的平衡，以确保宗教教师能够在教育过程中更好地帮助学生，传达正确的宗教教义，促进学生的宗教信仰发展，并对他们的心理健康和道德发展有所帮助。学生毕业后，将被任命为公立学校的教师。[2] 政府在独立早期高度重视教师教育，但相关政策直到1969年才开始实行。

2. 教师教育衰退期（1970—2017 年）

随着印尼教育民主化和教育公平的发展，公众对教育重要性的认识不断提高，社会对学校和教师的需求与日俱增。为了满足社会对教育的迫切需要，国家需要在短暂的时间内培养大量的教师。这导致印尼教师教育特别强调教师数量，教师素质被有所忽略。对教师候选人没有严格的选拔，

---

[1] 目前这些机构已被移除，当前在印尼的教育人员培训机构有教师培训和教育学院、教师培训和教育机构以及高等教育层次的师范院校或大学内的教师教育学院。

[2] HOESEIN A A, SUPRIADI D. Guru di Indonesia: pendidikan, pelatihan dan perjuangannya sejak zaman kolonial hingga era reformasi[M]. Jakarta: Depdikn, 2003.

寄宿学校制度被废除，宗教部对教师学校的建设质量放松控制，导致教师教育机构的教学质量良莠不齐。

在此后的发展过程中，政府逐渐意识到上述问题，开始重视教师教育的质量。1989 年，《国民教育体系法》颁布，要求各级教师都应参加大学项目。基础学校的教师应当获得 2 级文凭，初级中学教师应当获得 3 级文凭，高级中学教师应当获得学士学位或 4 级文凭。[1] 2005 年，《印度尼西亚国家教育体系法》颁布，政府开始重视加强教师队伍的素质建设。通过提高教师的形象，提高专业能力和获得专业津贴，不断提高教师素质。随着政府对教师教育的要求不断提高，所有教师除必须通过学士学位或 4 级文凭项目外，还必须通过专门能力测试以获得教育工作者证书。在实践层面，教师能力测试是分阶段进行的，优先考虑那些已经在某些特定机构工作过的教师，通过直接证书、投资组合评估、教师教育和培训等方式，以提高教师的教学水平和实践能力。

3．教师教育复兴期（2018 年至今）

2018 年，印尼开始实施教师职业教育，其组织者由政府任命，对学生的质量和数量进行严格限制。师范教育课程强调实践，实践培训由学校与选定的合作伙伴学校共同实施。在课程结束时，学生必须参加能力测试，通过测试者方可获得专业教师资格证书。通过这种严格的考核程序，师范专业毕业生将成为在学术、教学和个人素养方面得到全面培养和发展的专

---

[1] 在印尼，2 级文凭是指两年制的高等教育文凭，通常培养学生成为初等教育教师、护理人员、技术员等。3 级文凭是指三年制的高等教育文凭，通常培养学生成为中等教育教师、护理专业人员、旅游管理人员等。4 级文凭是指四年制的高等教育文凭，相当于学士学位，通常培养学生成为高等教育教师、工程师、经济学家、法学家等。因此，根据印尼的法律规定，不同层次的教师需要接受不同层次的教师教育，从而确保他们具备必要的教学技能和知识。初等教育教师需要具备 2 级文凭，中等教育教师需要具备 3 级文凭，高中教育教师则需要具备 4 级文凭。

业教师，此举大大提高了印尼教师教育的质量，增强了社会民众对于教师教育的认可度。

总之，从历史发展阶段来看，印尼政府实施的教师教育可以分为进步、衰退和复兴三个时期。国家独立伊始，政府采用强硬措施、组织严格的程序，加强对教师教育的监管，此时的教师教育处于发展势头强劲的进步期。但随着社会对教师需求量的增加，政府忽视了教师质量，导致教师教育逐渐进入衰退期。为解决这些问题，印尼政府执行严格的教师教育选拔和考核系统，通过不断培训、实践的方式提高师资水平和教师教育质量，使教师教育迎来了复兴期。[1]

二、教师教育的现状

（一）培训机构

1. 初等教育和中等教育教师培训学校

在印尼的教育体系中，初等教育和中等教育是两个相互衔接的教育阶段。初等教育即小学 6 年（学生的年龄 7—12 岁）；中等教育分为初中和高中两级、普通和职业技术两类，具体指初中和初中中技（学生的年龄 13—15 岁）以及高中和高中中技（学生的年龄 16—18 岁），学制均为 3 年。初等教育主要注重对学生的基础能力培养，而中等教育则更加注重学业能力和专业知识教育。

初等教育和中等教育教师培训学校是印尼教育部通过教师和教育人员

---

[1] KOSIM M, MUQODDAM F. Teacher education system in Indonesia: a comparative study[J]. Ilkogretim online, 2021, 20(1): 727-737.

训练中心设立的教师培训中心，是印尼全国性的、被授权开展师范教育、培训和评估的机构。在印尼教育体系中，初等教育和中等教育教师培训学校扮演着至关重要的角色。主要职责包括：提供和开展全面、系统的师范教育和培训计划，让未来教师掌握必要的教学技巧、学科知识和所需能力的培训课程；支持教育行业改革，扩大教育资源在国家范围内的分配，为制定教育战略和政策提供建设性建议；对教育和师范教育机构的培训计划进行审核和管理；确保教育计划的质量，并持续支持教育机构为学生提供更好的课程和资源；评估和保障教育系统的质量，为学校和教育机构中的教育专业人员提供支持和咨询。初等教育和中等教育教师培训学校分为公立和私立两种类型，公立机构由政府授权，私立机构由私人或团体开办。初等教育和中等教育教师培训学校的培训课程通常包括教育理论、教学方法、课程设计、教育技术和实习等。

除了上述职责外，初等教育和中等教育教师培训学校还负责完成下列目标。首先，集中资源。提供协作式的培训和咨询，使各类教育机构之间实现资源整合和信息交流。其次，优化管理。利用现代科技，实行更高效的管理模式，提高印尼教育体系的管理水平。最后，提高素质。为教师提供针对性的培训课程，从基础技能到领导层能力，帮助教师提高他们在教育领域中的素质和竞争力。总之，初等教育和中等教育教师培训学校在印尼教育体系中发挥重要作用，是印尼教师教育重要的培训机构之一，旨在培养教师的高素质、创新和知识能力。

2．教师教育大学和学院

教师教育大学和学院提供不同学段的学习项目，如幼儿教育、小学教学、中学学科教育、特殊教育等。其办学理念是提供高质量的教师培训，培养高素质、有道德、能够满足印尼教育行业需要的教育人才。这类学校将学生的教育素质和专业知识紧密结合，并结合实践经验和课堂教学，使学生在学校中学到的知识更加全面、深入、系统，为幼儿园、小学、中学等教育机构的教学工作做好充分准备。这类教师教育提供一系列教育课程，涵盖基础、硕士和博士项目。这类学校的学科范围广泛，包括学前教育、小学教育、初中教育、高中教育、特殊教育、教育领导和管理等。除了教育领域的课程外，这类学校还提供其他专业领域的课程，如社交学、英语和科学项目等。所有这些教育课程都是为了使学生成为在教育领域和其他领域具有高素质和竞争力的产业人才。

这些大学或学院培养了大量师范专业毕业生，为学生成为教师打下了坚实的基础，也为印尼教育事业和社会发展做出了巨大贡献。

3．教师职业发展项目

教师职业发展项目主要目标是为印尼的初等和中等学校培养高素质的教师，并为他们提供基于国际标准和最佳实践的教育课程。教师职业发展项目对于印尼的教育事业，特别是教师培训方面，具有重要意义。该项目包括了一系列的课程和实践活动，其中包括课堂教学、实习、学术研究和教学素材开发等内容。此外，该项目旨在培养能力高超、素质过硬、满足行业需求的教师。参加教师职业发展项目的学生必须通过一系列考核才能正式毕业。

教师职业发展项目学位被认为是印尼教育行业中非常受欢迎的学位之一，是许多人选择的优秀教师培训计划。教师职业发展项目还设有紧密的企业合作关系，协助其毕业生在初等和中等学校等教育机构中就业，不断提高印尼教育行业的质量和水平。

4．开放大学

印度尼西亚开放大学成立于 1984 年，是一种面向社会成员提供学历与非学历继续教育服务的机构。印尼开放大学教师教育培养模式是一种以远程教育为基础的教师培训模式。该模式允许学生通过电视、互联网等技术手段获得教育和培训，以便更加方便和灵活地学习。印尼开放大学教师教育培养模式的目标是为印度尼西亚的教育行业提供优质的教师培训课程。该模式已经成为印尼教师教育的重要组成部分之一，拥有广泛的学生群体和教师培训课程。印尼开放大学教师教育培养模式的课程内容涵盖了教育理论、课程设计、教学方法、教育技术、教育管理和实习等方面，可以满足不同类型教师的需求。学生多为在职教师，他们希望通过职后培训提高自己的教育教学能力。2009 年，在 60 万名学生中，超过 48.5 万名在职教师参与了开放大学。[1]该项目通过其遍布印尼的 36 个区域中心，在各区域举办讲习班，推行教师教育。

开放大学教师教育的优点是可以让学生通过网络获得教育和培训，节省时间成本。此外，该模式还提供了丰富多样的教学资源和支持服务，帮助学生更好地进行学习。另外，该模式还能够为教师提供更多的职业发展机会，提高他们的教学能力和职业水平。不过，印尼开放大学教师教育培养模式也存在一些问题。其中一个主要问题是缺乏实践课程和实习机会，这可能会对学生的实际教学能力造成影响。此外，该模式的学习过程需要更多的自我管理和自我学习能力，这对一些学生来说可能存在一定难度。

印尼开放大学教师教育培养模式是一种具有创新性的教育模式，为印尼的教师教育提供了更多的选择和机会。未来，随着远程教育技术的不断发展和完善，该模式有望进一步提高其教育质量和学生满意度。

---

[1] CHANG M C, AL-SAMARRAI S, SHAEFFER S, et al. Teacher reform in Indonesia: the role of politics and evidence in policy making[M]. Washington, D.C.: World Bank Publications, 2013: 68.

5．学科培训中心

印尼教师教育设有学科培训中心 [1]，是一种专门为教师提供学科培训和教学支持的机构。教师教育学科培训中心通常由一个中心主任、多名学科培训师和行政人员组成。学科培训师是中心的核心人员，负责开展学科培训课程，并为教师提供教学支持和指导。学科培训中心的职能主要包括以下几个方面：开展教师教育学科培训课程，提高教师的学科知识和教学能力；开展教师教育学科培训研讨会，促进教师教育学科的沟通和交流；为教师提供教学支持和指导，帮助教师提高教学质量和效果；开发和设计教育学科课程和教材，提供教学资源和支持。印尼教师教育学科培训中心在印尼的教师教育体系中具有重要作用。通过提供学科培训和教学支持，中心能够提高教师的教学能力和职业素养，促进印尼教育事业的发展和进步。

6．教师教育工作组

教师教育工作组是印尼教育与文化部下属的一个机构，负责协调和推进印尼教师教育领域的改革和发展。教师教育工作组成立于 2009 年，旨在推动印尼教师教育的改革和发展。它的成员来自政府部门、学术机构、民间组织和教师培训机构等，代表了印尼教师教育领域的各个方面。其职能主要包括：制定教师教育政策和计划，推进教师教育改革和发展；协调各方面资源，促进教师教育领域的合作；开展研究和评估，提供政策建议和指导；提高教师教育机构的质量和效果，促进教育质量的提升；加强对教师教育师资培训的管理和监督，提高教师教育的质量和效果。工作重点在于：制定和推进教师教育政策和计划；提高教师教育机构的质量和效果；管理和监督教师

---

[1] 印尼教师教育学科培训中心是印度尼西亚教育与文化部的一个机构，旨在提升印尼教师和教育工作者的教育水平和专业素养。该中心成立于 1987 年，总部位于雅加达，并在全国各地设有分支机构和培训中心。

教育师资培训；建设和发展教师教育师资队伍；开发和共享教师教育教学资源。教师教育工作组在印尼教师教育领域中发挥着重要作用。通过制定政策、协调资源、开展研究和评估等工作，工作组能够促进印尼教师教育的改革和发展，提高教育质量和教学效果。

（二）培训项目

1. 职前教师教育

印尼职前教师教育采取了多种教学和培训方式，以确保教师具备必要的专业知识和技能，为未来的教育工作做好准备。职前教师教育主要分为三种模式：师范生教育培训、课程和研讨会、研究与创新项目。师范生教育培训是一种专业培训，旨在为未来的教师提供必要的教育和教学技能。师范生必须完成一系列的教育培训课程和实习，以获得必需的专业技能和知识。课程和研讨会是用于培训未来教师的有效方式之一。通过研讨会和培训班，教授教学理论和实践，以及通过有效的课程设计和评估技巧，培养教育者的领导力。研究与创新项目是印尼教育中心提供的另一种培训未来教师的形式，旨在帮助他们推广研究项目和其他创新教育实践，以促进教育改革和变革的发展。除了这些培训项目，印尼教育部门还鼓励学生们参加志愿者活动，以获取更多的教育体验和知识。此外，一些高校提供教学实习机会，以帮助师范生更好地了解教学过程。

印尼的职前教育旨在为未来的教师提供必要的教育和培训，以确保他们具备必要的专业知识和技能。通过师范生教育培训、课程和研讨会以及研究和创新等多种形式的培训，教师能够更好地了解教学过程，获得必要的技能和知识，并为他们将来的教育工作做好准备。

2．入职和试用期教师教育

在印尼，成为一名合格的教师需要接受良好的教育训练，并通过入职和试用期来证明自己具有足够的执教能力。印尼的教师入职程序是一项基于竞争的选拔程序。有关当局会根据教育、工作经验和考试成绩等因素来评估申请人的能力和适合度。在入职之前，教师候选人需要参加一系列笔试和面试，以测试其语言技能、专业知识和教学技巧。入职后，教师要经历为期一年的试用期。在此期间，教师需接受一系列的培训和评估，以确保其拥有成为一名合格的教师所必需的技能和知识。这些评估旨在衡量他们的教学能力和潜力，以及他们在学生中的影响力。此外，他们还必须接受日常的班级观察和教育会议，以改进教学方法。在试用期结束后，如果教师成功通过了所有考核和评估，便可成为正式教师。如果他们未能通过这些考核，他们可能会面临被解雇或继续接受培训的风险。

3．在职教师教育

印尼教师在职培训主要是针对在职教师进行的专业培训。一般包含国家资格认证考试、教育领导力研修项目、教育技术培训项目和继续教育项目。国家资格认证考试是由印尼政府举办的全国性教师资格认证考试，旨在提升教师专业水平和教学能力。教育领导力研修项目是专门为教育领导人、校长和行政管理人员提供的职业发展计划，以进一步提高他们的管理和领导能力，并使其深入了解教学和学校发展。教育技术培训项目是为教师提供有关教育技术的知识和培训课程，帮助教师掌握各种技术工具，以提高教学效率和质量。继续教育项目为教师提供高级课程、研究生课程、教师交流项目、学术会议和研讨会等继续教育机会，以帮助他们不断更新教学知识。总之，印尼教师教育培训项目旨在提高教师的专业知识和技能、促进教育体系的发展和进步，同时也为教师提供了不断提高教学能力的机会。

（三）教师教育模式

1. 并发型教师教育模式

并发型教育模式是指教育学院给学生提供完整的课程，包括教学方法、教学技能和教育学科，以及必要的实习和教育实践。并发型教师教育模式是一种从课程开始就将教学能力与专业知识进行同步、统一、整合的教师教育模式。通常，这种模式的课程是四年制，学生在每个不同的学期里接受教育课程与课堂实习，让他们有机会将所学到的理论知识应用到实践中。在完成四年的课程和实习期后，学生需要通过相关考试和评估，才能获得教师资格证书，并进入教育职业领域。这种教育模式为学生提供多种实践机会，帮助他们在教学实践中发现问题、解决问题和更快地适应工作环境，最终使他们在解决现实问题和管理学生方面更加熟练。通过接受教学培训，学生能够更深刻地了解教育行业，并发展其专业技能。这可以在成为一名教师的过程中增加学生的自信心以及拓展其将来的职业发展前景。

并发型教育模式将教育学理论和实践相结合，能够提供全面和深入的教育课程和实践，使学生具有教育专业知识和技能。由于这种教育模式要求学生既参加专业理论学习，又要参加教学实践，因此这种模式的培训要求比较高，需要学生花费更多的时间和精力。

2. 连续型教师教育模式

连续型教育模式是指在完成学位专业后再接受教师培训。这种培训模式通常是在学生成为专业人士后，再接受教师训练。在这种模式下，学生需要完成一系列的课程和实习，以获得教师资格证书。与并发型模式不同的是，连续型教育模式通常是针对那些专注于教育领域、已经获得学位的成人。这种模式要求教师首先掌握特定学科知识，然后增加教学能力的训练。学生在获得教师资格证书后可以在教育职场中获得重大优势和竞争力。并且这种模式具备灵活性和适应性，对于那些缺乏时间和精力积累教育经验的成年人来说，该模式非常实用，能够为其提供学校教育知识和技能，使他们快速适应并理解教育行业。但这种教育模式可能缺乏综合的教育学课程和实训机会，而这对于准备成为教育工作者的学生来说至关重要。

（四）教师考核与评价

作为教师教育的一部分，印尼教育与文化部非常关注教师考核与评价的发展。教师教育考核与评价具有非常重要的作用，可以帮助识别教师教学中存在的问题并提供解决方案，促进教师的成长和发展，提高教学质量。教育质量一直是印尼教育改革的重要课题之一，而教师作为教育改革的关键力量，其教学质量的提高与否对于整个教育体系的质量具有至关重要的影响。教师考核与评价不仅是为了评价教师的教学质量，更是为了鼓励教师不断探索和创新。此外，教育考核和评价不仅能够促进教师的教学质量提高，更可以促进全民教育的普及，为落后地区和群体提供更好的教育资源。

印尼教师教育考核与评价的举措主要包括以下方面：构建评价指标体系、建立完善的考核和评价机制以及推广优秀教学理念和实践。构建评价指标是教育考核和评价的前提，印尼教育考核和评价机构根据教育实践和文献资料构建了包括师德修养、课堂管理、教学设计、教学策略、教学效果等多个方面的教育评价指标体系。对于教师的考核和评价机制，印尼政府不仅细化了评价标准和考核台账，更加强了对评价结果的监督和对有关部门的合作协调。印尼教育部门不仅注重教育考核和评价的结果，更加注重对于教师的指导和支持，并且推广优秀教学经验和实践。

此外，印尼教育与文化部联合大学、省级教育质量保障研究所开发教师教育认证，以持续提高印尼教师教育水平和教学质量。它包括三个基本过程：作为认证的一部分，教师需要完成能力测试，并在随后的时间内确定教师所达到的能力水平并应用于课堂；每年对所有教育专业人员进行绩效评估，参照标准并以证据为基础；根据学校和教师的实际需要，推动教师进行持续的专业发展。

未能通过能力测试的教师必须接受持续专业发展领域提供的基本培训课程后才能接受业绩评估。如果评估发现教师工作中存在其他问题，则必须参加专门的补救课程，作为持续专业发展的一部分。相反，表现达到标准的教师将获得晋升机会。因此，对所有教育人员的成绩和职业发展都是根据综合立法框架的结构和程序来管理，其中具体规定了教师的能力要求，包含教师成长所需的具体核心能力以及其他与教师专业有关的能力。这种情况下，教师将获得持续的、长效的激励。

除了具体的举措之外，印尼教育与文化部非常重视发展在线教师评价记录系统，以衡量教师的学科内容知识和课堂表现。该电子系统把每位教师的表现评估和能力测试结果记录在一个特别设计的计算机数据库中，这些信息将用于评估教师个人能力发展，并使管理层能够衡量其成就的进展。这些数据将有助于规划从个体到国家需求层面的教师持续专业发展项目。

教育考核和评价的实施使印尼教育变得更加规范化和科学化，对于教育改革的推进和落实起到了重要的推动作用。相关措施的落实使优秀教师和教育资源更加向优质学校和教育机构聚集，优化了教育资源的配置，激励了教师的学习热情和创新精神，提高了教育质量和教学效果。通过评估和反思，教师能够不断提高自己的教学能力和职业素养，促进印尼教育事业的发展和进步。

第二节 教师教育的特点和经验

一、教师教育的特点

（一）受国家政治变革影响较大

由于荷兰殖民统治和日本占领时期学校数量有限，以及印尼独立早期国家领导人对教育特别重视，教师最初是一种经过严格筛选的职业，只有最优秀的毕业生才有可能成为教师。因此，在这一时期，教师（特别是农村地区的教师）往往不仅是受过最好教育和最具影响力的社区成员，从更长远的角度来看，他们也是将印尼建设为一个民主繁荣的国家，并将其带入现代世界的重要力量。教师往往具备睿智、清廉、勤奋的特征，这是老一辈印尼人对教师形象的深刻记忆。

但教育系统在 20 世纪 70 至 80 年代迅速扩张，1975—1987 年新建了数万所小学，并迅速聘用和培训了数十万名新教师。受聘教师往往只接受了最低程度的初级教师教育，很少有进一步培训的机会，因此他们所具备的学科知识有限、教学技能不足。教师队伍专业能力的下降损害了教师作为社区领袖和国家建设者的形象，其社会声望受损，再加之教师工资不断降低，最终导致教师旷工现象逐渐增加，教师职业的社会地位也随之下降。在世纪之交之前的几十年里，这种"职业"意识的丧失和教学的"去专业化"非常严重。

在从苏加诺总统的统治过渡到苏哈托总统的"新秩序"的过程中，政治环境相当不稳定，充满不确定性。教师被视为公务员，他们要表现出对政府当局的忠诚和服从，传播国家课程，宣传"潘查希拉"的国家信条，促进国家团结。过度的政治化窄化了教师的职业精神。教师的地位和职权相对弱势，甚至连教师工会也被用来监督教师的言行。

　　进入 21 世纪后，印尼的政治环境变得更加稳定，经济开始增长。越来越多的社区成员的教育水平和工资收入与教师持平或超过教师，这种现象进一步削弱了早期教师在社区中的优势地位。在整个教育系统发展得更庞大更复杂之时，教师的工作和角色也更具挑战性。

（二）教师教育发展不均衡

　　印尼教师教育地区发展分布不均，各地间的差距较大。受制于印尼地理环境的巨大差异性，很多岛屿极为偏远，这使得部分偏远地区出现了极为严重的教师资源短缺现象，高素质教师供不应求，课堂教学策略也极为落后。此外，教师教育发展的性别差距也非常明显。在印尼的一些教育落后地区，由于人们思想相对保守，女性很难接受教育，这也就造成了当地女教师的比例较低。

（三）重视教师教育质量

　　随着 2000 年"达喀尔全民教育世界会议"的召开，世界各国开始关注教育质量，且更加注重对教育质量的全面定义。在提高质量的教育发展框架内，教师的受教育水平、学科能力和教学技能被世界各国所关注。这促使印尼政府在培养教师方面朝着以质量为导向的范式发展。印尼教育部门通过各种培训和活动，不断提高教师的教学能力和教育管理技能，如普及职业资格标准，并开设相应的培训和考试；加强终身学习机制，开展在职教师培训、继续教育等。针对优秀教师，还设立奖项，给予他们更多鼓励和支持。同时，印尼提倡采用创新的教学方式，如通过互联网课程、在线教育和远程教育，为教师创造更加灵活、便捷的学习方式，以提高他们的教学水平和教育质量。此外，印尼教育部门非常重视为教师提供良好的工作条件和发展机会，以激励他们更加努力地工作，如建设教学设施、购置教学设备、提高教育教学质量、为教师创造更好的工作氛围等。

印尼政府通过不断加强对教师职业发展的支持，提高教师教育质量和教学水平，促进了印尼教育事业的发展，更好地满足了教育需求。

二、教师教育的经验

（一）建立教师职业阶梯系统

教师职业阶梯系统由印尼国家公务员局在 20 世纪 80 年代末逐渐发展而成。如果教师通过努力得到荣誉，他们则更有可能去争取专业发展及获得更好的表现。在教师职业阶梯系统中，教师通过长时间工作、在偏远地区教学、参与在职培训活动、促进课程开发、撰写报告或文章、执行社区服务等途径，可以获得更高级别的认证。例如，当教师达到一定程度的履历时，便可以在 2 年内获得晋升，而不再是以往规定的 4 年时间，这大大加速了教师的职业发展。这种制度使教师的晋升依赖于提高教师资格证书和教师的表现，有利于形成教师职业发展的良性循环。[1]

（二）承认先前学习和工作经验

许多需要在学历上提升到 4 年制学位的教师可能已经具有丰富的工作

---

[1] NIELSEN H D. Reforms to teacher education in Indonesia: does more mean better?[J]. Asia Pacific journal of education, 1998, 18(2): 9-25.

经验。印尼教育与文化部认识到，可以对这些教师具备的知识和技能进行评估，纳入获得学位的学分之中，学分分值的认定由大学自主决定。因此，政府在 2008 年制定并试行了对先前学习进行认定的政策。其中，开放大学采用了一种简单的方法对先前的学习和工作经验进行认定，结合教师在入学时的教育水平、额外的在职培训以及作为教师的多年经验，折算可认定的学分。因此，绝大多数在职教师的学历提升选择在开放大学进行。对先前学习的认可节省了在职教师的时间和金钱，大大提高了教师教育的效率。

（三）成立基于集群的教师工作组

基于集群的教师工作组是印尼教师教育中重要的教师专业发展形式之一，在支持教师的培训和专业发展活动方面发挥了不可或缺的作用，为教师提供了一个讨论教学问题和合作完成任务的平台。它将近距离地将同一地区、同一学科、同一年级的教师集中起来，进行教学技能和经验的分享。在基于集群的教师工作组中，教师们将集中扩展自己的知识和技能，分享教学经验以及解决教学过程中遇到的问题。基于集群的教师工作组可以将同一地区的教师组织成团体，针对共同问题和需求共享和整合资源，以解决教学环节中的共性问题。同时，教师可以在交流中拓展自己的教育技能和知识，提高教师在职场上的发展速度和质量。随着《教师法》改革带来的培训热潮，教师工作组已被视为在地方一级提供在职培训的模范方法，对于地方学校来说，教师工作组是教师专业发展的重要途径，这对于提高教师教育质量和教学水平具有积极的意义。

第三节 教师教育的挑战和对策

一、教师教育的挑战

（一）教师教育标准不明且管理体制效率低下

虽然政府已经制定了教师教育标准，但这些标准既不详尽也不清晰，因此难以纳入印尼教师教育机构的课程。从制度上，《教育法》规定，教师的雇用和报酬（伊斯兰学校除外）、标准的制定、业绩的监测、惩戒和救济措施的实施，都应由国家教育部移交给各区办事处。但是在实际推行过程中，权责仍然含糊不清。例如，关于教师奖励的发放、教师的部署（区内或跨区）和解聘、校长和督导的任命和培训、教师的持续专业发展以及为教师设立新的公务员职位等方面依然存在问题。

教师教育管理体制效率不高，缺乏系统的监测和自我评估。印尼大多数教师培训机构是独立运作的，这些机构在教学材料和方法上几乎没有形成统一的标准，导致培训出来的教师教学能力参差不齐。此外，新教师的任命、部署和专业发展也是杂乱无章的，特别是对临时和合同制教师而言，相应的教师晋升和职称评定制度尚不健全，对于教育教学和学生发展无法起到积极作用。这些问题需要政府和教育部门加强管理和投资，改善教育管理、提高教育质量。

（二）教师学历层次低，教学能力不足

印尼的教师总体上受教育水平偏低。数据表明，从幼儿园到高中和职业中学（不包括伊斯兰学校），超过 60% 的在职教师未获得印尼《教师法》

规定的 4 年制学士学位，大约 25% 的教师未低于高中水平。[1] 2010 年，世界银行发布的一项关于印尼教师能力的研究报告显示，印尼教师的平均受教育程度仍低于大学本科水平。印尼 67% 的小学教师和 56% 的初中教师只拥有高中文凭，没有接受过大学本科及以上教育。[2]

除了学历层次较低以外，印尼教师群体更为严重的问题体现在专业素养不足、教学技能不足、教师招聘政策和流程不规范、低薪待遇和职业发展机会不足等方面。首先，许多印尼教师缺乏良好的教育背景和扎实的学科知识，导致他们难以理解课程内容，并无法有效将信息传递给学生。许多教师没有接受过系统的教学培训，难以运用现代教学方法和技术。其次，印尼教师在科目测试中普遍表现出较低的能力。缺乏专业的教学培训和实践机会导致许多印尼教师缺乏教学技能和方法，无法有效地吸引学生，并不能够提高学生的成绩和学科素养。因此，尽管一些教师可能具备教育学生的技能，但他们对教学科目内容掌握的不足必然会影响学生获取知识的程度。此外，教师招聘政策和流程不够规范。教师招聘需要相应的资格认证，但是也有人通过行贿等方式获取资格认证，进入教师队伍。而且，政府的支持和资金分配不足以为教师提供足够的培训和发展机会。薪酬待遇上，印尼教师薪水偏低，缺乏有效的职业发展机会。这使得教师晋升和职称评定制度不能发挥作用，无法激励教师不断提高自身专业素质和教学能力。

（三）课程改革与教师能力发展不匹配

印尼从 2004 年引入以能力为基础的课程，到 2006 年的以学校为基础的

---

[1] CHANG M C, AL-SAMARRAI S, SHAEFFER S, et al. Teacher reform in Indonesia: the role of politics and evidence in policy making[M]. Washington, D.C.: World Bank Publications, 2013: 79.

[2] TANANG H, ABU B. Teacher professionalism and professional development practices in south Sulawesi, Indonesia[J]. Journal of curriculum and teaching, 2014, 3(2): 25-42.

课程，再到 2013 年的多样化课程，课程经历了多次革新。[1] 总体来说，课程改革要求教师教得更快、教得更多，要求教师采用新的教学方法，从教授阅读、写作和算术的基本内容，拓宽到更为广泛的领域和新的教学方法。然而，频繁的课程改革使得大多数教师难以在短期内适应课程改革的节奏。虽然许多教师的工作经验丰富，但学科知识薄弱，专业支持有限，进一步培训的机会较少，导致教师能力水平发展缓慢，难以适应新的课程改革的需要。

二、教师教育的对策

（一）重视教师教育立法

2005 年，印尼政府公布了新的《教师法》，旨在从根本上对教师管理模式进行改革。该法律经过各利益相关者（如部委官员、议员、民间社会代表和教师协会）的广泛参与和讨论，最终由印尼议会审议通过。该法对教师管理和发展进行了详细规定，主要包括：教学是一种"职业"的核心原则；要求所有教师在获得认证前必须达到 4 年制学位的最低标准，所有教师在获得 4 年制学位后必须获得正式认证；改革职前教师教育机构；教师每周工作 24 课时（18 小时），以获得和保持教师资格认证；向偏远地区、边境地区等特定地区的教师发放特殊地区津贴；改进校内入职和毕业培训的流程；建立完善的教师考核和公共服务人员加薪制度；制定更系统的持续职业发展计划；基于对教育工作者四项核心能力的掌握，任命校长和督导。2005 年《教师法》的颁布对印尼教育事业产生了积极影响，促进了教师的职业素养和教学质量的提高，保障了教师的合法权益，促进了教育公平和

---

[1] CHANG M C, AL-SAMARRAI S, SHAEFFER S, et al. Teacher reform in Indonesia: the role of politics and evidence in policy making[M]. Washington, D.C.: World Bank Publications, 2013: 15.

发展。该法律成为印尼 21 世纪初期教育制度变革的跳板。

印尼的教师教育改革是作为一项真正全面的计划而设计和实施的。2005 年《教师法》强调对所有教师进行资格认证，试图通过将一系列改革策略与教师收入显著增加联系起来，以利益刺激教师素质的全面提高。根据宪法规定，政府必须将 20% 的预算用于教育，为教育改革提供资金，这对投入教师工资和专业津贴的预算比例产生了重要影响，提高了已获得认证教师的基本工资。这一改革导致了一段时期的根本变化，整个教学服务受到了教师管理新制度的制约。印尼教育与文化部积极领导教师教育改革，通过更为有效的招聘、教师教育、核证、薪酬及其他奖励、持续专业发展及支援、职业晋升或晋升等程序，促进教师提高教育教学水平和能力。

（二）加强教师专业认证

印尼教师教育系统一直致力于提高教师教育的质量和效果，加强教师专业认证是其中的一项重要举措。印尼教师的专业性以国家政策规范为基础保障，2005 年《教师法》要求教师获得学士学位后才能获得教师资格认证。同时，该法律规定教师是专业的教育工作者，其主要任务是教育、教学、指导、训练、评估和评价幼儿教育、正规教育、小学教育和中学教育的学生。法律对于教师有以下要求：必须具有才能、兴趣、职业理想和高尚品格；致力于提高教育质量；具有符合其工作任务的学术资格和教育背景；具备符合其职责的必要能力；对履行职责的专业性负责；根据工作表现确定收入；有机会以终身学习的专业性持续发展；在履行职责的专业性方面有法律保障；专业组织有权规范与教师职业化任务有关的事项。由教师法强制规定的教师认证项目，是印尼政府为改革国家教育体系而实施的项目之一，以期提高教师的教学、社交和专业知识等能力。通过认证的教师将获得政府颁发的资格证书。

通过建立教师资格认证制度，对教师的教育背景、教育技能、教学经验等方面进行认证，以确保教师具备教学所需的基本素质。同时，设立教师培训和发展计划，帮助教师提高自身的教育技能和知识水平，从而提高教学质量。计划内容包括教师进修学习、职业发展和继续教育等方面。教师专业认证制度的建立和教师培训和发展计划的实施，不仅帮助教师提高自身的教育技能和知识水平，从而提高教学质量，还为教师的聘用、工作和职业发展提供了保障，保障了教师的合法权益和职业发展，促进了教师职业素养的提高，从而提升了整个教育系统的水平。

（三）持续推进教师专业发展

除了提高教师的资格和专业认证，教师需要参与专业发展活动，以保持和增长他们的知识、技能和实践。印尼教师教育系统一直致力于持续推进教师专业发展，以提高教师的教育技能和知识水平，从而提高教学质量和促进教育事业的发展。印尼已经开展了多种专业发展途径以提高教师的专业水平，如教师活动中心、教师工作组和教师主题论坛等通过开办培训和讲习班的形式，允许教师分享他们在教学活动中面临的问题和获得的经验，这有助于教师从同行处获得帮助。

教师主题论坛是印尼教师专业发展中较为知名的活动之一，强调通过同行交流培养教师的专业技能，其目标是鼓励教师提高教学能力和教育质量。教师主题论坛非常注重教师能力的培养，并且更具操作性和针对性。随着教育越来越复杂、综合和具有挑战性，教师主题论坛在教师教育发挥的作用和影响也越来越大。省级教育行政管理部门有时会邀请学校的特别教师参加培训或讲习班。培训后，参与者将成为改善教学方式的传播者，将信息广泛传播到偏远地区。然而，受制于不同区域发展水平的差别和地理条件的限制，一些地区的教师在参与该项目时仍然面临不少挑战，教师分享和传播经验的参与方式和水平参差不齐，培训效果十分有限，印尼教师教育的专业发展还有很长的路要走。[1]

目前，政府主导的教师专业发展总体趋势是提高教师学历水平，从高中文凭提升到学士学位。未来，印尼越来越多的教师将拥有硕士和博士学位，以提高自身的专业能力和职业发展水平。

---

[1] TANANG H, ABU B. Teacher professionalism and professional development practices in south Sulawesi, Indonesia[J]. Journal of curriculum and teaching, 2014, 3(2): 25-42.

第十章 教育政策

现行的教育政策和核心规划是印度尼西亚教育事业发展的基础和指南。近年来，印尼政府对教育事业的重视程度不断提高，其教育政策主要由教育与文化部颁布。当前，印尼教育发展以政府规划为基础，主要包括《印度尼西亚教育发展路线图（2020—2035 年）》[1] 和《印度尼西亚 2045 年愿景：独立、进步、公正、繁荣》[2] 中的教育规划部分。印尼教育与文化部主导的"自主学习"系列项目是其教育政策实施的主要抓手，是"印尼教育 2020—2035 年路线图"的核心内容，也是 2035 年教育愿景的主要措施。

第一节 政策与规划

一、《印度尼西亚教育发展路线图（2020—2035 年）》

2020 年，印尼教育与文化部发布了《印度尼西亚教育发展路线图（2020—

---

[1]《印度尼西亚教育发展路线图（2020—2035 年）》印尼语为 PetaJalanPendidikan Indonesia 2020—2035。

[2]《印度尼西亚 2045 年愿景：独立、进步、公正、繁荣》印尼语为 Indonesia 2045: Berdaulat, Maju, Adil, danMakmur。

2035 年）》草案，该草案主要包含了三方面内容：教育的全球发展和未来趋势、印尼教育愿景和面临的挑战以及印尼教育路线图。该草案的愿景部分发布后，印尼社会产生了许多涉及宗教方面的讨论和对该草案的批评，但作为一部世俗教育愿景，其主要政策正在逐步推行。虽然该愿景未正式发布，但其提出的目标和举措等已成为印尼当下教育发展和未来行动实践的重要依据。

（一）核心愿景

该愿景以培养优秀人才为参照，对培养过程提出了多方面要求，认为人才应当是具备全球竞争力，且行为符合"潘查希拉"建国五基的终身学习者。所涉利益相关方，如家庭、教师、教育机构、企业、社会大众都应参与到教育过程中来。"印度尼西亚 2035 年教育愿景"[1] 提出要通过科技和基础设施建设、国家政策扶持和社会资源介入，进一步提高印尼教育普及率，提升教育质量，推动教育均衡发展。

（二）路线图中的印尼教育发展规划

《印度尼西亚教育发展路线图（2020—2035 年）》为实现 2035 年教育愿景提供了具体的规划要求，审视了新冠肺炎疫情暴发以来教育领域发生的变化，比较了印尼教育与各国教育水平的差异，描绘了印尼教育发展现状，指出了印尼教育面临的困难与挑战，并规划了未来 15 年教育发展目标。

2020 年以来，随着工作种类的增多、远程工作的普及、数字科技的发展，印尼教育急需调整自身策略，为新环境培养新人才。路线图指出，印

---

[1] "印度尼西亚 2035 年教育愿景"印尼语原文为 Visi Pendidikan Indonesia 2035。

尼将经历重要的人口结构变化、人力市场变化；印尼人均受教育水平、高等院校入学率远不及欧美等发达国家；印尼教育的社会参与度、行业参与度低，课程古板固化，教师水平差距大等因素均限制了印尼教育的长远发展。为此，《印度尼西亚教育发展路线图（2020—2035年）》以2020年印尼教育各方面指标为基础，制定了阶段性的发展目标（见表10.1），描绘了未来印尼教育的新图景。

表10.1 2020—2035年印尼教育发展规划目标 [1]

教育指标	2020—2025年	2025—2030年	2030—2035年
国际学生评价项目 [2] 分数	阅读：396 数学：388 科学：402	阅读：423 数学：397 科学：408	阅读：451 数学：407 科学：414
缩小几项评估中表现最好和最差学校之间的差距	缩小5%	缩小10%	缩小15%
完成学校驱动项目的学校数量（个）	10 000	20 000	30 000
毛入学率	学前班：77.5% 小学：100% 初中：100% 高中：95%	学前班：80% 小学：100% 初中：100% 高中：100%	学前班：85% 小学：100% 初中：100% 高中：100%
参与教师专业教育培训项目人数（人）	20 000	30 000	40 000
通过教师驱动计划的教师人数	10 000	20 000	30 000

[1] 数据来源于《印度尼西亚教育发展路线图（2020—2035年）》。

[2] 国际学生评估项目，又被称为"PISA测试"，英文为Programme for International Student Assessment，是经济合作与发展组织（OECD）进行的对15岁学生阅读、数学、科学能力评价的研究项目。

续表

教育指标	2020—2025 年	2025—2030 年	2030—2035 年
通过教师驱动计划的校长人数	5 000	10 000	15 000
通过教育与文化部确定的条件选出地区教育负责人占比	20%	40%	60%
通过教师驱动计划的教育督查占比	50%	60%	70%
直接下发学校的教育经费预算占比	35.40%	40%	45%
高等教育入学率	37.60%	45%	50%
本科至少参与一学期的课外实践的学生占比	50%	60%	65%
有行业认证或企业工作经验的教师在高校的占比	50%	60%	70%

　　通过上述各项数据指标的提升，印尼教育样貌将发生大幅改变，以适应数字时代的发展。路线图中还对当下和未来的印尼教育图景进行了对比展示，勾勒出了 2035 年印尼教育的各类特征。

　　首先，关注教育生态的变化，转变教育环境和教学氛围，以学生为学习的主体。[1]印尼教育发展着力改变将教育单纯视为一份工作、学校领导者单纯作为监管者、家长和社区作为被动参与者的现状，将学习转变为一项有趣的活动，领导者转变为服务者，强调家长和社区的主动参与。同时，让更多主体参与学校教育，改造原本的封闭教育教学系统，给予充足的学校基础设施，面向年轻的学习者投入更多资源。在学校管理方面，让地方学校获得当地政府的支持，避免学校管理行政化和孤立化。

---

　　[1] 内容整理自《印度尼西亚教育发展路线图（2020—2035 年）》。

其次，改善现行的教师系统。教师从课程的实施者，转变为课程的组织者和制定者。教师不应成为学生获取知识的唯一来源，而应为学生提供多种来源的知识，让学生具有自主获取知识的能力；教师资格不作为教学评价的决定因素，应以教师的能力作为评估的重要标准；针对教师培训，要改变原有理论性的教师培训，建设以实践为基础的培训系统；摆脱行政指标性的评价系统，全面评估教师表现。

再次，更注重学生的综合能力发展。现有的课程模式将变得更加灵活，以学生能力的提高为目标规划课程，改革原有僵化的必修课程体系，建设课程框架、增加课程选项。课程目标从专注于学术活动转变为专注通用技能与学生的个性发展。针对职业培训，政府将转换职业培训的主导权，让相应行业的企业来主导校园职业培训。

最后，教育评价模式将从总结性、惩罚性的评价转变为形成性评价。评价将改变标准化、僵硬化的操作方式，应基于学生、学校与教师的多方面表现进行综合评估。

由此可见，印尼教育与文化部制定的规划紧扣数字时代的需求，强调给予教师和学校更多的自主性、给予教学更多的能动性、给予课程更多的适应性、给予评估更多的合理性。

（三）具体举措："自主学习"系列政策

自 2020 年以来，教育与文化部采取了名为"自主学习"的一系列政策措施，涉及小学到大学的各个教育层次，涵盖文化、科技、课程、资金、教师、学生和社区建设等诸多方面。"自主学习"系列政策是《印度尼西亚教育发展路线图（2020—2035 年）》中的主要内容，这一系列措施的出台标志着印尼新一轮系统性教育改革的开始。截至 2022 年 12 月，印尼教育与文化部共发布了 24 项"自主学习"措施 [1]，以下选取部分主要措施进行介绍。

（1）考试与教学改革。该项目面向的对象为小学和初中，主要包含 4 个方面。第一，国家标准下的学校考试改革。2020 年，这一准入性考试的考核权由国家转到各个地方学校，学校可以自主管理、自主命题。学校和教师在评价学生、考核学生方面拥有更多自主权。第二，国家升学考试改革。2021 年，国家考试将改为"国家评估"，包括阅读素养与数学素养测试、品行评估和学习环境评估，关注学生语文、数学和品行三个方面能力的培养。第三，简化教学实施计划。教师可以自由撰写教学实施计划，但要至少包含教学目标、教学活动和教学考核三个部分。这一措施旨在减轻教师撰写教学计划的压力，并将更多的时间用在课程准备和课程评估之中。第四，关注各地政策实施灵活性和招生途径多元化。教育与文化部规定，学校分区制招生比例不得低于 50%，通过针对家庭贫困学生和残疾儿童的招生计划招收的学生不得低于 15%，通过成就路径（针对具有潜在学术成就的学生，根据过去五个学期的成绩进行评判）招收的学生比例在 0%—30%。

（2）学校运营援助资金推动体制变动。该项目发布于 2020 年 2 月 10 日。政府提高了运营援助资金额度，并授权学校调配资金。政府发放运营援助资金时将在网上进行信息公开，同时学校有义务将资金的具体用途进行公布。

（3）组织驱动计划。该项目发布于 2020 年 3 月 2 日。教育与文化部力图动员所有相关人员和组织，如校长、教师、家长和社区等，一同促进教育发展。在实施过程中，组织驱动计划的帮助对象被分为三个等级。这一项目还强调社区机构等教育来源共同监督和评估项目的运行和成效。

（4）教师驱动计划。这一计划旨在提升教师的能力，关注教师教育知识水平、教育价值观的学习和培养。这一项目接受各地教师的报名，参与者通过工作坊的形式进行分阶段的学习和训练，最终通过考核和选拔的教师具有

---

[1] 24 项"自主学习"措施的资料均来源于印尼教育与文化部的"自主学习网站"。

"行动导师"资格。

（5）政府增加对高等教育的资金支持。这一计划共分为三个方面。第一，针对学校现有的绩效指标进行激励，包括毕业生就业情况、教师的学术活动、学校开展的国际合作、学校开设的课程质量等方面。第二，设立合作基金（面向公立大学和私立大学），当校方的合作伙伴为学校提供项目资金支持时，教育与文化部将按照同等出资比例或最高三倍于合作伙伴提供的资金规模来匹配这一资金；第三，给予竞赛基金支持（面向公立大学和私立大学），这一资金池预计为 5 000 亿印尼盾。印尼政府用于高等教育的资金在 2020 年为 2.9 万亿印尼盾，2021 年则增加了近 70%，达到 4.95 万亿印尼盾（约合人民币 24 亿元）。

（6）学校转型计划。学校转型计划针对学校自身的软硬件设备进行系统性提升，该计划将分阶段进行，并不断整合自身的各方面资源，以实现信息时代的学校升级。该计划共包含以下措施：第一，利用数字信息平台减少操作的困难，提高学生的学习效率，基于学生的需求提供更多的学习路径；第二，根据学生的需求和发展状况提供新的教学范式；第三，通过测量每一个教学单元的教学成效进行过程性评价，积累学生的学习效果数据，并根据这些数据对未来教学进行规划；第四，教育、文化、科技部将向学校提供帮助，通过培训和具体指导强化学校教学的专业性；第五，探索建立学校与教育、文化、科技部门及当地政府的合作教学模式，在政府部门帮助下完成学校转型计划。该项目的持续时间为 3 年。

（7）建设模范职业院校。这一计划将会整合职业院校所有的物质资源与教师培训资源，进行学校管理者管理能力培训、学校数字化转型发展培训。模范职业院校将致力于培养具有实践技能的专业技术人员，这一项目优先布局机械建筑业、创意经济产业、服务业和护理行业，力图培养面向未来的职业技术人员和企业家。

（8）使用自主课程的智能印尼卡系统。该计划旨在帮助那些经济困难的学生接受高等教育。智能印尼卡会向学生资助学费和生活费，其资助标准与当地物价水平挂钩。在教育与文化部的推动下，2021 年智能印尼卡的资助总量比 2020 年翻了一倍多，上涨到 2.5 万亿印尼盾。

（9）拓宽教育基金管理机构奖学金发放范围。教育与文化部同教育基金管理机构合作，拓宽奖学金的发放范围，完善奖学金发放结构。具体来说，除了 2020 年已实施的对学生群体继续发放的奖学金外，还将包含 2021 年的许多新项目，如"自由校园项目""文化奖学金项目"等。对奖学金获取人员的筛选条件将更加简化，同时，"自主学习"之中的四个项目在 2021 年都将受到这一奖学金的资助，包括大学生交换交流、国际学生流动等项目。

（10）通过学校专属信息采购系统进行教育物资采购。政府加强学校的信息化转型，建设专门的学校信息化采购系统。2019 年，印尼教育与文化部首次发布了这一信息采购系统，用于教育与文化部向各个学校发放资金。同时，学校能够通过采购系统对资金进行调配，采买所需物资。2021 年，教育与文化部对学校信息采购系统进行了升级和优化。教育与文化部对系统的推广和完善，将保障印尼各个学校安全地进行物资采买、资金使用，也使得整个过程更加透明。

（11）推出"印尼频道"。印尼教育与文化部首次推出的"印尼频道"，是一个旨在宣传和推广印尼多元文化的新媒体频道，融合新媒体技术等手段拓宽教育渠道。纳迪姆部长指出，这一频道的设立是教育与文化部为实现印尼文化进步而做出的努力之一。这一频道包含许多与印尼文化相关的内容，同时，教育与文化部也在面向社会公众积极招募作品和艺术家，在这一频道中进行展示。除了针对国内的文化教育、提升印尼民众文化认知和文化表达之外，这一频道还具有面向国际、向世界各国展示印尼文化的官方用途。印尼还没有国际文化外交领域的官方媒体，而发达国家已经整合了作为文化外交手段的文化媒体。在这种情况下，印尼教育与文化部希望通过建设和推广印尼频道，向国际社会展示印尼文化的多样性和丰富性。

（12）自主课程和自主教学。该项目分为课程和教学两个部分。在课程方面，学校被赋予制定课程更大的自主权。在教学方面，教育与文化部组织开设了面向教师的自主教学平台。教师能够根据学生的成绩，快速利用自主教学平台上的教学工具、学生评估功能、诊断功能等进行分析，可以获得教学计划、教材、学生用书等。教师还可以获得高水平培训，提升自己的教育教学水平。此外，教师还可以建立自己的教学作品，并在平台上进行分享和交流。这一平台还开发了社区功能，将印尼教育工作者联合到线上社区之中，促进教育共同体的协同发展。

（13）增加幼儿教育管理运营援助资金规模。2022年教育与文化部为幼儿教育管理运营援助资金、同等教育援助资金增加了预算，同时直接为申请相关资金的学校免去了等待的时间，给予学校更大的使用灵活性，加强对资金使用透明性的监督。教育与文化部推动这些资金同学校预算申请的整合，以使得学校能够更便捷地获得资金，有利于学校举办特色活动，提高教育质量和自由度。

（14）振兴地方语言。针对印尼方言众多，但许多地方语言濒临失传的文化危机，印尼教育与文化部推出了振兴地方语言的一揽子计划，在2022年，这一计划涉及150多万名学生、12个省份、38种方言，范围广泛、内容繁多。印尼政府认为，应当让青年传播者活跃使用地方语言，通过他们常用的媒体，主动学习地方语言；要为地方语言的使用者创造一个创造性和独立的空间，为地方语言和文学寻找新的生存家园。这一计划所针对的语言被分为A、B、C三类。A类语言是指生命力仍然较强，使用者的数量仍然很大，且仍然作为当地社区中的主导语言使用的地方语言。针对A类语言，采用的方法是通过在学校学习的方式进行继承，比如爪哇语、巽他语和巴厘语；而B类语言则具有生命力较强、使用者相对较多、在当地同时使用其他语言等特征，这类语言通过学校或社区进行继承。对于衰退、濒危或处境危急、使用者数量少的C类语言，教育与文化部主张通过社区学习对有限的、有特色的语言进行继承。

（15）设立教育报告单系统平台。教育报告单清晰直接地显示了从各种评估或调查中获得的有关教育单位（学校）或地区的教育质量情况。教育报告对某一地区或实体的教育质量考察基于国家教育的 8 个标准，即内容、过程、毕业生能力、教育人员能力、基础设施、管理、资金和教育评估标准。作为原有"质量报告单"的一种改进形式，"教育报告单"的形式更加统一、内容更加清晰、重点更加明确，有望成为评估印尼教育质量的重要参考。

（16）在实践中教学。该计划鼓励各个行业的专家、从业者与高等院校教师建立深入而有意义的合作，缩小应届毕业生的水平同工作领域的实际能力需求之间的差距，为印尼培养更多优秀人才。该计划分为短期合作和长期合作两种模式，短期合作如开设讲座等，长期合作如在学校开设固定课程。参与这项计划的行业专家、从业者需满足一定条件，如从业满三年、本科及以上学历。从业者和大学都能够通过印尼教育与文化部设立的网站平台进行申请，通过网络形式进行双向选择。

二、《印度尼西亚 2045 年愿景：独立、进步、公正、繁荣》中的教育规划 [1]

佐科政府提出《印度尼西亚 2045 年愿景》中对教育部分的目标和规划也是印尼未来教育事业发展的重要政策依据。该愿景最开始于 2016 年由国家发展计划国务部起草，其中阐述了佐科政府对印尼独立 100 周年时（即 2045 年）国家发展的目标，包含了教育领域未来 25 年的发展方向。[2] 经过为期 4 年的审阅修订，《印度尼西亚 2045 年愿景：独立、进步、公正、繁

---

[1] 本部分内容整理自印尼国家发展规划部发布的《印度尼西亚 2045 年愿景》。

[2] 本部分内容整理自印尼国家发展规划部发布的《印度尼西亚 2045 年愿景》。

荣》于 2020 年正式发布。

《印度尼西亚 2045 年愿景：独立、进步、公正、繁荣》与《印度尼西亚教育发展路线图（2020—2035 年）》不是相互割裂的两个独立政策，而是相辅相成、联系紧密的一个贯通路线。2035 年教育目标的一些指标，如高等教育入学率，与 2045 年愿景目标保持一致，同时为 2045 年教育发展打下坚实基础。《印度尼西亚 2045 年愿景：独立、进步、公正、繁荣》则为 2035 年教育路线图提出较高要求，同时将经济、科技等其他领域与教育发展联系起来，以国家发展需要肯认教育改革的合理性和正当性，为可能需要的法令调整创造空间，助力教育改革。2035 年教育路线图中的许多措施都将为 2045 年印尼愿景的实现提供动力，从 2045 年愿景所要求的 5 个维度出发，全方位的落实举措、完成目标。

（一）提高受教育年限，实现高等教育突破

当前，印尼未成年人口在 8 000 万人以上，从当前到 2045 年，印尼会持续迎来巨大的人口红利。印尼政府正着力培养"黄金一代"，发展迈向黄金时代的印尼教育，实现印尼到 2045 年迈向黄金时代的宏愿。在受教育年限、高等教育入学率、毕业生就业水平等诸多维度，该愿景均给出了明确目标，详见表 10.2。

表 10.2 《印度尼西亚 2045 年愿景：独立、进步、公正、繁荣》中的教育目标

教育目标	2015 年	2025 年	2035 年	2045 年
平均受教育年限（年）	8.3	9.5	10.7	12
高等教育毛入学率	29.90%	35%	50%	60%
高中、大学毕业生就业率	39.30%	50%	70%	90%

按照《印度尼西亚 2045 年愿景：独立、进步、公正、繁荣》的相关规划，2045 年，印尼人均受教育年限将达到 12 年，高等教育毛入学率将达60%，高中、大学毕业生就业比例达 90%。在政府、学校、行业企业的共同努力下，培养出应对经济结构变化的人才，具有熟练专业技能、掌握外语的劳动力不断增加，印尼文化产业影响力不断上升。

（二）相关措施

《印度尼西亚 2045 年愿景：独立、进步、公正、繁荣》时间跨度长、涉及内容广、规划目标高，为了能够完成上述教育目标，印尼政府称将继续秉持同等教育的原则，保障学生的发展。首先，政府将在教育适龄人口继续增加的情况下采取资金援助等手段克服地区经济发展差异，保障贫困学生入学。其次，印尼还将提供特定的技能培训教学，以适应印尼经济结构的变化。由于印尼正处于农业向工业、第三产业过渡时期，政府将着力为知识型经济、科技密集型经济培养人才，推动高等教育入学率提升。再次，印尼还将打造交互式、参与式的学习环境，采取互联网平台、信息技术等新手段塑造新的教育生态，如通过推动远程教育普及来营造更便捷、更具适应性的教育环境。最后，印尼还将通过提升外语水平、发展职业教育、提高教师能力、改善学校设施等方式达到 2045 年"黄金时代"的教育目标。

《印度尼西亚 2045 年愿景：独立、进步、公正、繁荣》将实现这一教育目标的战略措施分为 5 个方面：实现平等的教育服务与高水平的教育质量；发挥社会角色在学校教育中的作用；加强教师专业化水平，改革教学体系；打造学校文化氛围，强调阅读的重要性；推动职业教育和行业实践的发展，关注学生良好品行的养成。

第二节 实施与挑战

近年来，印尼在教育领域的一系列政策措施与未来规划逐渐推动印尼教育向更加公平、更加高质量、更加数字化的方向发展。然而，这些举措和目标的实现并非一蹴而就，在当前实施过程中，仍面临多种挑战。

一、教育政策的实施现状

当前，印尼的教育政策以"自主学习"系列政策为代表，统合实现多个愿景的规划目标。整体来看，目前推出的 24 项具体举措主要关注教育体制、内容、资金、社会、科技、文化 6 个方面，体现出全方位、多样化的特征。这些关注同样符合教育与文化部所强调的四大战略，即发展基础设施和教育科技，加强政策制定、维护程序运行、扩大资金规模，加强领导力、社会参与和文化发展，加强课程质量、改进教学和评估方法。[1]

在已经公布实行的政策中，有 8 项针对教育资金筹集和援助，占比最大，显示出了印尼政府增加教育领域投入、提升教育质量和可及性的决心。2017—2022 年，国家教育预算持续增加，从 2017 年的约 416.1 万亿印尼盾，增加到了 2022 年的约 542.8 万亿印尼盾。随着教育经费的不断增加，印尼政府出台更多举措提高入学率和办学水平，为科技发展和文化事业做出更多贡献。

此外，在已经公布的措施中，大部分政策都是以网络平台为媒介进行申请、认证、考核和咨询，或是以新媒体作为政策的主要实施媒介。具体来看，"驱动计划"系列，如教师驱动、校园驱动、组织驱动等都有自己的官方主页，参与者能够了解相关信息（包括该项目的基本内容、优势、申

---

[1] 资料来源于印尼教育与文化部官网。

请条件等）。而其他举措，包括奖学金的申请、智能印尼卡的申请、学校采购系统的使用等，则都是以互联网媒介作为政策落实渠道。还有一些政策就是以搭建网络平台、创作网络内容为具体内容，如搭建自主课程、自主教学平台、创设印尼频道等。当前印尼教育政策展示出加速向数字化、信息化方向转变的新样貌，不断推动教育治理与互联网新业态融合发展。

2020—2022 年的疫情影响并没有停止政府前进的脚步。在疫情时期，尽管这些政策都受到了猛烈的现实冲击，但政府仍取得了多项突破。在教育资金援助方面，2020 年政府通过智能印尼卡系统为超过 41 万名学生发放奖学金，为超过 163 万中小学教育工作者、约 38 万名高等教育工作者和 4.8 万名文化艺术演员提供工资补贴，[1] 以缓解他们在疫情期间面临的困难。此外，印尼教育与文化部在疫情期间倡导远程教学，利用远程教学网络平台应对疫情带来的突发情况。已经有超过 27 万名教师和 66 万名学生在国家创立的远程教学平台上注册，平台可以提供各教育层级的教育内容及各种教育教学功能，包括远程教学、资源访问、课程练习、虚拟实验等。

目前，上述教育政策正在逐层逐步有序推行。参与学校"驱动计划"的学校数量不断上升，各类运行良好的网络平台纷纷被搭建起来，印尼频道也积累了数量可观的创作内容。未来，印尼还会有更多"学习自主"系列政策发布，不断扩大这一系列措施的规模。由于各项政策数量多、范围广、发布时间较短、不易把握重点，政府列出了当前需要优先解决的事项，主要包括：建设科技型国民教育平台；改进国家课程、教学法和评估；构建面向未来的学校环境；为私营部门在教育方面的贡献和合作提供激励措施；鼓励工业企业参与，给予职业教育更多自主权；塑造世界一流的高等教育。可以预期的是，在不断增加的预算和多样化政策的加持下，印尼教育整体质量将得到进一步提高。

---

[1] 资料来源于印尼教育与文化部官网。

二、教育政策面临的挑战

《印度尼西亚教育发展路线图（2020—2035 年）》在发布之初就面临争议，而《印度尼西亚 2045 年愿景：独立、进步、公正、繁荣》的实现也面临诸多挑战。综合分析政策愿景发布两年来的舆论走向，主要面临以下 4 个方面的挑战。

（一）宗教因素与世俗教育之间的平衡问题

2020 年，《印度尼西亚教育发展路线图（2020—2035 年）》一经发布，其核心愿景部分便引发了广泛的社会争议。一方面，印尼伊斯兰宗教界人士普遍认为，国家教育愿景应当包含伊斯兰要素，符合宗教要求。这一路线图的愿景内容仅仅提及了"潘查希拉"，而没有提及任何宗教。面对这一问题，印尼教育部在 2021 年 3 月迅速给予回应，在充分肯定宗教重要性的同时，表示草案还需完善，并非最终版本。[1] 从这一事件可以看到，印尼教育发展必须考虑宗教因素，且宗教教育发展与世俗教育规划存在不平衡的问题。在印尼学校教育中，宗教因素与世俗教育仍存在冲突。一些宗教保守观念与现代教育之间产生摩擦，影响了印尼教育规划和改革的效力。

在印尼，尽管世俗教育与宗教教育的管理体系不同，但两者必须保持平衡与融合。宗教因素在印尼国家教育规划和世俗教育发展中扮演着重要角色。印尼政府需要处理好以未来市场为导向的人才培养和以宗教为基础的行为教育、世界观塑造之间的关系，慎重考虑国家教育规划的内容，扩大教育愿景和规划的接受范围，保证教育政策落实的具体效果。

---

[1] 资料来源于印尼教育与文化部官网。

（二）部分目标设定偏高导致政策效力有限

从印尼现有的教育水平和近几年的发展变化来看，其规划目标可能相较于实际情况偏高，实施面临较大挑战。以国际学生 PISA 测试为例，印尼教育与文化部在 2035 路线图中制定的目标是到 2025 年阅读均分达到 396 分，数学 388 分，科学 402 分；到 2035 年三科分别达到 451 分、407 分和 414 分。但事实上，2015 年至今，印尼的测试分数经历了大幅下滑。2015 年测试的三科成绩分别为 397 分、386 分和 403 分，基本与 2025 年目标持平，甚至还在部分科目上超过了 2025 年目标。但到了 2018 年，其测试成绩便下降为 371 分、379 分、396 分，最大与 2025 年目标差值为 25 分。[1] 2020 年以来，印尼教育受到新冠肺炎疫情的冲击，对中小学教育成效存在可以预期的负面影响，这一分数的变化前景仍不容乐观，目标的顺利实现仍存在较大挑战。

再者，政府推出的许多政策在较短的时间周期内大量推行，政策的落地和成效值得进一步关注。自政策发布以来，各省份推行政策的进度不一，且部分举措并非强制推行，这一做法在给予学校自主性的同时，也放慢了整体政策进度。印尼政府需要综合考量、及时调整、灵活应变，保持对政策落地的关注，采取有效手段监督政策实施。此外，在一些需要具体描述的政策中（如改进教师管理），当前的印尼愿景并无更加细致的、技术层面的规划。许多领域的模糊叙述对未来政策发展产生阻碍，政府需要加快出台各项指南资料，给予明确的行动方向。

（三）政策与科技高度融合呼唤提高地方互联网发展水平

许多新政与互联网技术高度相关，需要借助互联网渠道进行落实，或

---

[1] 资料来源于印尼马特希尔网站。

其本身就是一项网络工程。与信息技术高度相关的政策内容对各个地区的教育系统提出了较高要求，具体到各地区学校而言，需要学校具备信息技术条件，有些项目要求每个学生都具备使用互联网学习的能力和资源。显然，这些政策对城市地区的学校更加友好，而对于地处欠发达地区的学校，则可能在政策接受和落实上更加困难。考虑到印尼是一个群岛林立、各地发展水平极不均衡的国家，这些与信息技术高度相关的政策可能无法全面落实，政策可及性受到地区发展水平的制约。

（四）教育政策的适用性、可行性、连续性对教育发展提出了新的挑战

其一，新的规划与政策需要解决与法律条例的协调问题和与印尼社会文化的协调问题。与宗教因素的逻辑一致，有批评认为未来规划和政策除了展现技术理性之外，还应体现印尼文化的独特性。其二，这些新的教育政策可能带来新的发展问题。比如，对信息技术条件要求较高的政策，可能会扩大不同地区之间教育发展的不平衡，使得发达地区教育转型较快，提前实现目标，而欠发达地区落实存在困难，还需要大量资金倾斜援助。其三，政策的连续性仍然存有疑问。

第三节 经验与启示

一、教育政策的经验

（一）制定适当目标，规划清晰明确

教育政策有效实施的前提是清晰规划、目标可行。在愿景与规划方面，印尼在订立目标时并不够恰切，致使目标实现面临较大挑战，政策实施具有一定难度；同时，在某些规划描述中用语重复、体系性弱，难以为政策实行提供有效指导。应注重当下实际，同时着重分析近几年关键指标的变化趋势，制定符合国情的发展目标。另一方面，在撰写具体规划时，应尽量做到具体可行、分类分层，从不同维度为政策实践做铺垫，形成完整的政策体系，避免语言重复笼统、难以把握实质。

目标制定和规划书写应遵循客观规律，考虑制定时的教育发展状况，明确未来规划方向和发展态度。在"印尼教育 2020—2035 年路线图"中，第一部分便是国际教育发展的环境介绍，可见印尼政府已经充分意识到提高国际教育水平的重要性。同时，通过比较不同国家教育发展历史，可以摸索出教育进步的轨迹：秉持实事求是的原则，统筹经济社会发展布局，制定目标适切、清晰明确、指导性强的规划目标。

（二）瞄准信息时代人才要求，借助网络信息技术实现快速发展

印尼教育政策紧扣时代发展需求，同时十分重视运用现代网络信息技术帮助教育发展，快速实现教育系统的网络化和信息化。事实上，许多与政策实施相关的项目都有了流畅、美观的项目网站主页，参与者都可以便

捷地在网站上进行各种操作，这无疑为项目实施开拓了巨大的空间。随着学校采购系统、奖学金申请系统等各项举措逐渐落地，网络技术、信息技术将成为印尼各地运营学校必不可少的基本技能，教育与文化部也希望以此推动各地学校的信息化发展。

国家应借助信息技术和先进科技手段，在现有基础上促进教育信息化发展，加深教育与信息网络科技的融合，培养适应新时代发展要求、具有新时代技术能力的新人才。除了教育信息化、建立完善的统一教育网络平台之外，还应主动适应和利用网络平台发展机遇，开展基于新形式的教育实践。

（三）政策实行考虑地方发展差异，合理配置教育资源

印尼各岛屿经济水平发展差异较大，其政策施行过程中必然遇到不同的地区状况。印尼的教育面临在各个省份发展状况不平衡的问题，其各地资金投入也并不一致。事实上，印尼大部分的教育资源集中在爪哇岛、苏门答腊岛，在边远地区和较小的岛屿的教育资源投入不足，发展水平不高。在政策推行的过程中，科技含量高的政策和需要借助网络获得成效的政策面临地方教育水平差异的挑战。

统一化、均等化的资源投入和政策实施在一定程度上不利于教育质量的整体提升，应注重教育均衡发展，关注边远落后地区，强调教育资源的均衡分配。在教育发展的过程中，结合地方实际进行资源调配，缩小地区教育发展差距。在进行综合评价、素质考评时，也应看到城乡资源、地区发展之间可能存在的差异，多方位审视教育评价指标，促进教育均衡发展，实现教育公平目标。

二、教育政策的启示

（一）政策措施渐进推行，重视政策影响

2020—2022 年，印尼教育与文化部先后推出了教育发展路线图和"自主学习"系列举措，政策推行频率较快、种类较多、涉及面广。一方面，这些举措实现了创新发展和政策改革，对印尼教育领域进行了快速大范围布局；但另一方面，这些举措推行较快，而印尼国家疆域辽阔、岛屿众多，政策落实需要一定时间。应秉持"先试点、后推广"的政策逻辑，注重政策的渐进推行，看到教育政策落实过程中的不同问题，及时发现、及时处理，给予不同政策落实缓冲期。此外，还要重视政策推行后可能产生的负面影响。例如，在推行教育信息化相关政策的过程中，有可能在经济欠发达地区遇到社会经济发展的客观阻力。这种情况下，统一的教育政策很可能造成地区教育发展水平差距进一步拉大，整体教育质量下降。应当随时考察教育政策在不同地区推行后可能产生的负面效果，及时纠错、及时更正，灵活实现教育目标，实现国家教育质量的整体性提升。

（二）简化行政内容，倡导教育教学新思路

印尼教育改革在推出首个"自主学习"系列政策时，强调要改变教师申报课程、写作课程规划的内容，简化教师申报流程，减轻教师负担，让教师能将更多的精力放在教育教学过程中。印尼教育政策在纳迪姆部长的主导下，提出了一系列转变旧有教育思维的计划，包括教育生态变化、学生学习模式变化、教师教学方式变化、课程内容变化和评价模式变化，其核心思路是将教育教学的主动权还给教师等一线教育人员，倡导主动、积极、共同参与的教育教学。这一政策在一线教育人员群体中得到了良好反

响，学生的主体性、评价的多元性开始得到学校重视。

在教育过程中，应坚持新时代的教育方针，把握人的发展规律，以学生为主体培养独立思考、自主学习、具有批判性思维的人才，激发学生的主动性、自主性、创造性。尤其在新课程改革的背景下，教育思维的转变对教育质量的提升尤为重要，要坚持新的教师观、学生观，提高教育教学实践水平。

（三）强调教育发展中的文化保护，注重弘扬本土文化

印尼教育政策中有多项举措专门针对印尼本土文化保护与发掘。在"自主学习"系列政策中，印尼政府通过振兴地方语言、设立印尼文化基金、建设印尼频道等多种举措强调教育发展中的文化要素。这些政策既有资金上的投入，也有对濒危文化遗产的传承，还有利用网络信息技术对印尼文化的记录；既有面向本国学生的本土文化教育，又有面向国际社会、旨在打造印尼国际文化品牌的尝试。在教育发展过程中，坚持文化自信、传承优秀传统文化，不仅是对学生价值观的培养，更是对民族价值的实现。采取多种方式，激发学生自身对民族文化的热爱，推动学生自主、自发弘扬本土文化、继承传统文化，有助于让文化教育事业焕发新的活力，增强归属感、认同感，更能够让印尼教育影响世界，培养具有国际视野和民族根基的人才。

第十一章 教育行政

　　教育行政是国家对教育公共事务做出计划、组织、指挥、控制、协调的过程，是中央和地方各级教育行政机构对各级各类教育事业的管理活动。印度尼西亚的教育系统庞大且多样，是亚洲第三大教育系统，世界第四大教育系统。印尼的教育行政体制呈现强中心化的特点，近年来，中央教育行政权力不断下放，地方教育行政部门管理权限逐渐扩大。

第一节 中央教育行政

一、中央教育行政的发展

　　独立之初，教育行政部门便予以设立。此后，随着政府及国家领导人的更迭，中央教育行政部门的名称和内设机构随之不断调整。近年来，印尼教育与文化部、宗教部伊斯兰教育司和科技部主要从事教育行政相关工作。教育与文化部负责世俗教育事务，宗教部伊斯兰教育司负责伊斯兰教育事务，科技部负责科研事务。2021 年 4 月 25 日，教育与文化部同科技部合并成立教育文化与科技部，从中央层面统筹管理世俗教育事务。

表 11.1 为印尼中央教育行政部门的名称演变。

表 11.1 印尼中央教育行政部门名称演变过程

年份	部门名称
1945—1948	教学部
1948—1955	教育与文化部
1955—1956	教学、教育与文化部
1956—1959	教育与文化部
1959—1960	教育与文化事务初级部
1960—1999[1]	教育与文化部
1999—2011	国家教育部[2]
2011—2021	教育与文化部
2021 年至今	教育文化与科技部

（一）独立后的新政府时期（1945—1958 年）

1945 年 8 月 17 日，随着驻印尼日军投降，印尼民族主义运动领导人苏加诺、哈达等人在雅加达宣告了新国家的诞生。新成立的共和国中央政府设有教学部。

新政府成立伊始，就面临与日本殖民者和卷土重来的荷兰殖民者的双重斗争。因此，新政府在确立印尼作为一个独立国家的各项教育制度的同

---

[1] 20 世纪 60 年代初，印尼内阁中一度设有独立的高等教育与科学部部长及基础教育与文化部部长。这一安排本身是苏加诺总统后期内阁过度扩张、官僚机构叠床架屋的表现，两个职位并没有下属部门，而是均属于教育与文化部，在教育与文化部部长协调下工作，苏哈托上台后，废除了上述两个职位，将其职权并入统一的教育与文化部。

[2] 1999—2009 年，国家教育部的印尼语为 Departemen Pendidilcan Nasional；2009—2011 年，国家教育部的印尼语为 Kementerian Pendidikan Nasional。

时，也非常重视将斗争精神和民族主义内涵注入教育领域。具体措施包括：学校每日升挂代表独立国家的红白国旗，学生每天唱国歌《伟大的印度尼西亚》，并且禁止在学校里唱代表日本殖民者的《君之代》。在由沙里尔担任总理的第一届正式政府中，教学部组织机构尚未完善，且面临着独立战争的压力，但教学部积极开展工作，为印尼教育体系的建立打下了坚实基础，制定包括建立带有民族特点的全国性课程体系，改善教学设施，培养扩充教师队伍等在内的一系列新政策。

1947 年，沙里尔第二次组阁时期，组建了印尼教育调查准备委员会，这个委员会为此后印尼各项教育制度的确立打下了坚实基础。1948 年 1 月，教学部改名为教育与文化部，这是印尼建国以来首次出现这一名称。

1950 年印尼最终赢得独立后，进入以议会为中心的自由民主时期。这一时期的印尼，政党繁多、政局不稳，政府变换频繁，政策连续性较差。1950—1959 年，内阁更迭多达 7 次，主管教育行政的部门名称也随之发生了多次变化，教育与文化部一度改称教学、教育与文化部，后再次改为教育与文化部。由于内阁不稳定，自由民主时期的印尼教育未取得很大建树，最突出的成就是 1950 年颁布的《1950 年教育法》，这部法律成为印尼政府此后教育政策的法律基础。

（二）有序领导的民主时期（1959—1964 年）

1959 年，苏加诺宣布兼任总理，暂停 1945 年宪法，印尼进入有序领导的民主时期。1960 年，教育与文化部得以恢复。这一时期，印尼的外交政策具有很强的民族主义和反西方特点，十分强调自身的"亚非拉""发展中国家"身份，反对西方的帝国主义霸权，印尼的外交政策中的民族主义特点也在其教育中得到了进一步体现。这一时期，大量印尼留学生被派往苏东国家和中国留学，教育内容与政治运动关系较为紧密。

（三）较稳定的新秩序时期（1965—1997 年）

1965—1997 年，印尼进入新秩序时期。这一时期，印尼教育政策发生了许多变化，包括恢复各级学校的校园秩序、开设"潘查希拉"思想课程、在中学组建学生会、改良印尼语拼写、开设大学生劳动课、开设职业学校等。新秩序时期教育部组织较为稳定，部长任期一般较长，部门名称和内部组织机构均未发生较大变化。

（四）重发展的改革时期（1998 年至今）

1998 年 5 月，东南亚经济危机在印尼引发了大规模抗议潮流，执政 32 年的苏哈托被迫辞职，副总统哈比比继任 1 年后也不得不辞职。瓦希德经选举继任总统，他将教育与文化部改称国家教育部，文化部独立为单独负责文化事务管理的部门。2011 年 10 月，国家教育部和文化部再次合并为教育与文化部。改革时期的教育政策包括：将师范学校升级为大学、修正教育法、确立升学考试制度、建立教师资格认证制度以及推广人格教育理念等。

二、中央教育行政的现状

（一）教育行政主体及法律依据

《2021 年关于教育文化科技部的总统条例》是规定合并后的教育文化与科技部组织结构和职权的规范性文件。根据该文件，教育文化与科技部作为一个政府部门，其主要任务是依法管理教育、文化和科技事务，协助总统在教育、文化和科技方面施政。[1] 其主要职能包括：规划和实施国家在教育和教师资源、学前教育、基础教育、高等教育、成人教育、职业教育和文化方面的政策；规划和实施国家科技和科研政策；协调高校科研工作；制定教育领域的标准、纲要和评估机制；确定中等教育、基础教育、学前教育和非正式教育的国家标准和国家课程大纲；制定国家高等教育政策；制定高校科研政策；协调管理基础教育、中等教育、学前教育、成人教育、职业教育在文化、科技方面的人力资源和基础设施建设；保护文化遗产，促进文化进步；支持和促进国家文化和文学事业；管理国家图书事业；支持地方教育文化主管机关开展工作；行政上支持教育界各团体的工作；管理部门内部事务。[2]

（二）教育行政主体内设机构及主要职能

2021 年 4 月教育与文化部和科技部合并前，印尼教育与文化部下设办公厅，纪检监察组，学前、基础和中等教育司，教师和教育资源司，职业教育司，高等教育司，文化司，研究、发展和图书局，语言保护发展局 9 个一级部门。

2021 年 4 月教育与文化部和科技部合并后，原高等教育司更名为高等教育和科技司，新增教育标准、大纲和评估局、公关专家组、创新专家组、规范专家组、文化事务专家组和人才管理专家组。[3] 所有这些司局机关均由教育文化与科技部部长组织任命，各部门集体对部长负责。

下文将重点介绍教育文化与科技部下设的办公厅，纪检监察组，学前、基础和中等教育司，高等教育和科技司，职业教育司，教师和教育资源司，

---

[1] 资料来源于印尼总统府官网。

[2] 资料来源于印尼总统府官网。

[3] 资料来源于印尼总统府官网。

教育标准、大纲和评估局等核心部门。

（1）办公厅。办公厅是教育文化与科技部主要的行政协调和支持部门，负责协调部门所属各司局、教育界各组织的工作。办公厅主要行使以下职能：协调教育文化与科技部所属部门的活动，制定部内计划、方案和预算，为部内的行政管理、公关等工作提供支持，起草部门内部法规，管理部门所属的国家财产，完成部长交办的其他事务。

（2）纪检监察组。纪检监察组主要负责教育文化与科技部的内部监督。其主要职能包括：部门内部监督，对部门内各司局进行绩效和财务检查，监管地方政府教育行政工作，在特定情况下监督部长的工作，发布内部监督报告，完成部长交办的其他事务。

（3）学前、基础和中等教育司。学前、基础和中等教育司负责管理印尼国内的学前教育、基础教育和中等教育。其主要职能包括：规划和实施学前教育、基础教育、中等教育、特殊教育、扫盲和同等学力教育领域相关政策，制定学前教育、基础教育、中等教育、特殊教育、扫盲和同等学力教育领域师生的各项规范和保障，规划学前教育、基础教育、中等教育、特殊教育、扫盲和同等学力教育领域基础设施建设，为基层对应主管部门提供技术指导和支持并监督其工作，批准外国机构在本国开办学前、基础和中等教育机构，评估和报告本部门负责领域发展情况，管理本部门的内部行政事务，完成部长交办的其他工作。

（4）高等教育和科技司。高等教育和科技司负责规划和管理全国高等教育和科学研究事务。其主要职能包括：规划和实施高等学术教育相关政策，规划和实施科研和技术政策，协调高校科研工作，实施有关大学学生、学习、基础设施等方面的政策，批准国外机构在本国开办高等教育机构，评估和报告本部门负责领域发展情况，管理本部门的内部行政事务，完成部长交办的其他工作。

（5）职业教育司。职业教育司负责管理印尼全国职业教育。其主要职能包括：规划和实施职业教育、专业教育和劳动教育相关政策，协调高等院校职业教育相关学术和技术资源，制定职业教育、专业教育和劳动教育领域师生的各项规范、程序、保障和标准，制定和实施高等职业教育的相关政策，实施高等院校职业教育学术和技术支持的各项政策，实施有关高等职业教育教师和其他教学人员资质的政策，技术指导、支持和监督地方主管部门和其他组织的对应工作，协调职业教育机构与企业和市场的关系，批准外国政府或私人部门在本国开办职业教育、专业教育和劳动教育机构，评估和报告本部门负责领域发展情况，管理本部门的内部行政事务，完成部长交办的其他工作。

（6）教师和教育资源司。教师和教育资源司负责推进教师队伍建设，加强师范教育，完善教育资源和基础设施。其主要职能包括：起草和实施教师队伍、教师教育及教育基础设施建设方面的政策，制定教师和教育资源领域标准和规范，实施教育资源分配、教职工职业生涯发展、教育质量及教学水平提升、教职工福利提升等方面政策，规范师范教育及教师管理，评估和报告本部门负责领域发展情况，管理本部门的内部行政事务，完成部长交办的其他工作。

（7）教育标准、大纲和评估局。教育标准、大纲和评估局负责管理国家教育领域的各项标准、课程大纲和评估工作，同时负责管理图书事务。其主要职能包括：制定和实施国家教育领域各项标准，制定和实施国家教育领域有关课程大纲、教育评估的各项措施，制定和实施国家图书政策，管理图书的收藏、流通和出版事务，评估和报告本部门负责领域发展情况，管理本部门的内部行政事务，完成部长交办的其他工作。

（三）工作程序及工作规范

教育文化与科技部部长和下属各部门都需要依法遵守工作规范。部长在履行其职责时，必须遵守政府责任。教育文化与科技部各部门在开展工作时必须建立起高效的沟通和协调机制，部长负责确定该机制的有序运行。首先，部长需要定期向总统报告本部门在贯彻落实国家教育、科学、文化政策方面的工作情况。其次，教育文化与科技部需要定期评估本部门工作情况并形成报告。部门所有的对内和对外工作都需要遵循协调、同步、融合的原则，且必须依法开展。再次，教育文化与科技部各下属部门的负责人负责领导和协调本部门的工作，确定本部门的工作方向，监督本部门职员工作，确保各项工作得到流畅的执行。最后，各部门负责人需要向部长定期汇报工作。

第二节 地方教育行政

印度尼西亚实行省、县/市、镇和社区/村四级行政制度。全国有 34 个省，包括 502 个县市，6 543 个镇和 75 244 个村。[1] 由于镇和社区/村两级一般不设置单独的教育行政部门，本节主要介绍印尼省和县市两级地方政府中的教育行政情况。

一、省级教育行政

基于研究资料的可获取性，下文将以东爪哇、北苏拉威西、北苏门答腊三省的教育厅为例，具体分析印尼省级世俗教育行政部门及其相关运行情况。

---

[1] OECD/Asian Development Bank. Reviews of national policies for education-education in indonesia-rising to the challenge[R]. Paris: OECD Publishing, 2015：5.

（一）省级教育行政部门的组织机构

三省政府均设置了教育厅[1]，其下设部门与中央教育与文化部大体相似，但管辖的范围更加具体，且各省在机构设置上存在一些区别。东爪哇省和北苏门答腊省教育厅下设的部门相同，均设有办公室、高中局、职中局及主管特殊教育和教师及教育资源的部门。[2]北苏拉威西省教育厅下设部门则与前两者存在一定差别，设有办公室，基础和基础宗教教育局，中等、职业和中等宗教教育局，青年和体育局，教育资源局。[3]对比三地可知，各省教育行政主管部门均设有负责中等教育（高中）、职中教育以及教育资源的部门，但其他部门的设置则存在差异。究其原因，这可能与各省不同的政府组织原则有关。

（二）省级教育行政部门的主要职能

三省教育厅职能大体相似，均负责管理本省内的高中、职中教育和特殊教育，考核和评估这些学段的学校和教师，完善这些领域的教育资源和基础设施，推行中央政府和省政府的相关政策。北苏拉威西省教育厅还负责管辖本省宗教教育和基础教育事务，兼管青年和体育事务。

二、县市级教育行政

下文将结合三宝垄县和万隆市两地教育局的具体情况进行介绍。三宝

---

[1] 印尼各级地方政府下属的部门均称为 dinas，考虑到中国文化及语言使用习惯，本节将省级教育行政主管部门译为"教育厅"，县市级译为"教育局"。

[2] 资料来源于东爪哇省北苏门答腊省教育厅官网。

[3] 资料来源于北苏拉威西省教育厅官网。

垄县位于中爪哇省，万隆市位于西爪哇省。

（一）县市级教育行政部门的组织机构

三宝垄县和万隆市两地教育局组织机构存在一定差别。三宝垄县教育局正式的名称是教育、文化、青年和体育局，下设部门除办公室外，还包括学前和成人教育处、基础教育处、教育资源处、文化处及青年和体育处。[1] 万隆市教育局下设部门除办公室外，也设有负责学前和成人教育、基础教育、教育资源的部门，但单设负责初中管理的初中处，不设负责文化和青年体育事务的部门。[2]

（二）县市级教育行政部门的主要职能

两地教育局主要职能相似，均负责管理本区域内的基础教育，评估本地区教育发展情况，制定和实施本区域内的地区性教育政策。两地教育局职能的差别与组织机构的差别存在相关性，三宝垄县教育局因同时兼管文化、青年和体育事务，也负有管理这些事务的职责，而万隆市教育局则不负责管理这些事务。

---

[1] 资料来源于三宝垄县教育局官网。

[2] 资料来源于万隆市教育局官网。

第十二章 中印尼教育交流

中国与印度尼西亚于 1950 年 4 月 13 日建交，2005 年两国正式建立战略伙伴关系，2015 年中印尼副总理级人文交流机制建立，两国在文化教育领域的交流与合作稳步发展。本章旨在厘清中印尼两国教育交流产生的社会文化基础、历史沿革与动力机制，在描述两国教育交流发展现状的基础上，总结两国教育交流的模式与原则，并通过剖析两国教育交流合作中的典型事例，从成功案例中吸取经验，以期助力中印尼双方在"一带一路"倡议背景下教育交流与合作的进一步深化和长远发展。

第一节 教育交流历史

一、教育交流的社会文化基础

中国和印尼的教育交流虽直到近现代才正式启航，但拥有着深厚的历史渊源和社会文化基础。两国间的文化交流古已有之，这成为孕育中印尼教育交流的土壤。中印尼教育交流的文化基础主要体现在两个方面：从社会环境来看，两国之间悠久的文化交流有着坚实的社会基础；从文化环境来看，两国文化在社会文化、价值观念、思维方式上具有明显的相似性。

（一）社会环境

中国和印尼的文化交流具有深厚的社会基础。这种社会基础很大一部分是由印尼根基深厚的华人社会构成。华人定居印尼的历史悠久，在东南亚各国中，独属印尼华人社群最为庞大。从 9 世纪开始，华人穆斯林便在推动中国与印尼文化交流的过程中发挥着重要的纽带作用。华人的贡献主要有二。一是推动了伊斯兰教在印尼的传播。比如，有学者认为，14—16 世纪传播伊斯兰教的九位贤人中，有许多是中国的穆斯林或有中国血统；16 世纪中国穆斯林陈文在印尼建立起第一个伊斯兰王国；18 世纪，华人穆斯林社区走入印尼的大城市。[1] 二是推动了中国与印尼在语言领域的教育交流。主要形式为华人群体在印尼兴办的华文教育。印尼的华文教育肇始于 17 世纪末，[2] 及至 20 世纪前中期在办学规模和就学人数方面已相当可观，华校数量达 1 800 所，学生逾 40 万。[3] 该类学校以中国方言教学，以四书五经为主要教材。[4] 中国国内人士也协助华人在印尼办学。例如，康有为曾于 1903 年访问爪哇岛诸城，南来劝学，提倡华人学习中华文化，宣讲中国的教学方法。[5] 国内人士亦与印尼华人合作，在国内设立教育机构接纳华人华侨子弟回国读书。这种中印尼之间高频率、高浓度的语言交流与教育互动，推动了两国的文教合作与发展。此外，华人后裔与印尼当地人的通婚，使得不同的文化背景得以在家庭纽带下融合，许多印尼人对中国文化具有良好的认同感，这也有利于文化与教育的密切深层交流。

---

[1] 孔远志. 印度尼西亚马来西亚文化探析 [M]. 新加坡：南岛出版社，2000：95.

[2] 黄昆章. 印度尼西亚华文教育发展史 [M]. 北京：外语教学与研究出版社，2007：29.

[3] 温广益. 1967 年以来印尼华文教育的沉浮 [J]. 华侨华人历史研究，1997（3）：56-59.

[4] 黄昆章. 印度尼西亚华文教育发展史 [M]. 北京：外语教学与研究出版社，2007：29.

[5] 何新华. 中文古籍中广东华侨史料汇编 [M]. 广州：广东人民出版社，2016：131.

另外，中印尼拥有相似的社会特征。中印尼同属发展迅速的发展中国家，都在进行工业化与现代化建设；同是经历二战建立起的民族国家，拥有相似的反殖民反侵略、推翻殖民统治获得独立的斗争经历。两国的老一辈领导人如周恩来、苏加诺等曾在反殖民统治、实现民族独立和开展第三世界合作中并肩作战，建立过深厚的友谊。这些相似的社会特征使两国人民相互理解、相互同情，为两国文化交流营造了良好的社会环境。

（二）文化环境

中国与印尼文化具有共通之处，主要体现在两方面：文化相融与价值观趋同。印尼社会文化在许多领域，如烹饪、音乐、舞蹈、绘画和建筑，都吸收借鉴了许多中国文化中的要素。如著名的印尼巴厘岛舞蹈塔里·巴里斯·西纳舞就传递着中国太极中的"阴阳"观。印尼音乐中乐器的选择和歌曲的使用也受到了中国的强烈影响。许多中文词语在印尼语中也被广泛使用。在食物方面，印尼的肉丸、拌炒青菜、肉面、河粉、蔬菜油煎饼、肉包、年糕、酱油、米粉、豆腐、豆酱等食物，无不体现了与中华料理一脉相承的烹饪精髓。在武术方面，印尼的传统武术在步法、身法、招式等方面也和中国武术颇具共通之处。在服饰方面，雅加达的传统服饰和中国蜡染之间具有相似性。此外，在印尼的重大节日场合，也时常可以看到源自中国的舞狮表演和木偶戏。

除了文化上的相似性，中国和印尼人民在价值观念和思维方式上也具有一定的趋同性。印尼人的处世哲学中融入了许多中式智慧。中国和印尼在一些共同价值上也达成了一致，如中国的"友爱互助"和印尼的"互助合作"都强调了互帮互助、共克时艰的理念与诉求；中国的"和而不同"与印尼的"殊途同归"都表达出求同存异、和而不同的价值观。[1] 印尼这些

---

[1] 许利平. 新时期中国与印尼的人文交流及前景 [J]. 东南亚研究. 2015（6）: 36-42.

文化理念上的相似性有利于增进两国人民之间的了解与友谊，提升两国公众进行交流、沟通和合作的意愿，有助于建立双方对共同利益与合作需求的认知基础。

二、教育交流的历史沿革

中印尼早期的教育交流如同从两国民间无意发源起来的一条溪水，在两国关系发展的历史中潺潺流动，虽涓细但不时泛起晶莹水花，湿润了两国民间交往、民心相通的土壤。直到 20 世纪 50 年代，这条溪流才真正被两国官方有意识地开凿出来，发展成一条宽广的运河，浩浩荡荡地输送起两国的科学、知识与文化。但它的发展并非一帆风顺、风平浪静，一路上经历了波折、险滩、甚至断流与干涸。教育交流过程与两国国情和双边关系有着密切的联系，在不断变动的政治、经济、文化关系的影响下时断时续、时好时坏，呈现出阶段性特征。根据中印尼教育交流的规模与主要呈现态势，可以划分为五个时期，分别是起步期、中断期、恢复期、升级期、繁荣期。

（一）教育交流的起步期（1953—1964 年）

1953 年 8 月 1 日，沙斯特罗阿米佐约组阁并出任总理。从此，中印尼两国间官方意义上的人文交流正式起步，两国间的教育交流也随之开启。最早的教育交流始于艺术教育领域。1957 年，北京舞蹈学院开设了"东方音乐舞蹈班"，开始招收学员学习印尼舞蹈，4 名巴厘音乐舞蹈专家来华担任该课程首批教师。[1] 这是两国在官方背景下有意识地进行教育交流的良好尝试。

---

[1] 魏美玲，刁淋．"表演"万隆：中国于印度、印度尼西亚和缅甸的舞蹈外交（1953—1962）[J]．北京舞蹈学院学报．2019（5）：86-99.

两国间官方教育交流真正起步是在苏加诺时期。中印尼两国政府于1961年6月14日签订《中国印度尼西亚文化合作协定》，该协定为新时期两国文化合作及国民交往拟定了框架。在该框架下，两国将共同促进教育、科学、文学、艺术、医学卫生、体育、新闻等方面的交流与合作。在教育领域，互聘两国学者赴对方国家讲学与任教，为留学生提供奖学金及高校入学批准等待遇。

在这一时期，两国间的教育交流虽然进行了一些有益的尝试和实践，但并不成规模，还是处于起步状态，更多仍存在于政府的顶层设计和规划中。虽然已经认识到人文交流对于两国友好关系和未来互助合作开展的重要性，但两国间刚刚建立的交往尚未来得及深入到人文交流的许多领域。加之两国关系冰点的迅速到来，中印尼这一时期的教育交流没有得到太多发展的时间和空间。虽然如此，这一时期教育交流的设想与实践都是值得肯定的。中印尼在建交初期的教育交流增进了两国人民间的相互理解，润色了两国始建不久的政治关系，也一定程度上为冷战后重新开始教育交流指明了方向，并为之提供了友好的感情基础和可借鉴的实践经验。

（二）教育交流的中断期（1965—1989年）

1965年，印尼发生"9·30事件"，两国关系急转直下。印尼进入苏哈托统治时期，印尼国内反华情绪激烈。1967年，印尼单方面提出与中国断交。两国关系降至冰点，各领域交流几乎被中止。在中印尼历史悠久的教育交流中一直发挥重要纽带作用的华人，在这一时期在印尼国内受到全面打压。1966年，印尼所有华校被迫关闭，官方禁止开办华校，许多华人华侨子女因此失学。后来官方又规定在学校教育中只能使用印尼语作为教学语言。一代华人的华文语言教育出现了巨大断层。不仅语言教育受到严密禁锢，中国文化也被当局大力擦除。标志性事件是苏哈托发布的总统令规定禁止公开展示或表达所有与中国有关的文化。在印尼反华政府的极力打压下，两国间的教育交流被迫完全中止，坠入一段漫长的冰河期。直到1990年两国复交前，两国间的人文交流仍深受印尼国内政治因素的影响，几乎没有取得任何实质性的进展。这段断交史，给中印尼两国的教育交流留下了二十余年的空白。它给双边人文关系留下了影响持续、迄今仍难以完全消除的阴影。在这二十余年间，印尼的对华认知恶化，两国民众间产生了深深的误解与隔阂。华人问题成为中印尼政治关系中的敏感问题。印尼对华的负面认知阻碍了两国间的民心相通，这种信任的缺失与根深蒂固的偏见也对文化与教育的交流造成了不利影响。

（三）教育交流的恢复期（1990—2004 年）

1990 年，中印尼正式签署复交协议。随着中印尼两国复交后关系不断向好发展，两国的人文交流得以复兴，两国政府重新着手签订了文化、科技、教育等领域的合作倡议。时隔 23 年，双方教育交流与合作重新实现官方化、正规化。

1998 年苏哈托政权垮台，印尼进入民主改革时期。其间，印尼政府积极推动两国关系向好发展，印尼国内各界民众对华观念和态度也有了明显好转。印尼政府逐步取消了苏哈托时期对华人的不公平政策，打破和消除了两国国民间文化教育交往的桎梏和障碍，两国间的教育交流得以重新起步。

1999 年 12 月，瓦希德总统访问中国，同江泽民主席就两国双边关系以及各领域内合作等议题进行了会谈，双方一致同意建立和发展长期稳定的睦邻互信全面合作关系。[1] 12 月 3 日，中印尼两国发表了联合新闻公报，一致同意充分利用现有磋商机制，积极开展文化、教育、旅游、体育等领

---

[1] 张静宇. 江泽民主席与印尼总统瓦希德会谈 双方一致同意建立和发展长期稳定的睦邻互信全面合作关系 [N]. 人民日报，1999-12-2（01）.

域内的合作。[1] 瓦希德总统逐步取消了歧视华人和禁止华语的政策，印尼华人萌生了重新学习华语的热情。两国之间的汉语语言教育交流复现生机。

2000年2月，印尼教育部青年、体育和校外教育司与广东省海外交流协会等单位签署了合作举办华文教师培训班的协议，同年5月，两国教育部签署了关于举办汉语水平考试的协议书，印尼成为第24个中国在海外设置汉语水平考试考点的国家。11月，印尼教育部主办了首次"推广华文教育研讨会"。[2]

2002年3月，印尼总统梅加瓦蒂访华，与江泽民主席等中国国家领导人举行了会谈。双方一致认同应在两国历史关系的基础上推进双边关系和多领域合作，并同意以文化、科技、教育、旅游等领域内的合作为途径提升两国双边关系。[3] 此后，两国在教育交流领域不断开辟出崭新的道路，进行了许多前所未有的实践。2003年10月18日，中国高校在印尼举办的首次展览——中国教育博览会——在雅加达开幕，共有32所中国大学参会。

2004年7月，暨南大学选派了20名学生作为首批志愿者赴20所印尼中学教授汉语。[4] 教育交流是这一时期两国关系推进中的重要成就，也成为提升两国双边关系的助推器。

半个多世纪以来，中印尼官方的教育交流从无到有，一路在波折中前进。经历了中断、封冻、再次复苏，终于在20世纪与21世纪之交真正走上加速发展的腾飞之路。

---

[1] 中华人民共和国中央人民政府.《中华人民共和国和印度尼西亚共和国联合新闻公报》[EB/OL].（1999-12-03）[2021-12-20]. https://www.gov.cn/gongbao/content/2000/content_60556.htm.

[2] 刘一斌. 中国和印度尼西亚的故事 [M]. 北京：五洲传播出版社，2016：158-159.

[3] 车玉明. 江主席与印尼总统梅加瓦蒂会谈 [N/OL]. 光明日报，2002-03-25[2021-12-20]. https://www.gmw.cn/01gmrb/2002/03/25/01-6242A949EA5B30BD48256B870064B1B7.htm.

[4] 刘一斌. 中国和印度尼西亚的故事 [M]. 北京：五洲传播出版社，2016：160.

（四）教育交流的升级期（2005—2014 年）

2005 年 4 月 25 日，胡锦涛主席与苏西洛总统正式签署了《中国与印尼关于建立战略伙伴关系的联合宣言》，双方一致同意将扩大民间交往、促进社会文化合作，计划以教育艺术、青年团体、民间组织、双方语言教学等领域的合作促进双方人文合作。[1] 2012 年，两国建立了双边教育对话平台——中国–印尼教育联合工作组会议，创新了教育合作思路，提高了合作水平，为后续的合作奠基。2013 年，两国将双边关系提升至全面战略伙伴关系级别。得益于双边关系的全新提升，两国在教育领域的双边合作也进一步升级。2013 年 10 月 3 日，两国政府发表了《中印尼全面战略伙伴关系未来规划》，进一步细化、明确了两国人文交流的具体路径。在教育领域，为深化教育交流，两国将推动高校和学术机构间的交流与合作、互派留学生、继续开展青年交流项目等确定为重要方向。[2]

这一时期，两国的教育交流取得了丰硕成果。第一，在平台建设方面，为给两国学术界人士的交流和互访创造平台，中印尼两国高校在雅加达、泗水、万隆、坤甸、望加锡、玛琅等地合作设立了 6 所孔子学院，中国高校陆续增设印尼语专业、印尼研究中心等机构。第二，在师资援助方面，为提高印尼教育机构的汉语教学水平，中国政府不断向印尼增派汉语教师。2012 年 4 月，中印尼在雅加达签署了《关于印度尼西亚汉语教师培养合作协议》，确定了 2012—2014 两国共同培养 100 位汉语教师的目标。6 月 20 日，印尼首批 30 名中学专职汉语教师赴华进修。第三，在学生交流方面，印尼学生来华留学意愿空前高涨，2004—2014 年，印尼来华留学生人数从 3 750 名升至 13 689 名，增幅达 265%。

---

[1] 中华人民共和国中央人民政府. 中华人民共和国与印度尼西亚共和国关于建立战略伙伴关系的联合宣言 [EB/OL].[2021-12-20]. http://www.gov.cn/gongbao/content/2005/content_64213.htm.

[2] 中华人民共和国中央人民政府.《中印尼全面战略伙伴关系未来规划》（全文）[EB/OL].（2013-10-04）[2021-12-20]. http://www.gov.cn/ldhd/2013-10/04/content_2500331.htm.

中印尼教育交流在这一时期的升级，主要体现在三个方面。一是制度保障升级，教育交流真正拥有了制度保证，这也意味着教育交流的战略意义得到了充分的认识，两国进行教育交流的积极性和主动性有所增强。二是交流领域升级，教育交流仍以语言教育交流为主，但其他教育领域的交流也得到了发展。三是主体范围升级，教育交流的主体不再局限于政府，交流的目的不再仅限于服务政治；参与者呈现出更多元化、更有活力的特征，民间主体的力量有了明显上升，其中学校的主体作用被凸显出来。这更能贴近教育交流和人文交流本身的目的，即有利于提升普通民众在双边教育交流中的参与度，增进两国对双边关系的正面理解，促进民心相通，重塑政治互信，提升两国民间社会推进双边合作的意愿。这一时期丰硕的教育交流成果，也为进入佐科时代教育交流的繁荣发展奠定了坚实的民众基础、制度基础与实践基础。

（五）教育交流的繁荣期（2015 年至今）

得益于两国战略合作伙伴关系的不断深入和两国教育行政部门的不懈努力，中印尼在教育领域的交流与合作稳扎稳打，快速推进并不断取得新的突破，成为中国与印尼人文交流中充满活力的增长点。在过去的近十年间，双方教育交流规模持续扩大，合作水平不断提升，合作领域不断拓宽。2015 年 5 月，在习近平主席和佐科总统的倡议下建立起的中印尼副总理级人文交流机制，标志着两国教育交流与合作进入繁荣期、迈进历史新阶段。这是中国与发展中国家建立的首个高级别人文交流机制，在这一机制中，教育交流被放在首要位置。[1]

在中印尼副总理级人文交流机制的平台下，两国的教育交流稳定发展。

---

[1] 中国新闻网. 中国–印尼副总理级人文交流机制首次会议举行 [EB/OL].（2015-05-28）[2021-12-21].http://www.gov.cn/xinwen/2015-05/28/content_2870206.html.

2016 年，中国–印尼高校智库联盟在北京外国语大学成立，并同时通过了《中国–印尼高校智库联盟北京宣言》，中印尼共八所高校建立智库联盟，包括暨南大学、厦门大学、华中师范大学在内的八所高校建立了印尼研究机构。[1] 中印尼的校际合作更加密切，留学生往来逐年增加，多所孔子学院在印尼兴办。此外，中印尼两国各类教育交流活动也日益频繁，如教育合作论坛、教育展会、汉语和中国文化学习活动、研修班互访等。校际交流和校企交流也有序推进，如暨南大学与雅加达大学的合作办学、上汽与印尼高校联合培养职业人才等。中印尼教育交流的不断深入，增进了两国的人文交流，促进了两国民心相通，夯实了中印尼友好的社会基石，有利于进一步推进新时期两国全面战略合作伙伴关系的建立和发展。

三、教育交流的主要领域

虽然中国和印尼之间的官方的、大规模的教育交流与合作起步较晚，直到 20 世纪后期两国复交后才真正开始，但中国和印尼早在历史上早有过形式多样的人文交流与互动。在古代和近代历史上，中国和印尼教育交流主要存在于人文领域，主要涉及语言、文化等多个方面，表现出小规模、非官方、自发性等特征。印尼华人在这一时期扮演着重要角色，由印尼华人开设的华文学校则在近代很长一段时间内成为两国间教育交流的主要载体。

（一）语言领域

中国与印尼早期在语言领域的教育交流主要表现在辞典编纂、语言影

---

[1] 李茂林. 2016 院系发展要闻系列报道（四）[EB/OL].（2017-01-06）[2023-08-17]. http://news.bfsu.edu.cn/article/259128/cate/30.

响和文学翻译等方面。

　　辞典在语言教育中具有基础性作用，编纂双语辞典本身就具有鲜明的教育交流意义，这是中国与印尼早期语言教育交流史上的关键一环。印尼语汉语辞典有着悠久的编纂历史，硕果累累。从时间和数量上看，从19世纪开始，印尼华人便编纂了多部双语辞典；20世纪90年代，双语辞典至少有20余部。从内容上看，最早的一部马来语 [1] 汉语双语辞典《通语津梁》在19世纪末已出版。早期双语辞典主要为了满足印尼华人的商业经营需求，其编制收录了日常生活词汇和商业词汇，也附加了一些商业知识的介绍。两国建交后，随着合作交流领域的逐渐增多，人员往来的愈发密集，现实沟通的需求推动了更多双语辞典的编写。新双语辞典的收词量不断增加，词汇取自社会生活的方方面面，从商业和日用扩展到政治、文化与科学等领域。[2] 这些辞典满足了双方民众在进行各种交流合作时对于对方语言学习的需要，为两国开展彼此语言的教学提供了有效辅助，并为两国正式开始教育交流后的语言教学合作奠定了良好的实践基础。它们既是两国教育交流的成果，也成为两国教育交流的桥梁与工具。

　　华人在现代印尼语形成的过程中也曾发挥独特作用。印尼闽南籍华人数量较多，他们经济实力雄厚，且在文教、印刷行业具有较大影响力。由于他们在报刊、杂志和书籍的用语中夹杂大量中文借词，故现代印尼语中留下了很多闽南语借词，这对日后印尼的学校教育和印尼语的语言教学产生了影响，无形中完成了一种特殊形式的语言融合和教育互动。

　　除此之外，印尼华人翻译文学也是中印尼文教交流的重要组成部分。19世纪末到20世纪初，印尼涌现出大量华人翻译家，翻译了近800部中国作品。这些译作深受印尼民众欢迎，如《三国演义》《梁山伯与祝英台》在印

---

[1] 当今的印尼语是在马来语的基础上形成的。

[2] 孔远志. 马来语（印尼语）汉语双语辞书：沟通中、印尼友谊的桥梁. 东南亚纵横 [J]. 东南亚纵横，2000（S1）：60-62.

尼巴厘已成为家喻户晓的民间故事。华人译者不仅翻译中国古典作品和经典武侠小说，还对它们进行本土化改写，这些作品亦为人们所喜闻乐见，反映出两国文学在价值观上的交融。华人马来语文学译作在文教方面有重大意义，丰富了印尼文学。华人译者出于中文语言习惯，使用借词和混合语，推动了印尼语的形成。更为重要的是，华人译者将中国经典作品介绍给印尼，正向传递了中国优秀的传统价值观与精神文化，使许多中国故事也成为印尼故事，进入了印尼社会价值体系与学校教育中，依托文学间接实现了两国间的教育交流与互动。

（二）文化领域

两国之间早期文化领域的教育交流，主要是对儒家文化的教授和传承。在这一领域，由印尼华人创办的华文学校是主要的载体，发挥了语言教学和文化滋养的双重作用。在早期，印尼华文学校的教育交流职能主要表现在两个方面：一是与中华传统文化高度关联的教学内容；二是与中国国内教育界人士在师资、进修、经费方面的协同合作。

印尼华文学校由印尼华人创办，与印尼日渐扩大的华侨社会的教育需求紧密相关。印尼华文学校肇始于 17 世纪末期的华人领袖郭郡观创设的明诚书院，在之后的一百多年中，印尼华文学校规模不断扩大，到 1957 年已有 1 800 余所，学生逾 40 万人。[1] 华文学校办学中随处可见两国教育交融、互动的影子。从授课内容看，华文学校的课程设置大致与中国私塾相同，讲授儒家经典，使用蒙学教材，宣扬儒家文化。从教学语言来看，从开始的闽、粤方言，到后来采用中文正音。从与中国的关系来看，华文学校得到了中国国内人士的协助。中国教育界非常支持印尼华人自主办学。著名教育家康有

---

[1] 温广益. 1967 年以来印尼华文教育的沉浮 [J]. 华侨华人历史研究. 1997（3）：56-59.

为、黄炎培以及一些中国政商界的有识之士，都曾前往印尼，向华人传播中国的教学方法。中国也为印尼提供了许多优质的师资。一些印尼华文学校聘用了来自中国的优秀著名教育家，这大大提高了华文学校的教育水平。比如，清朝秀才卢桂舫就从新加坡来到雅加达担任八华学校的第一任校长，并兼任中文教师。印度尼西亚著名的华侨教育家司徒赞先生从暨南学堂师范科毕业后，经黄炎培先生推荐，到印度尼西亚中爪哇文池兰中华学校担任校长。当时中国也设置教育机构，供华人子女回国读书。不少优秀的印尼华语教育接受者选择在毕业后前往中国深造。如暨南学堂就有来自印尼中华学堂的 21 名学生前来留学。中国历届政府还派员视察海外华校，并在经费上给予华校资助。[1]

早期印尼对于儒家文化的教育，传承了中华优秀传统文化和儒家的价值观念，意义重大，影响深远。两国在文化教育领域的深入交流与务实合作，为两国开展更高层次的教育合作提供了宝贵的实践经验；此外，也培养出了一大批具有儒家精神的优秀人才，他们为中印尼的教育长远交流与发展做出了积极贡献。

第二节 教育交流模式与原则

一、教育交流的动力机制

两国间深厚而独特的文化交流基础，为中印尼进行教育交流提供了良好的历史文化语境和社会文化环境。而两国国家和经济发展、中国国际形

---

[1] 梁英明. 从中华学堂到三语学校——论印度尼西亚现代华文学校的发展与演变 [J]. 华侨华人历史研究，2013（2）：1-12.

象重塑等因素，为两国间教育交流的持续推进注入不竭动力。

（一）外在动力机制

中国与印尼两国携手面向未来，互助合作、命运相系成为两国对未来的共同展望，这是促成两国之间教育交流的外在动力机制。从 2005 年中国与印尼建立战略伙伴关系，到 2013 年两国开启新的全面战略伙伴关系时代，两国之间在各个领域的合作不断升级。2013 年 10 月，中国国家主席习近平访问印尼时首次提出共建"21 世纪海上丝绸之路"倡议。2019 年 4 月，印尼总统佐科在参加第二届"一带一路"国际合作高峰论坛时表示，印尼是"一带一路"国际合作的重要伙伴，愿同中国加强交流合作。[1]"一带一路"倡议为中印尼教育交流合作提供了顶层设计和路线指引，而双方之间的教育交流与合作对"一带一路"倡议的真正落地具有重要的基础和先导作用。

中印尼的教育交流合作，来自两国国家发展战略对接的需要。第一，中国"一带一路"倡议和印尼"全球海洋支点"战略对接的需要。近年来，习近平主席和佐科总统从各自民族振兴的战略高度出发，就对接"一带一路"倡议和印尼"全球海洋支点"构想达成重要共识。两国发展战略对接第一阶段标志性项目"雅万高铁"已进入全面实施的新阶段，第二阶段标志性项目"区域综合经济走廊"，即在印尼北苏门答腊、北加里曼丹、北苏拉威西和巴厘 4 省建设综合经济走廊的政府间合作也取得进展。双方正稳步推进的工业化合作有望成为两国发展战略对接合作新亮点。中国连续 8 年保持印尼最大贸易伙伴地位，持续保持印尼第三大外资来源国地位。下一阶段，双方将继续发挥高层交往对两国关系的战略引领作用，深入推进

[1] 国际在线. 中国驻印尼大使：中印尼共建"一带一路"成果丰硕 [EB/OL].（2019-09-01）[2021-12-22]. https://baijiahao.baidu.com/s?id=1643465036209558302&wfr=spider&for=pc.

发展战略对接，拓展在基建、资源、通信、金融、电商、人工智能、人力资源开发等广泛领域的合作，稳步推进中印尼共建"一带一路"。在这一过程中，增进文化与教育的交流合作意义重大，能够夯实双边进行战略合作对接的民意与社会基础，在上述领域中培养相关专业人才并展开深入广泛合作，加强和扩展双边战略合作伙伴关系。第二，两国在第四次工业革命时代制造业发展升级的需要。每一次工业革命，都必然伴随着教育的革命，以培养发展工业所需的人才，并推动技术的进步。规模居世界首位、拥有完整体系的中国制造业，与有明显优势产业、重点突出的印尼制造业互补性强，合作潜力巨大，中国与印尼在制造业方面的合作是中国提升制造业开放发展水平的优选。

要推进制造业在开放的基础上不断提升国际化创新水平，离不开对外教育交流。因此，中外教育交流与合作同样也是制造业国际交流合作中的刚需和关键一环。在中国教育部出台的《推进共建"一带一路"教育行动》中，就明确提出了推进与"一带一路"沿线各国青年就业培训等领域的务实合作，促进产学研融合等要求。印尼也表现出类似的诉求。印尼与中国的发展战略对接和工业化合作涉及包括人工智能、互联网产业、尖端制造业在内的许多领域。因此，为了提升产业创新能力、培育制造业人才队伍，印尼要增强与中国在文化、教育、科技与研究方面的合作，也成为一种水到渠成的选择。

（二）内在动力机制

中国自身软实力建设是推动中国与印尼教育交流的重要内在动力机制。迅速崛起的中国成为世界多极化中日益重要的一元。推动两国间文化和教育的交流与互动，有助于重塑印尼群众对华认知，增进两国民众的相互理解、政治互信与合作意愿，以教育特有的润物细无声之力，传递出和平、友好的信号，使印尼人民对中国的发展持有更积极的态度，进一步扫除两国合作关系发展的阻碍。

二、教育交流的模式

中印尼之间的教育交流，既有宏观层面双方政府战略性、前瞻性的顶层设计和机制建设，又有中观层面丰富多样的社会教育交流活动，还有微观层面扎实稳定的机构建设和人才培养。在多年的发展和探索中，中印尼教育交流逐步形成了多主体协同互补、多领域全面发展的基本模式。从教育交流的参与主体来看，既有官方主体也有民间主体。官方主体和民间主体协同互补，呈现出顶层设计、精英带领、民众参与的特点。中印尼的教育交流涉及高等教育、职业教育、语言教育、教师教育以及两国之间的国别区域研究等多个领域，涵盖范围非常全面。在这一基本模式下，中印尼教育交流与时俱进、形式多样、内容广泛，顺应两国间日益密切的全面战略合作伙伴关系，不断取得新的突破。下文将从教育交流主体和交流领域两个维度，对中印尼教育交流模式展开剖析。

（一）教育交流的主体

中印尼教育交流的主体可分为官方主体和民间主体两种，呈现出主体间协同互补的特点。

1. 官方教育交流模式

在印尼对外教育交流方面，印尼政府发挥着主导作用。关于教育交流的顶层设计，主要由印尼政府的教育与文化部和人类发展与文化统筹部主导。如 2015 年开始中印尼副总理级人文交流机制和定期会议就是由印尼的人类发展与文化统筹部负责牵头。政府机构在教育交流政策的制定、与交流目的国项目与协议的签订、高级官员的教育互访、教育交流资助的提供等方面都发挥了主力作用。如中印尼副总理级人文交流机制下定期会议的开展、中印尼高等教育合作发展论坛的制定、《中印尼高等教育合作协议》《中印尼高等教育学历互认协议》等重要合作文件的签订，都是这些官方机构在中印尼教育交流中发挥作用的有力证明。[1]

中国的教育对外交流与合作主要由教育部、人事部、文化部、科技部、外交部等国家行政部门组织实施。教育部是开展教育交流最主要的部门，其相关职能包括统筹管理并协调、指导对外汉语教学工作，管理外出留学、来华留学工作，指导驻外教育机构的工作，协调与联合国教科文组织在教育、科技、文化等方面的合作与交流，拟定国家语言文字的方针、政策等。教育部对外汉语教学发展中心、中外语言交流合作中心、国际合作与交流司、留学服务中心、高等教育教学评估中心等机构在推进中印尼教育交流进程中扮演了重要角色，发挥了至关重要的作用。教育交流政策、教育合作协议或项目的签订大多由教育部制定，如《推进共建"一带一路"教育行动》、中国和印尼相互签订学历学位互认协议、设立"丝绸之路"中国政府奖学金项目等。

官方主体在两国教育交流中主要承担制度设计的引领作用。教育交流与合作在 21 世纪正式起步之初，双方就非常重视制度设计，以此统筹开展各项事业。2012 年，中国教育部副部长郝平率团与印度尼西亚教育与文化部副部长玟杜在印尼日惹举行了首次中-印尼教育联合工作组会议，这是两国教育部之间具有开创性意义的直接对话。会上成立了中-印尼教育联合工

---

[1] 中国新闻网. 印尼赴华留学学生稳步增长　中印尼人文交流活跃 [EB/OL]. (2016-11-17) [2021-12-22] https://www.chinanews.com.cn/m/gj/2016/11-17/8066811.shtml.

作组，旨在落实中印尼两国领导人共识，加强双边战略伙伴关系，深化人文交流，推进教育合作。这既是两国前期稳定快速推进的人文交流深化的必然结果，也为未来中印尼双方教育交流的深入拓展和更高水平的合作奠定了良好的机制基础。

　　两国政府高层领导人在顶层制度设计方面达成重要共识。2015 年 3 月，习近平主席和佐科总统签署《中华人民共和国和印度尼西亚共和国关于加强两国全面战略伙伴关系的联合声明》，双方一致同意在有关双边教育合作协议框架下，加强在学生交流、语言教学、高等教育和职业培训等领域的务实合作，加快商签互认高等教育学位学历协议。[1]2015 年 5 月，中国和印尼建立副总理级人文交流机制，这是中国与发展中国家建立的首个高级别人文交流机制。[2] 2016 年 7 月 26 至 28 日，中印尼副总理级人文交流机制第二次会议在中国贵阳举行，双方发表联合公报 1 份、签署合作协议 14 项。2016 年 8 月 1 日，中国国务院副总理刘延东和印尼人类发展与文化统筹部部长布安在贵阳共同主持中印尼副总理级人文交流机制第二次会议。双方共同见证教育、科技、文化等 8 项合作协议签署。[3] 2016 年 9 月 29 日，中印尼高等教育合作发展论坛暨"中国知识云服务"启动仪式在雅加达举行，印尼文教部人力资源发展中心主任露依萨、中国驻印尼大使馆文化参赞金洪跃等参加。双方就华文教育现状和师资问题充分交流了意见。[4] 2017 年 11 月 26 日，中国教育部留学服务中心率中国高校代表团访问印尼，中国国务院副总理刘延东在印尼官员陪同下主持第十四届"留学中国"教育展启

---

[1] 中华人民共和国中央人民政府. 中华人民共和国和印度尼西亚共和国关于加强两国全面战略伙伴关系的联合声明 [EB/OL].（2015-03-27）[2021-12-22]. http://www.gov.cn/xinwen/2015/03/27/content_2838995.htm.

[2] 中国新闻网. 中国–印尼副总理级人文交流机制首次会议举行 [EB/OL].（2015-05-28）[2021-12-22]. http://www.gov.cn/xinwen/2015/05/28/content_2870206.html.

[3] 中华人民共和国教育部. 中国–印尼副总理级人文交流机制第二次会议举行. [EB/OL].（2016-07-26）[2021-12-22]. http://www.moe.gov.cn/jyb_xwfb/moe_2082/zl_2016n/2016_zl42/201607/t20160726_273012.html.

[4] 中国新闻网. 2016 中–印尼高等教育合作发展论坛雅加达举行 [EB/OL].（2016-09-29）[2021-12-23]. https://www.chinanews.com/gj/2016/09-29/8018850.shtml.

动仪式，以配合中印尼人文交流机制，推动中国与印尼之间的学生交流与校际合作。2017 年 11 月 27 日，中印尼副总理级人文交流机制第三次会议在印尼梭罗市举行，双方决定推进教育、科技、文化、卫生、媒体、体育、青年、旅游等领域的合作。[1] 2018 年 5 月，中国和印尼签署《中华人民共和国政府和印度尼西亚共和国政府联合声明》，双方同意保持高层交往势头，发挥好两国副总理级对话及双边合作联委会等机制的重要作用以及加强在教育、文化、旅游、媒体、体育、宗教、青年、地方、文化遗产等领域的交流与合作，充分发挥各界、各地方积极性，打造人文合作新亮点。[2]

除此之外，在 2015 年 7 月双方副总理级人文交流机制建立的初期，中共湖北省委副书记张昌尔在武昌东湖会见来武汉参加"华创会"和"世界华文教育论坛"的印尼泗水新中三语学校董事长、印尼"金饰大王"何文金先生一行，双方就湖北省与印尼开展教育文化科技合作进行了讨论。同月，中国文化部部长助理刘玉珠率中国文化部代表团一行 6 人访问印尼——中国经济社会与文化合作协会，双方就加强中印尼文化交流与产业合作举行座谈。[3] 双方高层通过代表团互访、举办论坛等形式进行对话，直接了解对方的教育发展情况和合作需求，促进教育交流的进一步发展。进行了宏观层面的顶层设计后，高层的交流有利于因地制宜进一步优化制度细节，并通过实地调研推动政策落地。

可见，由官方主体进行的中印尼教育交流的顶层设计基于两国合作、发展的实际需要，为中印尼教育交流提供了有力的制度保障，不断回应时代需求，推动着中印尼人文交流朝纵深发展。

---

[1] 中华人民共和国中央人民政府. 中印尼副总理级人文交流机制第三次会议举行 [EB/OL].（2017-11-29）[2021-12-23]. http://www.gov.cn/guowuyuan/2017-11/29/content_5243042.html.

[2] 中华人民共和国中央人民政府. 中华人民共和国政府和印度尼西亚共和国政府联合声明 [EB/OL].（2018-05-08）[2021-12-23]. http://www.gov.cn/guowuyuan/2018/05/08/content_5288955.htm.

[3] 韦红，宋秀琚. 中国与印度尼西亚人文交流发展报告（2019）[R]. 北京：社会科学文献出版社，2019：286-300.

2．民间教育交流模式

中印尼教育交流的民间主体十分多元，包括高等院校、学术界、基金会、企业和个人等。民间主体进行教育交流的方式也很多样，如高校间的联合办学、学术界的学者互访、企业与高等院校或职业学校展开校企合作等。涉及的领域也很广泛，有文化与科技、世俗与宗教等。

高等院校是民间主体的一个特殊的组成部分，在教育交流中承担着独特使命。随着经济全球化的不断深入发展，高等院校国际化已成为必然趋势。同样的，高等院校也日益成为国际教育交流的重要实施者。高等院校间在教育、文化、科技方面的校际交流的发展最为迅速，成果最为显著。近年来，两国高校积极探索多元化的交流形式，进行了大量的教育交流活动，把高等教育的理论规划付诸于实践，如互派留学人员、合作办学联合培养人才、高校和研究机构间的科研合作、研修班互访、学术交流、互派代表团等。

官方和民间的教育交流并非截然分开，尤其是具有影响力的教育交流活动常常是官方主体与民间主体合作的结果。例如，2015 年 11 月 7 日，由印尼北京学院主办的第 21 届"留学中国教育展"在雅加达拉开帷幕。来自中国的十多所大学参加了此次教育展。再如，2018 年 1 月，在泗水巴古温商场举行的由东爪哇华文教育统筹机构主办、东爪哇华文教师互助会承办的第三届东爪哇"魅力汉语"大奖赛。丰富多彩的汉语学习活动，吸引了印尼广大师生的参与。通过比赛的形式，吸引更多年轻人学习汉语，促进了印尼汉语教学的发展，增进了中印尼之间的人文交流。[1]

总体来看，这些教育交流活动是多主体、全方位、多领域的，包括院校与基金会等社会组织合作，政府与社会组织合作，政府、院校与企业合

---

[1] 韦红，宋秀琚. 中国与印度尼西亚人文交流发展报告（2019）[M]. 北京：社会科学文献出版社，2019：1-5.

作，政府与院校合作等，几乎覆盖了双方社会的各个群体。双方的教育交流深入民间，促进了两国民心相通。

（二）教育交流的具体领域

中印尼教育交流恢复以来，两国的教育交流拓展到诸多领域，主要包括高等教育、职业教育、语言教育、科技、区域国别研究等。

1. 高等教育领域

基于国家战略发展需要，中印尼两国有着推动高等教育国际化的共同诉求。中国方面，推动高等教育国际化是贯彻落实中共中央办公厅、国务院办公厅《关于做好新时期教育对外开放工作的若干意见》和国家发展改革委、外交部、商务部经国务院授权发布的《推动共建丝绸之路经济带和21世纪海上丝绸之路的愿景与行动》的必然选择。为此，教育部牵头制定了《推进共建"一带一路"教育行动》，该文件印发后，教育部紧紧抓住教育在"一带一路"建设大局中"促进民心相通，提供人才支撑"的定位，携手部内各司局、有关部委、地方共同推进国际教育合作。[1]印尼是"一带一路"沿线的重要国家，中国将与印尼高等教育的交流与合作纳入国家战略目标计划。印尼方面，为应对全球化发展，印尼始终非常重视高等教育的国际化发展。佐科总统上台后，提出"重振职业教育，助力工业4.0"，要求所有工业部下属中等、高等职业院校至少应与国内外50家企业合作，精准培养实用技能型人才。为此，两国高等教育在交流中不断达成新的合作与共识。中国和印尼相互签订了学历学位互认协议，注重印尼来华留学

---

[1] 中华人民共和国中央人民政府. 教育部：全面推进共建"一带一路"教育行动 [EB/OL].（2019-02-20）[2021-12-24]. http://www.gov.cn/xinwen/2019-02/20/content_5367017.htm.

高端人才培养，设立"丝绸之路"中国政府奖学金项目，培养印尼青年精英和未来领导者。2017年，中国政府向印尼提供了215个全额奖学金，较2015年录取人数增长了11倍。[1] 2018年5月7日，李克强总理在雅加达出席中国-印尼工商峰会发表主旨演讲时表示，中国将增加向印尼提供的奖学金名额，启动新一轮青年百人团互访五年计划，促进两国青年交流。

中印尼两国在高等教育领域的交流主要有校际交流和校企合作两种形式。

第一，高校间的校际交流内容丰富、参与度广，主要包括智库联盟、学者互访、人才联培、合作办学、研修班与平台建设等实现形式。2016年，中国-印尼高校智库联盟在北京外国语大学成立。两国高校通过相关合作，在印尼也举办了诸多的研讨会和论坛等活动，尤其是在印尼的孔子学院在其中发挥了重要的推动作用。这些机构共同促进了中印尼两国在学术和教育交流等领域的合作，不断推进高校间的合作与交流，并逐步提升中印尼人文交流的民众参与度。此后，以中国-印尼高校智库联盟为代表的中国高校，开展了多种学术论坛、研讨会和青年人文交流活动。近年来，中、印尼两国许多院校之间达成了校际合作协议。此外，2018年，东北师范大学承办了印尼本土汉语教师来华研修班，共有来自印尼的18位本土汉语教师参加了研修班。华中师范大学中印尼人文交流中心主办了"中国-印度尼西亚高校人文交流国际论坛"。清华大学东南亚中心奠基仪式在印尼巴厘酷乐岛举行，该中心旨在推动中国与东南亚地区人才交流与合作，联合中、印尼两国学术和商业以及政府等部门共同打造一个分享和创新的平台。[2]

可以看出，中印尼校际交流具有四个显著特征。首先，中印尼校际交流形成时间虽短，但发展迅速。两国的校际交流几乎在2015年人文交流机

---

[1] 席来旺. 驻印尼使馆举行中国政府奖学金录取通知书颁发仪式 [N/OL]. 人民网，2017-08-21[2021-12-20]. http://world.people.com.cn/n1/2017/0821/c1002-29483886.html.

[2] 韦红，宋秀琚. 中国与印度尼西亚人文交流发展报告（2019）[M]. 北京：社会科学文献出版社，2019: 1-5.

制建立后才真正起步，但已取得了相当丰硕的成果。其次，交流不断深入，合作规模不断扩大。建立起合作的高校有数十所，教学科研活动十分活跃，互访互动频率逐年增高，日益繁荣。再次，交流层次逐渐多元，涉及领域不断扩宽。其中包括汉语教育、本科教育、科研互助、教师培养等多个层次。最后，交流形式多样，满足多样需求。交流形式包括合作办学、海外分校、项目合作、短期互访等。校际交流促进了双方高等教育资源的优化配置，适应了教育国际化的需要。

第二，中印尼校企合作的范围不断扩大，水平不断升级。随着中国"一带一路"倡议和印尼"海洋支点"战略的对接，中印尼之间的经贸往来愈加频繁。许多带着资金和先进技术而来的中资企业在印尼投资或设立分公司，其顺利发展有赖于既通晓专业知识又了解当地国情且具有多语种交流能力的国际化人才。在此背景下开展校企合作，能够精准锚定双边合作和企业发展需求，定向培养国际化、高素质的印尼当地人才，提升人才培养和转化效率。一个典型的例子是"一带一路"人才培养校企联盟。2017年，由"留学中国预科教育联盟"和"中国–东盟教育培训联盟"发起的"一带一路"人才培养校企联盟，由中国国内50余所高校和海内外上百家知名企业共同组成。校企联盟通过改进人才培养模式，为"一带一路"沿线国家的企业输送国际化人才。[1] 印尼也是校企联盟中的重要一员，校企联盟为其提供量身打造的"订单式"人才培养，为中印尼的校企合作提供了更大的平台。

随着中印尼两国政府间教育交流合作和高校教育交流合作不断深入，两国间留学事业也进入了新的发展阶段。2016年，中国有近500名学生在印尼留学。[2] 中国教育部专门设立了"中国东盟交流专项奖学金"和"中

[1] 中华人民共和国教育部. "一带一路"人才培养校企联盟揭牌 [EB/OL]. （2017-07-29）[2021-12-24]. http://www.moe.gov.cn/jyb_xwfb/gzdt_gzdt/moe_1485/201707/t20170731_310370.html.

[2] 数据来源于印尼《国际日报》官网。

国–印尼交流专项奖学金”项目。[1] 2016 年，有 1.4 万余名印尼的大学生在华留学深造，中国成为印尼大学生的第二大留学目的国，印尼也是中国第六大留学生来源国，“留学中国”品牌逐步形成，越来越多的印尼青年人到中国学习、工作和创业。广大留学生为促进印尼和中国的友谊与合作交流事业发挥着积极作用。观察中印尼之间的留学人员交流，可以发现以下特点：第一，人数多，并且增长迅速，但印尼来中国留学人数远多于中国前往印尼留学的人数；第二，留学形式多样，对于中方赴印尼留学来说，主要是国奖留学模式，对于印尼赴中留学生来说既有公派亦有自费；第三，在留学人员构成上，从以本科生为主，发展到既有本科生，又有中学生、研究生，还有教师、学者、职校生、技术人员等；第四，留学目的不局限于语言培训，在专业分布上也更为多样。[2]

2．职业教育领域

中印尼两国都非常重视职业教育的国际化发展。中国国务院于 2019 年 1 月颁布了《国家职业教育改革实施方案》，要求到 2022 年建成具有国际先进水平的中国职业教育标准体系。[3] 印尼政府则在 2016 年就提出要重振职业教育，提出建设具有国际标准的职业教育体系。双方对职业教育国际化发展的重视推动着双方职业教育领域的交流合作。中印尼在职业教育方面不断探索新路径，开辟职业技术人才培养和职业教育发展新模式。目前，中印尼的职业教育合作主要采取政府、院校、企业多主体合作的方式。

---

[1] 人民日报海外网. 印尼阿拉扎大学举办中印尼两国教育研讨会》[EB/OL].（2016-10-31）[2021-12-24]. http://m.haiwainet.cn/middle/232657/2016/1031/content_30456955_1.html.

[2] 人民日报海外网. 215 名印尼学生获新年度中国政府奖学金 中国使馆送行 [EB/OL].（2017-08-21）[2021-12-24]. http://m.haiwainet.cn/middle/232657/2017/0821/content_31079701_2.html.

[3] 中华人民共和国中央人民政府. 国务院关于印发国家职业教育改革实施方案的通知. [EB/OL].（2019-02-13）[2021-12-24]. http://www.gov.cn/zhengce/content/2019-02/13/content_5365341.htm?wm=9207_0001.

在职业教育领域，双方的教育交流取得了显著成果。柳州城市职业技术学院联合有关企业与印尼西爪哇省合作成立专门的汽车学院，柳州铁道职业技术学院联合有关企业与印尼苏莱亚大学共建轨道交通培训基地和汽车技术服务培训基地在印尼开展人才培养培训，服务当地交通产业发展。[1] 2016 年格力（印尼）公司与印尼西加里曼丹省坤甸市合作启动了"共同希望语言学院"人才培养合作重点项目，通过双方合作的项目，重点培养符合条件的印尼青年，毕业后直接进入格力（印尼）公司工作，其他的毕业生也将把印尼的中资企业为重点就业方向。[2] 2020 年 10 月，黎明（印尼）海丝学院启动暨中国黎明职业大学与印尼雅加达华文教育协调机构、巴布亚省政府三方合作培养职业技能人才项目签约，[3] 这是中印尼职业教育交流中，学校、政府、企业与社会组织多主体合力的一个典型案例。

中印尼两国职业教育交流发展主要开始于 21 世纪第二个 10 年，发展时间并不长，但发展势头迅猛，目前已经在交流实践中形成了包括项目合作、短期研修、设立海外分校、师生互访等多种形式。由于职业教育的实用导向性，中印尼职业教育交流合作一般都有政府和企业的参与，具有多主体的特点。此外，中印尼的职业教育交流也具有一定的不平衡性，总体上以中方为主导，中国政府鼓励支持高职院校和中职学校充分利用自身优势，联合相关企业走出国门，帮助印尼发展职业教育。在双方的共同努力下，双方职业教育合作的机制不断完善，交流合作平台日益搭建完善。可以看出，中国职业教育"走出去"并不仅仅停留在帮助印尼当地提升职业技能水平上，更重要的是在印尼宣传先进的职业教育理念，推广和建设对

---

[1] 中华人民共和国教育部. 广西加快发展职业教育助力"一带一路"建设 [EB/OL].（2018-03-22）[2021-12-24]. http://www.moe.gov.cn/jyb_xwfb/s6192/s222/moe_1752/201803/t20180329_331776.html.

[2] 中国经济网. 中印尼推进教育合作：让知识之光照亮"一带一路" [EB/OL].（2017-05-09）[2021-12-22]. http://m.ce.cn/bwzg/201705/09/t20170509_22632117.shtml.

[3] 中国新闻网. 中印尼职业教育合作新进展 黎明（印尼）海丝学院启动 [EB/OL].（2020-10-22）[2022-12-22] https://baijiahao.baidu.com/s?id=1681267702294115853&wfr=spider&for=pc.

标国际的职业技能标准和技术规范。

中印尼职业教育领域的交流合作，既有经济效益又有社会效益。对于中方，不仅对于"走出去"的中资企业有重要意义，为其在印尼的落地生根和健康发展提供符合需求的高层次专业技术人才，也通过技术标准的输出，进一步打破了企业持续发展的环境壁垒。对印尼方来说，中印尼的职业教育合作提升了印尼职业教育的水平，培养了适应国家工业化发展所需要的专业人才，提高了当地人的就业率和收入水平。未来，通过符合国际标准的技术规范的建设，印尼的国际引资环境有望得到进一步改善。

3．语言教育领域

语言教育领域的交流不仅是两国教育交流的重要方面，也是其他领域能够顺利开展合作的重要基础，受到政府和民间力量的大力支持。这一领域的交流主要包括在印尼的中文教育和在中国的印尼语教育。

（1）印尼的中文教育情况。

第一，关于接受中文教育的影响因素。受到中印尼双边经贸往来、文教合作、旅游业等发展，以及汉语国际影响力提高的影响，印尼的汉语教育发展迅速，办学形式多样化、体系化，主要有孔子学院和中印尼中文教育合作办学，并逐步形成较为完整的中文教学体系。

第二，关于中文教育的教学机构和办学形式。印尼的汉语教育的教学机构和办学形式十分丰富多样，官方和民间主体共同参与。孔子学院是中印尼中文教育的主要机构，形式包括学校教学、补习班、短期营和网络课程等。截至2020年，中国在印尼共建立了8所孔子学院，2个中小学孔子课堂，向印尼派遣汉语志愿者教师近千人，以推动印尼的汉语教学与服务发展，每年培养的学生超过1.5万人。2018年7月10日，首届印尼孔子学院所在高校"校长论坛"在阿拉扎大学举行，印尼6所孔子学院所在高校校长及孔子学院、印尼方院长齐聚一堂，共商印尼中文教学及孔子学院发展之路，足见双方对孔子学院建设和以孔子学院为载体的印尼中文教学的高度重视。即使在新冠肺炎疫情期间，孔子学院的师生也没有停止中文的教学。他们采取多种抗疫举措，如云端教学、线上举办中国文化活动、通过社交媒体普及抗疫知识等，不仅保证了汉语教学工作的顺利进行，也传递出共克时艰的兄弟情谊。[1]

第三，关于合作办学的课程模式。中印尼汉语教育合作办学主要包括双联课程和远程线上教育两种基本模式。其中，双联课程是主要模式，如暨南大学华文学院与印尼雅加达八一七大学合作开办的汉语国际教育硕士班，河北师范大学与印尼彼得拉基督教大学的汉语"3+1"合作办学项目等。此类项目大多直接移植中方学校的教学计划、手段、教材，印尼学生通常会在中国校园学习一到两年的时间。另一种远程线上教育模式是为了适应印尼华文教师目前依旧不足的情况。例如，暨南大学华文学院和印尼福清公会合作举办的远程函授教育。这种模式除了节约办学经费，也能培养当地师资，丰富海外华文教师的学习资源，弥补海外华文教师数量不足的劣势。

第四，关于中文教育的学习者。印尼中文学习者年龄、社会、族群结构非常多元。学习者覆盖从儿童、青少年到成人多年龄段的学生，汉语教学机构为他们提供适应特定年龄段学习特点的汉语课程。学习者的社会身份构成也很复杂，以小初高各级学生为主体，也有很多已工作的成年人，他们有的从商，有的从事技术岗位，出于工作需求、经商需要或个人兴趣学习汉语，一大部分都希望能够提升就业竞争力，拓展个人职业发展空间。他们的族群构成也不再单一，过去以华裔印尼人为主的情况被改变，如今，社会经济的发展和汉语价值的上升使非华裔印尼人学习汉语的热情也大大

---

[1] 人民网. 印尼孔子学院抗"疫"保教学 中印尼师生共克时艰 [EB/OL].（2020-06-16）[2021-12-24]. http://world.people.com.cn/n1/2020/0616/c1002-31748796.html.

提升。

第五，关于中文教育的开展效果。通过在当地院校开设中文课程、建设孔子学院、合作办学、引进国外师资、公派留学等多种方式，印尼当地开设中文课程的学校越来越多，两国之间汉语人才培养合作程度不断加深，汉语由第三外语上升为第二外语。[1] 印尼政府将汉语教学纳入国民教育体系，普通小学和初中可以将汉语作为选修课纳入教育体系，高中阶段的语文科则能够选择汉语课程作为专业课，大学阶段不仅攻读中文系的学生要上中文课，中文也作为选修课被纳入大学课程，部分大学还将中文设为公共必修课。[2] 印尼的中文教学实现了体系化、制度化发展，双方政府的官方政策是其持续繁荣发展的基础和保障。结果是随着印尼汉语教学的不断发展，印尼的"汉语热"持续升温，印尼媒体的关注报道和在印尼的"汉考热"是这股热潮的良好佐证。印尼的许多知名媒体，如《千岛日报》和《好报》等，都专门开设专栏来传播中文和中华文化；将"汉语"或"汉语教学"作为关键词在印尼媒体网站上搜索，所获得的信息量数以百万计。这都体现了印尼社会和媒体对中文教学的广泛关注。[3] 此外，在印尼参加汉语考试的人数也不断创历史新高。2001 年仅有 1 200 人参考，2016 年达到 1.39 万人参考，2017 年突破 1.5 万人。为满足印尼考生对"汉考"不断增长的需求，印尼文教部华文补习班综合统筹处和雅加达华文教育协调机构在印尼全国设立了 20 个"汉考"分考点，每年至少举行 3 次汉语考试。[4]

（2）中国的印尼语教育情况。中国高等院校开设印尼语专业历史悠久。中国的印尼语教学师资丰富，许多学校采取与印尼高校合作办学、出国交

---

[1] 韦红，宋秀琚. 中国与印度尼西亚人文交流发展报告（2019）[M]. 北京：社会科学文献出版社，2019：88-100.

[2] 黄梦娜. 印尼玛中大学公共汉语教学现状调查研究 [D]. 厦门：厦门大学，2017：1.

[3] 韦红. 中国与印度尼西亚人文交流发展报告（2021）[M]. 北京：社会科学文献出版社，2021：39-51.

[4] 中国新闻网. 1.5 万多名考生参加 2017 年印尼全国汉语考试 [EB/OL]. （2017-12-03）[2021-12-24]. https://www.chinanews.com/hr/2017/12-03/8391512.shtml.

换机制，保证了国内印尼语人才培养的数量和质量。部分高校同时设有印尼研究中心，教学研究与学术研究相长，成果颇丰。[1]

4．科技领域

（1）合作论坛建设。2011 年 12 月 13 日，中国与印尼政府签订了《中国与印尼政府间科技合作备忘录》[2]。2017 年 11 月 27 日，"中国–印尼科技创新合作论坛"在印尼雅加达举行。自 2015 年中印尼副总理级人文交流机制建立到此次论坛，双方已签署了 7 项科技合作协议，共建了 2 家国家级联合实验室和 1 家技术转移中心，上百名印尼科研人员赴中国参加教育培训和短期科研项目，科技界、教育界、企业界往来呈现加速态势。[3] 合作论坛为中印尼的科技交流提供了良好开放的平台和有力的机制支持。

（2）高校及科研机构交流合作。两国的知名高校和官方高等研究机构都积极参与科技交流合作，协力建成了一批优秀的联培课程、联合实验室和技术合作中心，各个领域的科研合作项目层出不穷。共建的实验室和技术合作中心包括：印尼技术评估与应用署与浙江大学合作的生物技术联合实验室，印尼科学院创新中心与中国–东盟技术转移中心合作的中印尼技术转移中心，印尼国家原子能机构与清华大学合作的高温气冷堆联合实验室等。[4] 校际交流有利于结合两国优势学科资源互补，形成合力，提升科研水平。

[1] 葛瑞. 中国印度尼西亚语专业本科教学现状与展望 [J]. 学园，2017（3）：102-103.

[2] 中华人民共和国科学技术部. 中印尼政府间科技合作谅解备忘录在印尼签署 [EB/OL].（2012-01-05）[2021-12-24].http://www.most.gov.cn/kjbgz/201201/t20120104_91749.html.

[3] 国务院新闻办公室. "中国–印尼科技创新合作论坛"开幕 [EB/OL].（2017-11-28）[2021-12-26]. http://www.scio.gov.cn/31773/35507/35514/35522/Document/1606797/1606797.html.

[4] 韦红，宋秀琚. 中国与印度尼西亚人文交流发展报告（2019）[R]. 北京：社会科学文献出版社，2019：1-10.

（3）校企合作。2017 年 3 月，华为技术投资有限公司与印尼 7 所顶尖高校合作，正式启动华为在印尼推出的企业社会责任项目——"智慧一代"，帮助印尼培养更多的本地信息与通信青年人才。校企合作有利于形成产学研一体链条，有效加速科技成果转化。[1]

可以看出，中印尼的科技合作领域侧重自然科学、计算机、通信、医学、生物学等学科，具有鲜明的实用性和前沿性。中印尼科技交流自开展以来，取得了显著的成果，促进了双方科学技术方面的资源共享和共同发展，培养了大批国际化青年科技人才，收获了良好的经济效益和社会效益。

5. 区域国别研究领域

为适应双边政府、企业和人民的交流与合作，中国与印尼面向对方的区域国别研究也逐步开展。这些研究多以高校为载体。一方面，中国陆续建立了 8 个印尼研究机构：暨南大学印度尼西亚研究中心、厦门大学印度尼西亚研究中心、北京外国语大学中国–印度尼西亚人文交流研究中心、华中师范大学中印尼人文交流研究中心、广东外语外贸大学印度尼西亚研究中心、福建师范大学印度尼西亚研究中心、河北师范大学印度尼西亚研究中心和华侨大学印度尼西亚研究中心。专注印尼研究的期刊有 9 本，学术队伍有来自全国各地知名高校的学者数十人。印尼的国别研究已为显学，成为中国学界广泛关注的对象，研究成果不断涌现。[2] 另一方面，印尼的汉学研究虽脚步慢于中国，近年来也逐步展开，如印尼大学的汉学研究中心。这些研究机构具有基础研究、学术交流、人才培养等多种职

---

[1] 新华网. 华为与印尼 7 所高校签署人才培养合作备忘录 [EB/OL].（2017-03-28）[2021-12-26]. http://www. xinhuanet.com/video/2017-03/28/c_129520444.html.

[2] 潘玥，肖琴. 中国的印尼研究的特点与不足——基于国内主要相关期刊的比较分析 [J]. 战略决策研究. 2020，11（5）：82-100.

能，举办了包括学术研讨会、传统文化课程、文化展演等丰富的交流研学活动，双方学者得以借此平台进行学术交流与合作，开展对两国政治、语言、社会、文化等领域的综合研究，进一步推动两国人文交流和全面战略伙伴关系发展。

三、教育交流的原则

中国与印度尼西亚在教育交流互动中，逐步形成了包括独立自主、友好磋商；平等互利、双向流动；互相尊重，求同存异等在内的一系列基础原则。

第一，独立自主，友好磋商。在教育交流的过程中，两国都遵循独立自主的原则，独立自主地制定教育交流的相关政策与法规。在友好、平等协商的基础上达成教育合作，避免产生"文化入侵"的误解。

第二，平等互利，双向流动。中印尼两国在平等的基础上开展教育交流与合作，为了满足国家发展需求和共同利益而达成互利共赢的共识。中印尼教育交流与合作是双向流动的，双方在教育资源整合流动的过程中取长补短、优势互补，共同面对教育全球化带来的机遇和挑战。

第三，互相尊重，求同存异。中印尼两国在教育交流的过程中，相互尊重对方的法律法规、宗教习惯和文化风俗。只有这样，才能获得当地民众的支持，减少教育交流合作项目在实施落地时的阻力。双方在进行教育交流与合作的过程中，坚持求同存异、和而不同的原则，通过挖掘文化、价值观的相似性和共同点，在两国人民间建立亲切感与友好感，促进民心相通，提升双方民众进行教育交流与合作的意愿。

第三节 教育交流案例与思考

一、教育交流的案例分析

（一）鲁班工坊

"鲁班工坊"是天津职业教育服务于中国"一带一路"倡议，让中国优秀职业教育经验走出国门的国际职业教育知名品牌。"鲁班工坊"已在泰国、印度、印尼、英国、肯尼亚等国家开设，成为中外职业教育交流的重要平台。2017年12月12日，天津市东丽区职教中心依托行业企业在印尼东爪哇省波诺罗戈市职业学校建立印尼"鲁班工坊"，围绕汽车维修专业、智能制造、新能源技术、工程实践创新项目开展交流和学习，服务当地经济发展。[1]印尼"鲁班工坊"的建立和发展，标志着两国在职业教育理论与研究、改革与实践、师资培训与专业发展等方面的合作上迈出了坚实的一步，是两国职业教育交流的重要里程碑。

印尼"鲁班工坊"主要有以下三大优势。第一，办学水平对标国际，有利于拓宽学生的国际视野。"鲁班工坊"为来自印尼的职业院校学生提供了丰富多彩的国际竞赛活动。第二，课程设置因地制宜。"鲁班工坊"在印尼的课程设置因地制宜，符合印尼经济发展要求。例如，印尼作为农业大国，为促进印尼农业向高效率、精细化方向发展，"鲁班工坊"重点教授无人机农业技术，将充实的课堂授课与扎实的田间实操相结合。第三，办学实力稳步提升，办学成效硕果累累。"鲁班工坊"在印尼广获好评，深受当地企业与民众欢迎，2018年曾得到印尼佐科总统的高度评价。其运营以来，

---

[1] 中华人民共和国教育部."鲁班工坊"：中国职教走向世界 [EB/OL].（2018-05-11）[2021-12-24]. http://www.moe.gov.cn/jyb_xwfb/moe_2082/zl_2018n/2018_zl34/201805/t20180522_336778.html.

办学能力稳步提升，学校新生规模扩大到千人以上，毕业生就业率稳步提升，2019—2020 学年 98% 的毕业生成功签约企业。[1]

印尼"鲁班工坊"的建设意义重大。首先，有助于双方实现职业教育优质资源的交流互通，惠及了中国和印尼两国的职业技术人才培养，促进了双方职业教育的质量提升和国际化发展，堪称"21 世纪海上丝绸之路"在职业教育和校企合作方面的典范。其次，"鲁班工坊"的建设也适应了印尼当地企业的需要，为当地企业输送了更多具有国际视野的优质职业技术人才，符合印尼"工业 4.0"的需要，是院校合作、校企合作的一次有意义的探索。中国与印尼有关地区合办"鲁班工坊"，为双方培养具有国际化水平的职业技能人才、将职业教育与经济建设相结合提供了新模式、新路径、新思路、新平台，是以职业教育交流合作促进产业合作、增进民心相通、推动"一带一路"建设的有益实践。

（二）中国-印尼高校智库联盟

2016 年 6 月 27 日，中国-印尼高校智库联盟在北京外国语大学成立。中国-印尼高校智库联盟旨在加强两国全面战略伙伴关系，落实中印尼副总理级人文交流机制联合公报精神，进一步加强中印尼高校与智库交流合作，鼓励两国大学建立沟通平台，完善智库对话与合作机制。

联盟共有包括北京外国语大学、华中师范大学、广东外语外贸大学、河北师范大学，印度尼西亚大学、加查马达大学、日惹国立大学、北苏门答腊大学在内的来自中国和印尼的 8 所大学参与。联盟的作用主要在于：发挥搭建平台、加强双向人才培养、推动科学研究、加强政策对话的职能，为两国高校智库搭建教育信息、学术资源共享和交流合作平台；探索跨国

---

[1] 徐伟. 鲁班工坊推动印尼职业教育 [N]. 人民日报（海外版），2021-01-09（5）.

人才培养新机制，促进联盟高校间的学生双向流动；加强联盟高校和智库间科研机构与人员的合作，组建协同创新共同体等。[1] 联盟中的 4 所中国高校建立了中国–印尼人文交流中心或印尼研究中心，依托这些高校成立的研究机构组织了形式多样的教育交流合作活动。例如，中印尼智库渐次主办、或协办了许多围绕语言教学、人才培养、教学交流、青年发展等主题的学术研讨会、国际论坛。这些学术交流活动吸引了来自中印尼智库、高校的专家学者及师生广泛参与，形成了一定的学术影响力。例如，北京外国语大学于 2017 年 6 月举办的"21 世纪海上丝绸之路与中国–印尼智库合作国际学术研讨会"，11 月举办的"2017 年中印尼人文交流机制智库论坛"，2019 年举办的"中印尼青年高端论坛"等。

中国–印尼高校智库联盟的建立，是在中印尼全面战略伙伴关系下双方教育交流与合作的重要举措，有利于助力两国高等院校的教育科研发展与人才培养，推动了中国与印尼双方学术界、教育界加强合作与交流，增进理解与共识，分享信息与经验，促进智库精英交往，不断开拓两国高校合作新思路、探索新路径。

二、教育交流的思考

回望过去，中印尼之间的教育交流与合作成果颇丰。展望未来，人文教育领域的交流是增进中印尼双方理解和认同、推动全面战略合作伙伴关系不断深入发展的重要一环。

两国未来教育交流与合作的前景受到多种因素的影响。从有利因素来看，两国人文交流和全面战略伙伴关系的稳定发展，为双方未来的教育交

---

[1] 中国日报中文网. 中国–印尼高校智库联盟在北外成立 [EB/OL].（2016-06-27）[2021-12-24]. http://china. chinadaily.com.cn/2016-06/27/content_25872283.htm.

流与合作奠定了坚实的基础。中印尼副总理级人文交流机制和两国多年以来教育交流取得的实践经验，也为教育交流与合作在未来的发展提供了有力的保障与支持、借鉴与参考。此外，全球化时代为两国的教育交流带来了新的机遇与挑战。面对日趋激烈的国际竞争，以及科技和教育全球化的深入发展，中印尼有着加强人才培养和科技合作的共同诉求。两国既有国家发展战略对接的需要，也有促进高等教育国际化发展、培养国际化创新人才的共同愿景，为两国教育交流与合作拓展了广阔的发展空间，注入了不竭的前进活力。当然，两国在教育交流与合作中，也存在着一些亟待解决的短板和不确定因素。例如，中印尼教育合作呈现出地域聚集性、领域局限性、专业单一性的特征，优势教育资源配置有待加强；双方教育交流与合作的层次较浅，合作计划执行率低，动力不足。中印尼在新时代持续深化教育交流合作，携手建设"一带一路"教育共同体，既要着眼宏观，也要俯首微观；既要沿袭优秀的实践经验，也要探索针对新形势新困境的解决之道；多主体、多领域形成有效合力，共同推进教育交流合作在应对时代挑战的同时不断深入发展。

（一）持续做好顶层设计，不断优化战略布局

在宏观上要进一步做好顶层设计，在战略层面上不断优化布局，在现有的综合性指导文件的基础上进行清晰明确的方案设计和方向指导。在这一过程中，既要明确各时期合作交流的重点和主线，也要有意识地统筹推进其他领域合作交流的开展。同时，及时完善相关支持政策和法律法规体系，为各项合作的开展营造良好的社会环境，将政策优势真正转化为合作的实际成果。

（二）逐步完善合作框架，稳步提升合作效益

中印尼在过去几十年的教育交流中，积累了许多成功实践经验，探索了可行路径。未来应总结经验教训，将这些探索成果以制度化的形式确立下来，完善两国教育交流合作的政策框架。同时，也要在教育交流合作领域展开以实用为导向的政策研究，鼓励两国智库针对"一带一路"教育交流合作中出现的问题开展专项研究，为两国在教育交流合作中战略的规划、政策的制定和法律法规的完善提供智力支持；也在此基础上提供决策咨询、推广和宣传等服务，帮助两国进行教育交流的主体更好地弥合文化差异、突破信息壁垒，更快地适应当地政策法规，提升合作效益。

（三）锚定人才培养目标，实现产学研用优势互补

中印尼双方应着眼教育发展目标和社会经济发展的总体规划，拓宽合作领域，培养有国际竞争力的复合型、创新型工业技术人才。在校际合作方面，要加强学历、学分互认，提升合作办学项目或大学分校在两国和国际上的学历认可度，增加招生吸引力。在校企合作方面，服务于"一带一路"沿线基础设施建设和印尼的"工业4.0"发展规划，两国要共同探索校企合作的有效形式，进一步细化校企融合、产教结合的机制，如结合印尼当地工业发展的需要，可由中国高职院校承办企业员工培训等教育项目，并应完善配套的证书培训、学历授予和与国际接轨的资格认证体系，进一步实现产学研用优势互补。

（四）继续推进语言教学，深化合作交流平台建设

重视机制和平台建设，搭建教育交流有效载体，服务教育合作纵深发

展的新需求。首先，应重视语言在两国教育交流合作中的桥梁作用，充分发挥新媒体、互联网优势，进行远程语言教学，丰富语言教学路径。其次，在中印尼全面战略伙伴关系快速发展的新局面下，应优化孔子学院的功能，重新挖掘孔子学院的潜力，激发其在新时代的活力。应转变语言授课的单一职能，将孔子学院和孔子课堂建设为双向文化传播和学术交流合作的新枢纽。此外，要进一步搭建新的教育交流平台，依托教育合作峰会、论坛等，为两国探索教育合作路径、建立国际化合作标准、明确合作原则，提供务实、可持续的合作平台。

回望过去，中印尼之间的教育交流与合作扎根历史，源远流长，两国有着长期的合作基础和丰富的合作经验。着眼现在，中国"一带一路"倡议走深走实，呼唤与共建国家进行更多人文交流与合作；而印尼工业经济持续走高，对专业技术型人才需求缺口也日益扩大。中印尼两国国家关系的顺利发展、战略对接的诉求和教育交流合作的已有成果和成功经验，为两国的教育交流与合作奠定了坚实的基础。而全球化的发展，又为两国的教育交流和合作带来了新的时代契机。在此背景下，双方既有意愿，亦有需要开展进一步的教育合作。尽管中印尼两国的教育交流与发展仍存在一些问题和制约因素，但总体来看，积极因素明显大于消极因素。因此，展望未来，中国与印尼在教育领域的交流与合作的潜力必将得到进一步的发掘，拥有光明的发展前景。从"明诚书院"到孔子学院，从"鲁班工坊"到智库合作，中国和印尼双方始终并肩面对时代浪潮，携手拓展教育合作深度，创新教育合作方式，探索教育合作领域。在两国关系不断向好、持续升级的大趋势下，教育交流合作的未来空间无限宽广，合作成果必将继续源源不断地涌现，为两国社会经济发展和人民生活带来更多福祉。

结　语

　　印度尼西亚是世界上最大的群岛国家、世界上第四大人口大国，拥有丰富的自然、文化和人口资源。17 504个岛屿如同硬币的两面，对印尼的影响利弊共存，既促进了印尼的国民经济发展，又在客观上造成了教育资源配置的不均等。岛屿间人口、经济、城乡间发展的不平衡，进一步加剧了印尼基础设施和人力资源的参差不齐，最终导致教育硬件设备、优质教师分配、课程设置、学生素质等多方面的差距，可以说印尼教育公平和教育质量问题的根源就在于此。相较于居住在经济较为发达的岛屿和城市地区的师生，居住在其他地区的师生因区位劣势和互联网设施的不完善难以获得优质的教育资源，常见的教育实际问题包括教师专业化程度较低、教师工资水平较低、课程过于理论化、学生学习动机较低等。

　　新冠肺炎疫情的暴发是印尼教育转型发展的契机，也为印尼政府在教育技术方面的欠缺提供了教训。新冠肺炎疫情暴发后，教育方式改为在家线上学习，欠发达的互联网基础设施制约着在线教育的发展。尽管印尼许多地区尚未实现足够的网络覆盖，但政府和学校始终在努力改进互联网技术设施。教育与文化部实施了互联网数据配额援助行动，以支持疫情期间学生们在家学习，每月有多达3 572.5万名学生和教师获得上网流量配额援助。但政府也意识到，互联网技术是提高教育质量的工具和助力，仍然不能取代师生间的现场教学互动，因为教育的目的不仅是获取知识，更重要的是传递价值观和学会合作。

公众对印尼的教育抱有强烈期待，希望政府为社会各阶层创造一个优质和公平的教育体系。为此，教育与文化部正在进行以提高全民素质和国家进步为重点的教育转型，印尼的教育正经历着巨大的变化和挑战。教育与文化部推行的教育转型包括四大战略：第一，推动基础设施和技术发展；第二，强化政策、程序和资金保障；第三，加强领导、社会和文化建设；第四，强化课程和评估。其结果是，公众受教育意识正在增强，教师不断学习以提高教学能力和专业化水平，课程朝着适应未来工作需求的方向转变，许多学校正在对教育设施进行现代化改造，印尼教育的可及性、公平性、成效性将会显著提升。

印尼政府相继出台各方面的教育政策以提高教育质量。第一，财政经费保障。自 2009 年至今，印尼政府每年分配财政预算的 20% 用于教育，作为强制性支出，印尼也由此成为亚洲教育公共支出最大的国家之一。该预算的支出方向主要包括增加各级教育的受教育机会、扩大义务教育和教育援助范围、提高教育基础设施质量，加强教育与劳动力市场工作匹配度，提升教育资源的公平分配，以及加强学前教育服务质量。第二，在政策规划中强调教育地位。印尼政府出台《印度尼西亚 2045 年愿景：独立、进步、公正、繁荣》，旨在打造一个先进的印尼，实现印尼成为世界第四大经济强国的目标，为此，必须通过教育开发优秀的人力资源。第三，通过改革教育提升人力资本和国家竞争力。印尼政府意识到，教育改革的关键在于课程设置，教育与文化部于 2020 年起实施"自主学习"系列项目改革课程。这些项目为学校和师生提供了更多的创新空间，但这些项目的实现必须要适应教学过程的发生条件，包括社会经济、基础设施、当地文化和师生智慧。在实施"自主学习"课程时，印尼教师需要根据学生能力水平、兴趣和才能的差异来选择不同的教学资料和教学方法，学生兴趣和能力的多样性是衡量学生学业表现力的最佳渠道，多样化教学方法的运用将实现印尼各地区、学校和学生的教育创新。第四，职业学校与普通教育同样重要。

教育世界和生产行业经历了颠覆，尤其是随着人工智能的快速发展，这种颠覆更加真实。如果印尼的人力资源素质没有做好准备，印尼就会在这些变化中掉队。印尼政府计划改进职业学校，培养符合劳动力市场需求的毕业生。

印尼与中国 1950 年建交，1990 年复交，2005 年建立战略伙伴关系，2013 年开启新的全面战略伙伴关系时代，印尼成为中国"一带一路"倡议的重要合作伙伴，两国在共同构建人类命运共同体的道路上不断迈出坚实步伐，各领域务实合作取得了丰硕成果。特别是在教育领域，通过官方与民间多主体、多元化的教育交流，中印尼增进文化交流，促进民心相通。2019 年，印尼在华留学生 1.4 万余人，虽受疫情影响，来华留学生人数有所减少，但疫情后印尼学生赴华留学的热情持续高涨。过去 10 年，"一带一路"倡议正在帮助印尼实现改善基础设施、推进互联互通的目标，加速印尼经济社会发展，助力印尼实现经济转型。未来也更加期待通过共建中印尼命运共同体，两国在经济、教育、文化等领域加强合作，为两国繁荣发展、社会稳定和谐及民众美好生活带来不竭动力。

参考文献

一、中文文献

蔡昌卓. 东盟教育 [M]. 南宁：广西师范大学出版社，2009.

曹云华，李皖南. 民主改革时期的印度尼西亚华人 [M]. 广州：暨南大学出版社，2014.

德拉克雷. 印度尼西亚史 [M]. 郭子林，译. 北京：商务印书馆，2009.

董建稳. 现代基础教育比较研究 [M]. 咸阳：西北农林科技大学出版社，2011.

冯增俊，卢晓中. 战后东盟教育研究 [M]. 南昌：江西教育出版社，1996.

顾明远，鲍东明. 推进共建"一带一路"教育专题研究 [M]. 北京：教育科学出版社，2017.

顾明远. 教育大辞典 [M]. 上海：上海出版社，1998.

何芳川. 中外文化交流史 [M]. 北京：国际文化出版公司.

何新华. 中文古籍中广东华侨史料汇编 [M]. 广州：广东人民出版社，2016.

贺圣达. 东南亚文化发展史 [M]. 昆明：云南人民出版社，2011：418.

黄阿玲. 中国印尼关系史简编 [M]. 北京：中国国际广播出版社，1987.

黄昆章. 印度尼西亚华文教育发展史 [M]. 北京：外语教学与研究出版社，

2007.

黄雅婷. 塔吉克斯坦文化教育研究 [M]. 北京：外语教学与研究出版社，2021.

黄元焕，温北炎，杨安华. 印尼教育 [M]. 广州：广东高等教育出版社，1989.

久毛措. 尼泊尔文化教育研究 [M]. 北京：外语教学与研究出版社，2022.

孔远志. 中国印度尼西亚文化交流 [M]. 北京：北京大学出版社，1999.

李克莱弗斯. 印度尼西亚历史 [M]. 周南京，译. 北京：商务印书馆，1993.

李晓，王一玲. 全球视域下的国际理解教育 [M]. 武汉：武汉大学出版社，2017.

梁立基. 印度尼西亚文学史 [M]. 广州：世界图书出版公司，2014.

梁敏和，孔远志. 印度尼西亚文化与社会 [M]. 北京：北京大学出版社，2002.

梁敏和. 印度尼西亚文化概论 [M]. 广州：世界图书出版公司，2014.

梁英明. 东南亚史 [M]. 北京：人民出版社，2010.

梁志明. 殖民主义史：东南亚卷 [M]. 北京：北京大学出版社，1999.

刘辰，孟炳君. 阿联酋文化教育研究 [M]. 北京：外语教学与研究出版社，2021.

刘迪南，黄莹. 蒙古国文化教育研究 [M]. 北京：外语教学与研究出版社，2021.

刘捷，罗琴. 越南文化教育研究 [M]. 北京：外语教学与研究出版社，2023.

刘捷，谢维和. 栅栏内外：中国高等师范教育百年省思 [M]. 北京：北京师范大学出版社，2002.

刘捷. 教育的追问与求索 [M]. 北京：人民出版社，2021.

刘捷. 专业化：挑战 21 世纪的教师 [M]. 北京：教育科学出版社，2002.

刘进，张志强，孔繁盛. “一带一路”高等教育研究（2019）：国际化展望

[M]．北京：北京理工大学出版社，2020.

刘欣路，董琦．约旦文化教育研究 [M]．北京：外语教学与研究出版社，2021.

刘稚．东南亚概论 [M]．昆明：云南大学出版社，2015.

卢晓中．比较教育学 [M]．北京：人民教育出版社，2020.

莫海文，李晓峰，赵金钟．东盟国家教育政策发展研究 [M]．广州：华南理工大学出版社，2020.

潘懋元，王伟廉．高等教育学 [M]．福州：福建教育出版社，2013.

潘懋元．东南亚教育 [M]．南京：江苏教育出版社，1988.

潘仲元．印度尼西亚瑰宝 [M]．广州：暨南大学出版社，2007.

强海燕．东南亚教育改革与发展 [M]．广州：广东高等教育出版社，2010.

秦惠民，王名扬．高等教育与家庭流动 [M]．北京：科学出版社，2019.

石筠弢，等．泰国文化教育研究 [M]．北京：外语教学与研究出版社，2023.

宋红波，沈国环．"一带一路"共建国家语言教育政策研究 [M]．武汉：武汉大学出版社，2020.

孙有中．跨文化研究论丛 [M]．北京：外语教学与研究出版社，2019.

檀慧玲，等．新加坡文化教育研究 [M]．北京：外语教学与研究出版社，2022.

唐慧，陈扬，张燕，等．印度尼西亚概论 [M]．广州：世界图书出版公司，2012.

唐滢．中国与东南亚、南亚高等教育国际化研究 [M]．北京：社会科学文献出版社，2017.

田山俊，齐方萍．印度文化教育研究 [M]．北京：外语教学与研究出版社，2022.

万作芳，等．韩国文化教育研究 [M]．北京：外语教学与研究出版社，2023.

王承绪，顾明远．比较教育 [M]．5 版．北京：人民教育出版社，2015.

王承绪. 发展中国家高等教育模式的国际移植比较研究 [M]. 杭州：浙江大学出版社，2009.

王丹，等. 马来西亚文化教育研究 [M]. 北京：外语教学与研究出版社，2023.

王定华，秦惠民. 北外教育评论：第 1 辑 [M]. 北京：外语教学与研究出版社，2019.

王定华，杨丹. 人类命运的回响——中国共产党外语教育 100 年 [M]. 北京：外语教学与研究出版社，2021.

王定华. 教育路上行与思 [M]. 北京：人民出版社，2020.

王定华. 中国基础教育：观察与研究 [M]. 北京：人民教育出版社，2021.

王定华. 中国教师教育：观察与研究 [M]. 北京：人民教育出版社，2020.

王辉. "一带一路"国家语言状况与语言政策：第 1 卷 [M]. 北京：社会科学文献出版社，2015.

王晋军. 中国和东盟国家外语政策对比研究 [M]. 昆明：云南大学出版社，2015.

王丽娜，石磊，于旻生. 印度尼西亚开放大学研究 [M]. 北京：中央广播电视大学出版社，2015.

王彤. 世界与中国：构建人类命运共同体 [M]. 北京：中共中央党校出版社，2019.

韦红. 中国与印度尼西亚人文交流发展报告（2021）[M]. 北京：社会科学文献出版社，2021.

维克尔斯. 现代印度尼西亚史 [M]. 何美兰，译. 北京：世界知识出版社，2017.

温北炎. 印度尼西亚经济与社会 [M]. 广州：暨南大学出版社，1997.

吴崇伯，等. 举重若轻的东南亚大国：认识印度尼西亚 [M]. 济南：山东大学出版社，2010.

吴士存，朱华友. 越南、马来西亚、菲律宾、印度尼西亚、文莱五国经济研究 [M]. 北京：世界知识出版社，2006.

习近平. 论坚持推动构建人类命运共同体 [M]. 北京：中央文献出版社，2018.

习近平. 习近平谈"一带一路"[M]. 北京：中央文献出版社，2018.

徐赣丽. 东盟民俗 [M]. 桂林：广西师范大学出版社，2012.

徐辉，楚琳. 伊朗文化教育研究 [M]. 北京：外语教学与研究出版社，2022.

徐墨，高雅茹. 巴基斯坦文化教育研究 [M]. 北京：外语教学与研究出版社，2022.

许利平，薛松，刘畅. 印度尼西亚 [M]. 北京：社会科学文献出版社，2019.

薛克翘，赵长庆. 简明南亚中亚百科全书 [M]. 北京：中国社会科学出版社，2004.

杨林. 东盟教育 [M]. 桂林：广西师范大学出版社，2009.

张建新. 21 世纪初东盟高等教育 [M]. 昆明：云南人民出版社，2010.

郑通涛，方环海，陈荣岚."一带一路"视角下的教育发展研究 [M]. 广州：世界图书出版公司，2017.

周光礼，周详. 教育与未来 [M]. 北京：中国人民大学出版社，2017.

周洪宇，付睿. 全球教育治理导论 [M]. 武汉：湖北教育出版社，2020.

周满生. 世界教育发展的基本特点和规律 [M]. 北京：人民教育出版社，2003.

朱耀顺. 中国-东盟高等教育国际合作机制研究 [M]. 昆明：云南大学出版社，2020.

庄善裕. 东南亚地区华文教育文集 [M]. 广州：暨南大学出版社，1996.

中国-东盟中心. 东盟国家教育体制及现状 [M]. 北京：教育科学出版社，2014.

二、外文文献

ALBACH P G. The international imperative in higher education[M]. Boston: Sense Publishers, 2013.

AMOS S K. International education governance[M]. Bingley: Emerald, 2010.

ANTHONY R J S. Indonesia rising: the repositioning of Asia's third giant[M]. Singapore: Institute of Southeast Asian Studies, 2012.

ARNOLD G. Historical dictionary of the Non-aligned Movement and Third World [M]. Lanham, Md: Scarecrow Press, 2006.

ARSKAL S. Challenging the Secular State: the Islamization of law in modern Indonesia[M]. Honolulu: University of Hawaii Press, 2008.

BASSETT R M. The forefront of international higher education[M]. Dordrecht: Springer, 2014.

BILLETT S.Vocational education: purposes, traditions and prospects[M]. Dordrecht: Springer Science & Business Media, 2011.

BOK D. Universities in the marketplace[M]. Princeton: Princeton University Press, 2003.

CHANG M C, Al-SAMARRAI S, SHAEFFR S, et al. Teacher reform in indonesia: the role of politics and evidence in policy making[M]. World Bank Publications, 2013.

CHECK J, SCHUTT R K. Research methods in education[M]. Thousand Oaks, CA: Sage Publications, 2011.

CHEN X. Educational reform based on curriculum standards[M]. Shanghai: China Academic Journal Electronic Publishing House, 2004.

DAVID E. Britain and the confrontation with Indonesia, 1960—1966[M]. London：Bloomsbury Publishing, 2012.

DIAMOND, LOUISE, JOHN M. Donald. Muti-track diplomacy: a system approach to peace[M]. New York: Kumarian Press, 1996.

EDWARD A, GREG F. Local power and politics in Indonesia: democratization and decentralization[M]. Singapore: Institute of Southeast Asian Studies, 2003.

GERHARD J. The Universities of Indonesia: history and structure[M]. Bremen: Economic Research Soc, 1973.

GOLDSTEIN, JOSHUA S. International relations[M]. Pearson: Longman, 2005.

GONDOIWIRJO W. Higher education in Indonesia: current status and proposals for change[M]. London: George Peabody College for Teachers, 1971.

GRAYSON J, LLOYD, SHANNON L. Indonesia today: challenges of history[M]. Singapore: Institute of Southeast Asian Studies, 2001.

HANS G S, WILLIAM B, GARNET G. University governance and reform policy, fads, and experience in international perspective[M]. New York: Palgrave Macmillan, 2012.

HANS N. Comparative education: a study of educational factors and traditions[M]. New York: Routledge, 2012.

HENDERSON, CONWAY W. International relations, conflict and cooperation at the turn of the 21st century[M]. New York: Mc Graw-Hill International Edition, 1998.

HIRST P H. Educational theory and its foundation disciplines[M]. London: Taylor and Francis, 2012.

LAND R, GORDON G. Enhancing quality in higher education: international perspectives[M]. London: Routledge, 2013.

MARGINSON S, KAUR S, ERLENAWATI S. Higher education in the Asia-Pacific: strategic responses to globalization[M]. Berlin: Springer Netherlands, 2011.

MARTIN V B. Contemporary developments in Indonesian Islam[M]. Singapore: Institute of Southeast Asian Studies, 2013.

MICHAEL L. Dilemmas of statehood in Southeast Asia[M]. Singapore: Asia Pacific Press, 1972.

MURRAY T. A chronicle of Indonesian higher education: the First half Century 1920—1970[M]. Singapore: Chopmen, 1973.

OTTO S. Environmental education and research in Indonesian Universities[M]. Singapore: Maruzen Asia, 1981.

RICKLEFS M C. A History of Modern Indonesia since C. 1200[M]. Stanford: Stanford University Press, 2008.

ROSS T. Media power in Indonesia: oligarchs, citizens and the digital revolution[M]. London&New York: Rowman & Littlefield, 2017.

SUKMA. Islam in Indonesian foreign policy[M]. London: Routledgecurzon, 2003.

TEIXEIRA P J. Encyclopedia of international higher education systems and institutions[M]. Dordrecht: Springer Netherlands, 2018.

WILDAVSKY B. Why should we care about global higher education?[M]. New York & Abingdon: Routledge, 2014.

WILLIAM H F. Visions and heat: the making of the Indonesian Revolution[M]. Athens: Ohio University Press, 1989.

ABDUL B Z. Etnis Cina dalam potret pembauran Indonesia[M]. Jakarta: Prestasi Insan Indonesia, 2000.

ABDURAKHMAN, PRADONO A, SUNARTI L, et al. Sejarah Indonesia[M]. Jakarta: Kementerian Pendidikan dan Kebudayaan, 2018.

BENNY G S. Tionghoa dalam pusaran politik[M]. Jakarta: Trans Media Pustaka, 2008.

BUCHORI M. Evolusi pendidikan di Indonesia: dari Kweekschool sampai ke

IKIP, 1852—1998[M]. Yogyakarta: Insist Press, 2007.

CHANG Y H. Identitas politik tionghoa: pasca soeharto-budaya, poltik dan media[M]. Jakarta: LP3ES, 2012.

DIKTI. Buku panduan kurikulum pendidikan tinggi[M]. Jakarta: Direktorat Jenderal Pendidikan Tinggi Kementerian Pendidikan dan Kebudayaan, 2014.

GANEFRI. Panduan pengembangan kurikulum[M]. Padang: Universitas Negeri Padang, 2020.

HAMID D. Pengantar pendidikan era globalisasi konsep dasar, teori, strategi dan implementasi dalam pendidikan globalisasi[M]. Tangerang: An1mage, 2019.

KUNAEFI T D. Buku panduan pengembangan kurikulum berbasis kompetensi pendidikan tinggi[M]. Jakarta: Direktorat Akademik Direktorat Jenderal Pendidikan Tinggi, 2008.

LASAMBOUW, CAROLINA M. Pengelolaan penelitian di politeknik[M]. Bandung: Universitas Pendidikan Indonesia, 2015.

MAMONTO. Sejarah dan pemikiran pendidikan Islam perbandingan pendidikan masa orde baru dan reformasi[M]. Manado: Institut Agama Islam Negeri manado, 2017.

POERBAKAWATJA S. Pendidikan Dalam Alam Terbuka[M]. Jakarta: Gunung Agung, 1970.

SANTOSO A, BUDIYONO L, SALPIATI E, et al. Jendela pendidikan dan kebudayaan: media komunikasi dan inspirasi XXIV/Mei 2018[M]. Jakarta: Biro Komunikasi dan Layanan Masyarakat, 2018.

SYAHARUDDIN, SUSANTO H. Sejarah pendidikan Indonesia (era pra kolonial Nusantara sampai Reformasi)[M]. Banjarmasin: Universitas Lambung Mangkurat, 2019.